옴논기 룡호

둥지의 철학

초판 발행일 2013년 4월 26일
2쇄 발행일 2014년 3월 6일

지은이 박이문
펴낸이 유재현
출판감독 강주한
편집 박수희
마케팅 장만
디자인 몽돌
인쇄 · 제본 영신사
종이 한서지업사

펴낸곳 소나무
등록 1987년 12월 12일 제2013-000063호
주소 412-190 경기도 고양시 덕양구 현천동 121-6
전화 02-375-5784 **팩스** 02-375-5789
전자우편 sonamoopub@empas.com
전자집 http://cafe.naver.com/sonamoopub

© 박이문, 2013

ISBN 978-89-7139-583-7 93100

책값 20,000원

이 도서의 국립중앙도서관 출판시도서목록(CIP)은 서지정보유통지원시스템 홈페이지(http://seoji.nl.go.kr)와 국가자료공동목록시스템(http://www.nl.go.kr/kolisnet)에서 이용하실 수 있습니다. (CIP 제어번호 : CIP2013002717)

존재와 세계의 위기에 대한
전면적인 철학적 응전

둥지의 철학

朴異汶

소나무

———

한글판을 내면서

책을 다시 펴내며

이 책 『둥지의 철학』은 급진적 상대주의적인 인식론의 입장에서 쓰인 것이다. 인간이 보는 세상은 극히 제한되어 있다. 존재는 흔히 인식에 전제되어 있다. 그러나 따지고 보면 사실은 그렇지 않다. 동물들이 보는 세상과 아주 다를 수 있다.

존재는 부분이 아니라 전체를 지칭하므로 전체는 인식대상이 될 수 없으며 오로지 그것의 부분만이 가능하다. '존재'라는 말은 '존재하는 것' 가운데 속에서 '무엇-무엇인가 있다'는 뜻으로 쓰인 것이다. 박쥐, 악어, 그 밖에 무수한 동물들은 우리가 보는 것을 못 보고, 보지 못하는 것을 본다. 인간의 세상은 오로지 인간에게만 제한되었다. 각 동물들도 마찬가지다. 호모사피엔스가 출현하여 지구에서 왕림하게 되면서 인간이 제일인 양 행세를 하고 자신이 그림의 옳은 것으로 생각하고 오만방자하게 살고 있지만 크게 생각하면 매한가지일지 모른다.

어쨌거나 인간의 시야는 0도에서 1도까지로 되어 있는 '존재-의미 매트릭스'의 눈금 사이에 있다. 이 두 개의 수치 중에 들어오지 않는 광경은 시야의 밖에 있어서 보이지 않는다는 것이다. 보이지 않는다는 것은 없다는 것과 같지 않지만, 아무튼 없는 것과 마찬가지라는 것이다. 인간은 그 시야에 갇혀 있는 셈이다. 인간이 보는 세상은 어디까지나 인간적인 것이다. 각자 동물은 다른 세상에서 산다. 인간은 인간대로 산다. 인간은 그 너머 무엇이 어떻게 있는지 혹은 공백인지 알 수 없다. 이야기로는 불덩어리가 휘돌고, 무수한 미립자들의 회오리바람이 요란스럽게 춤을 추고 있다는 소식이 들려오지만, 정확히는 알 수 없는 노릇이다. 아무튼 부산스러운 요동이다. 이쯤 되면 모든 것이 불확실하다.

우리가 할 수 있는 것은, 알 수 있는 한 주변의 상황을 나름대로 정리하고 죽을 때까지 살아가는 것이다. 인간이 태어나서 줄곧 그랬던 것처럼 창의력을 발휘하여 별별 놀라운 것을 발명하여 그것을 향유하며 살 것이다. 그 후에 처하는 상황은 운명에 맡기는 수밖에 없다. 그리고 인간의 시대는 끝을 맺고 또 어

쩌면 모든 생명체가 그럴 것이다. 『둥지의 철학』은 인간과 모
든 생명이 사라지는 이러한 우주의 역사를 상상해서 푼다.

2013년 4월
일산 문촌마을에서
박이문

머리말

....

세상을 사물들과 사건들 그리고 그것들 간의 물리적 및 정신적 관계의 총칭으로 규정한다면, 그것은 한편으로는 한없이 복잡하고 혼란스럽지만 다른 한편으로 그것의 경이로운 질서가 우리를 황홀케 한다. 나는 일찍부터 이런 상반된 감동을 시인으로서 언어에 담아두고 싶어하면서, 다른 한편으로는 철학자로서 그러한 질서를 논리적으로 밝혀내겠다는 집념에 사로잡혀 살아왔던 것 같다. 나는 10대 후반부터 시작한 시작詩作을 80대에 들어선 오늘날까지 계속하고, 30대 후반에 시작한 철학적 집필생활을 아직 계속하고 있다. '둥지의 철학'이란 이름을 붙인 이 책은 바로 모순되어 보이는 위와 같은 나의 양면적 정신적 충동이자 소망을 조화로운 세계관이자 동시에 인생관으로 통일된 하나의 시적 철학이자 철학적 서사시로 묶어보고자 한 시도다.

나의 위와 같은 지적 가치에 대한 집념을 당시에 의식했던 것은 아니지만, 지금 뒤돌아보면 그것은 1957년 내가 서울대 불문학 석사학위를 위해서 썼던 「폴 발레리에서의 실체와 지성의 변증법으로서의 시La poésie en tant que la dialectique entre la réalité et l'intellect chez Paul Valéry」라는 논문 제목, 소르본 대학에서 1964년 불문학 박사논문으로 제출했던 「말라르메에서의 '이데아'의 개념: 논리정연성에 대한 꿈L' "Idée" chez Mallarmé ou la cohérence rêvée」, 그리고 1970년 미국 서던캘리포니아대학University of Southern California에서의 철학 박사논문 제목 「메를로-퐁티의 '표현'이란 개념의 존재론적 해석An Ontological Interpretation of the Concept of 'Expression' in Merleau-Ponty」이라는 제목에서 반복되어 드러난다. 나의 목적은 시인 발레리가 시작을 통해서 의도한 것이 '인식주체로서의 지성과 그 인식대상으로서의 실체'라는 자연과의 보편적인 갈등관계를 시 속에서 극복하여 통합하고, 시인 말라르메의 시적 기획의 궁극적 목적이 '단 하나의 절대적 책Le Livre absolu'이라는 시작품 속에 형이상학적 우주 전체를 담으려는 것이었다면, 철학자 메를로-퐁티의 의도는 물질과 의식, 몸과 마음은 데카르트나 사르트르와는 반대로 두 가지가 아니라 단 하나의 우주의 양면에 지나지 않는다는 일원론적 형이상학자라는 것으로 입증하려 했다. 그렇다면 지난 반세기 동안의 나의 지적 꿈과 작업은 근래 이론물리학자 스티븐 와인버그가 꿈꾸는 "모든 것에 관한 단 하나의 이론Theory of Everything"과 동일하다. 그러한 철학에 '둥지의 철학'이라고 이름을 붙이게 된 것은 그것이 나의 세계관인 동시에 인생관 즉 우주 전체를 나의 철학인 동시에 그 속에서 내가 감성적으로나 지적으로 편안하고 따듯함을 느낄 수 있는 관념적 둥지이며, 그러한 둥지의 건축은 완성될 수 있는 것이 아니라 끝없는 리모델링 작업일 수밖에 없기 때문이다. 이런 점에서 하나의 책 『둥지의 철학』의 궁극적 의도는 시인으로서의 말라르메가 구상했던 우주의 모든 것을 담은 단 한 편의 절대적 시詩로서의 '책Le Livre'에 깔렸던 의도와 유사하다.

『둥지의 철학』의 집필은 계간 『비평』의 2008년 봄호의 연재로 시작되었다. 하지만, 내가 이런 책을 실제로 구상했던 것은 문학 계간지 『문학과지성』 1974년 겨울호와 1975년 봄호에 2회에 걸쳐 「시와 과학」이란 제목으로 발표했다가 그 논문과 같은 이름인 『시와 과학』이란 제목으로 1975년 일조각에서 그 외의 다른 논문들과 합쳐서 냈던 바로 이후부터였다.

원래 내가 구상했던 책은 양적으로 아주 작지만 핵심적인 철학적 문제가 모두 그리고 깊이 다루어지면서도 아주 간략하게 쓴 비트겐슈타인의 유명한 『논리-철학 논고』와 같은 것이었다. 즉 그 책처럼 각주나 철학자들의 이름이 거의 나오지 않는 일종의 재야적, 즉 비강단적 철학서였다. 이 책도 비트겐슈타인의 책처럼 위대한 철학자들의 이름을 거의 언급하지 않고 있다. 그러나 그것은 그들의 철학적 업적을 소홀히 해서가 아니라 이 책의 의도에 그들의 이름이 꼭 필요하지 않으며, 중요한 것은 철학자들의 이름이 아니라 그들의 생각이라고 믿기 때문이다. 따라서 몇몇 철학자를 제외하고는 철학자들이나 그들의 책을 거의 언급하지 않았던 것이다. 하지만 나의 철학이 다소의 의미를 가질 수 있다면, 그것은 그동안 내가 읽고, 듣고, 생각하며 공부했던 수많은 철학자들 덕분이다. 이 책에 담긴 나의 생각들은 알고 보면 모두가 지금까지 존재해왔던 수많은 철학자들의 생각을 모아 내 나름대로 정리한 것에 불과하다.

이 책이 나오는 과정에서 나는 과거의 철학자들만이 아니라 동료 철학자들, 원고를 끝까지 읽고 귀중한 논평을 해준 연세대의 동료 이승종 및 선우환 두 교수, 대학원 학생 이승일에게 이 자리를 빌려 감사한다. 몸이 불편함을 무릅쓰고 어지러운 원고를 번번이 정성껏 교정해준 학희와 조교 유영석 그리고 이 원고의 교정을 마지막으로 보아준 이은정 박사에게 진정한 사의를 표한다.

2010년 2월 일산 문촌마을에서
박이문

1장

철학의 위기와
철학관의 재정립

✝

　내게는 모든 것이 줄곧 경이로웠고 또 현재도 그렇다. 나는 모든 것을 알고, 느끼고 설명하고 싶었다. 내가 철학을 공부하기 시작한 것은 바로 그 때문이다. 철학을 가르치기 시작한 지 반세기가 지나는 동안 나는 수많은 철학책들을 읽고, 다양한 철학사조와 철학자들과 접촉하면서 많은 가르침을 받았다. 그러나 나에게는 그 모든 위대한 철학들이 잘 이해할 수 없거나 '재미있지만 말도 되지 않는 소설 같은 헛소리'라는 생각을 떨칠 수 없었다. 나의 지적 갈증을 시원스럽게 풀어주는 것은 하나도 없었다. 나는 그런 갈증을 풀고자 하는 시도로 이 책『둥지의 철학』의 저술에 착수한다.

1. 철학의 위기와 해체

철학이 해체의 위기를 맞고 있다. 정치가들, 사업가들, 군인들, 경영학 교수들, 엔지니어들, 농민들, 공장 노동자들은 물론이고, 최근에는 인문계, 아니 철학과 학생들에게까지도 "철학이 도대체 무슨 쓸모가 있는가?"라는 물음을 통해 철학의 본질과 가치가 의문시되거나 아니면 아예 그들의 관심 밖에 있는 학문이 되어가는 것처럼 보인다. 철학은 심오한 학문으로 막연하게 존중되었지만, '쉬운 말을 어려운 말로 쓰는' 현학적 말장난을 일삼는 지적 사기로 경멸의 대상이 되기도 하고, 철학자는 지적 환상에 빠져 헛것과 심각하게 싸우는 돈키호테처럼 웃음거리가 되기도 했다.

철학의 해체는 외부에서만이 아니라 그리스적 의미에서의 철학의 시작과 동시에 이미 내부에서도 이루어져왔다. 소크라테스가 아테네의 장터 아고라에서 소피스트들에 맞서 토론을 벌였을 때, 플라톤이 아테네의 아카데미에서 소피스트들의 비판에 맞서 자신의 이데아론을 옹호하느라 진땀을 빼야 했을 때부터 철학의 자기해체는 이미 시작되었다. 이후 철학에 대한 이 같은 도전은 약 3세기 전 "철학이란 무엇인가? 가장 유명한 철학자들의 저서에는 어떤 내용이 담겨 있는가? 이 사기꾼들의 지혜에서 무슨 교훈을 얻을 수 있는가?"라는 물음을 던진 루소, 같은 시기에 "경험과 논리 두 가지 가운데 어느 방법으로도 입증할 수 없는 형이상학적 담론을 늘어놓는 철학서적은 난로 불에 태워 없애버리라"라고 일러준 흄으로 이어졌다. 그리고 그것은 다시 19세기 말 "모든 진리는 거짓이다"라는 말로 '철학적 망치'를 휘둘렀던 니체로 계승되었고, 20세기 초 철학을 '언어적 질병'에 걸려 지적으로 혼란을 겪고 있는 철학자들에게서만 볼 수 있는 '사이비의 문제'로 진단한 비트겐슈타인, 그리고 끝으로 20세기 중반 기존의 모든 철학적 담론에 대한 해체를 시작한 데리다에 의해서 완결된 것처럼 보인다.

2. 기존의 철학관과 그 비판

'철학이란 도대체 어떤 종류의 학문이며 철학자는 무엇을 하는 사람인가?' 철학은 '철학적' 텍스트를 공부하는 것이고, 철학적 텍스트는 '철학자'가 저술한 책이라고 대답할 수 있다. 그러나 이런 대답은 순환적 논리의 오류에 빠져 있다. 철학자들이 하는 일의 성격이 무엇인지 분명하지 않고, 철학자들이 사회에 어떤 공헌을 하는지 분명치 않다. 어떤 근거에서 어떤 학자를 철학자라 부르고 다른 학자를 과학자라 부르며, 어떤 텍스트를 철학에 분류하고 다른 텍스트를 문학 혹은 사회학으로 분류하는지 그 이유가 분명치 않다. 노자의 『도덕경』은 시인가 아니면 형이상학 텍스트인가? 플라톤은 극작가인가 아니면 철학자인가? 푸코의 『말과 사물』은 철학서인가 아니면 사상사 혹은 사회과학책인가? 헤겔의 『정신현상학』은 우주를 주제로 한 소설인가 아니면 우주사의 객관적 설명인가? 하이데거의 『숲길』은 명상적 서정시인가 아니면 나름대로의 존재론인가? 『고도를 기다리며』를 쓴 베케트는 극작가인가 아니면 종교철학자인가? 『비극의 탄생』과 『도덕의 계보학』의 저자 니체는 심층사회심리학자인가 아니면 철학자인가? 이런 물음들에 대한 어느 대답도 석연치 않다.

소크라테스에서부터 데카르트, 흄, 칸트, 프레게 그리고 데리다에 이르는 긴 서양철학사를 통해서 '철학'이라는 특별한 학문의 전통이 줄곧 이어져왔고, '학문의 여왕'이라고 불리었을 만큼 그 중요성이 부각되었으며, 아직도 그렇게 생각하는 '철학교수'라는 직업인과 그들이 생산해내는 '철학서적'이 존재하고 있음에도 불구하고 사정은 달라지지 않는다. '철학'이라는 범주 안에 분류되는 고유한 학문의 영역, '철학자'라고 구별되는 특정한 부류의 사람들이 하는 고유한 사회적 역할이 오늘날 어느 때보다도 더 의심스러워졌을 뿐만 아니라 분명하지도 않기 때문이다. 그럼에도 '철학'이라는 이름으로 유통되는 여러 가지 담론들이 존재하고 있으며, 그 모든 것들이 다 같이 철학 아닌 특정한 어느 학문적 영역으로 흡수될 수 없는 것이 현실인 이상, 철학은 위기에 있다고는 하지만 아직 완전히 해체되었거나 죽은 것은 아니다. 이런 마당에서 '철학이란 무엇인가?'라는 철학의 정체성 즉 영원불변한 본질에 관한 물음은 아무도 피할 수 없으며, 그에 대한 대답이 새삼스럽게 절실하다.

로티는 철학의 유형을 플라톤, 후설, 카르납 등이 대표하는

'과학으로서의 철학', 하이데거가 상징하는 '시학으로서의 철학' 그리고 듀이가 대표하는 '정치·사회적 엔지니어링으로서의 철학' 세 가지로 분류하고, 마지막 철학관을 선호한다. 그러나 로티의 위와 같은 철학의 분류는 '철학이란 무엇인가?'라는 물음에 대한 대답이 아니라 그러한 물음에 대한 대답을 이미 전제한다. 우리의 문제는 우리가 이미 알고 있는 철학들의 유형을 분류하는 데 있지 않고 '철학'이라는 낱말의 개념규정, 즉 타당한 철학관의 가능성을 검토하는 데 있다. 나는 지금까지의 지배적 철학관을 첫째 '세계관으로서의 철학', 둘째 '개념의 명료화로서의 철학', 셋째 '이데올로기로서의 철학', 이렇게 세 가지 철학관으로 묶어 각기 그것들을 검토 및 비판하고, 결론적으로 '둥지의 철학' 더 정확히 말해서 '둥지 짓기'로서의 철학, 더 세밀히 말해서 '둥지 리모델링'으로서의 철학을 제안하고자 한다.

1) 세계관으로서의 철학과 그 문제

(1) 세계관으로서의 철학과 플라톤

진리는 어떤 구체적 현상에 대한 경험에 근거한 사실적인 것, 즉 경험적 진리와 그러한 구체적 경험의 대상과는 상관없이 우리가 사용하는 언어분석을 근거로 그 언어적 의미를 분명히 함으로써 도출되는 논리적 활동으로 양분된다. 전자의 진리가 인간의 의식 및 인식활동과 독립해서 존재하는 대상과의 직접적 접촉의 산물이며 그 언어가 일차적 언어라고 말할 수 있다면, 후자는 그러한 진리 서술 목적을 비롯해서 다른 수많은 목적을 위해서 사용되는 모든 종류의, 언어들의 정확한 의미를 반성적으로 밝히는 데 동원되는 이차적 언어, 즉 메타-언어라고 말할 수 있다. 전자의 진/위가 어떤 구체적 현상에 대한 경험에 비추어서 결정되고 우연적인 데 반해서 후자의 진/위는 경험과는 상관없이 언어적 의미의 논리에 비추어서만 결정되고 필연적이다.

전통적으로 철학은 전자에 속하는 진리, 즉 객관적으로 존재하는 어떤 대상에 대한 참된 명제를 찾는 학문이라는 생각이 아주 자명한 것으로 받아들여져왔다. 논리학이나 수학을 제외한 모든 학문은 어떤 현상에 대한 참된 진술을 시도하고 진리를 추구하지만 그것이 구체적 경험에 의존하는 한 그것들이 주장하는 진리는 예외 없이 우연적이고 잠정적이다. 노자나 플라톤 이래 그리고 동서고금을 막론하고 전통적으로 철학이 어떤 객관적 현상에 대한 진리를 추구한다는 점에서 다른 학문들과 마찬가지지만, 실체reality라는 대상에 대한 명제를 추구하면서도 그 진술이 투명하고, 따라서 그 명제의 진리가 필연적임을 주장하는 점, 즉 자신의 명제가 경험적이면서도 그것의 진리가 절대적이라는 주장 즉 그 명제가 종합적이면서도 필연적이라고 주장하는 점에서 철학은 스스로를 다른 여느 학문과 구별해왔고, 일반인들도 그러한 철학자들의 주장을 따라왔다.

하지만 위와 같은 세계관으로서의 철학관의 문제는 쉽게 지적될 수 있다. 모든 학문은 각기 그 경계가 비교적 분명한 자신만의 특정한 대상을 규정한다. 물리학은 물리현상, 여성학은 여성과 관련된 모든 대상, 문학은 문학작품을 각기 자신의 인식대상으로 갖고 있다. 하지만 철학의 연구대상은 사정이 전혀 다르다. 철학은 자신만의 특정한 분야를 갖고 있지 않다. 그렇다면 철학은 학문이 아닌가? 전혀 그렇지 않다. 철학도 자신 고유의 인식대상이 있다. 하지만 그 대상은 우주의 어떤 특정한 한 부분이 아니라 모든 분야의 총체다. 철학은 궁극적으로 모든 현상, 모든 사실, 모든 경험을 총체적으로 단 하나의 총체적 대상으로 삼고, 그러한 대상에 대한 총체적 명제를 도출하는 학문이라고 대답할 수 있다. 이러한 철학관은 토머스 네이글의 다음과 같은 말로 대표된다. 그에 의하면 철학의 궁극적목적은 "한 세계 안에 있는 특정인의 관점과 인식의 한 주체와 그의 관점을 포함한 바로 그 동일한 세계에 대한 객관적 관점을 체계적이고 종합적으로 조합하는 데 있다."

철학이라는 학문이 다른 학문들과 구별되는 점은 그 대상의 폭의 크기에서 찾을 수 있다는 것이다. 다른 학문들이 각기 우주의 특정한 부분 혹은 특정한 측면만을 대상으로 삼는 데 반해서 철학의 궁극적 대상은 모든 것의 전체로서의 우주라는 것이다. 우주를 하나의 전체로서 인식대상으로 삼는다는 점에서 우주의 특정한 부분만을 인식대상으로 다루는 다른 모든 학문과 달리 철학은 가장 일반적인 의미에서 '세계관'으로 규정될 수 있다. 이런 철학관에 의하면 철학은 가장 포괄적인 세계관으로서, 그것의 궁극적 목적은 우주 전체에 일어나는 모든 것을 단 하나의 총체로서 가장 체계적이며 객관적이고도 일관성 있는 인식, 즉 투명한 언어로 재현하는 데 있다. 인간은 외부세계에 대해서 지적 혹은 실용적 호기심을 갖기 시작한 원시시대부터 어디에서나 여러 형태의 신화적 세계관을 꾸며왔다. 하지만 이성에 비추어 보다 합리적이고 실증적인, 즉 보다 더 믿을 만한 세계관은 '철학적'이라고 말하는 사고의 탄생으로부터 구성되었다. 서양에서는 플라톤, 칸트, 헤겔, 니체, 마르크스, 화이트헤드, 베르그송 등, 동양에서는 노자, 공자, 주자, 부처가 된 석가모니 등이 대표적인 철학자이며, 이 가운데에서도 모든 현상을 가장 포괄적이면서도 분석적으로 이성에 비추어 합리적으로 설명하려 했던 헤겔의 철학은 한 개인이 창안해낸 세계관 가운데서 가장 야심적이었다. 모든 것을 물로 환원시켜 설명하려 했던 탈레스가 철학사에서 흔히 최초의 철학자가 될 수 있었던 것은 바로 위와 같은 세계관으로서의 철학관의 틀에서만 가능하다. 직업적으로 생물학, 그 가운데서도 아주 특수한 생물체인 개미의 행동연구가로 알려진 생물학자 E. O. 윌슨의 저서 『통섭』도 과학보다는 철학에 속하는 책이지만, 그가 의도하는 것이 자연과 문화를 하나로 묶어 포괄적이면서도 일관되게 세계관을 그려 보인다는 점과 그 규모에서 헤겔의 『정신현상학』에 비교할 수 있는 야심적인 철학적 책이다.

(2) 세계관으로서의 철학관 비판

위와 같은 철학의 규정은 다음과 같은 두 가지 점에서 문제가 있다. 첫째, 기존의 대표적인 세계관으로서의 철학을 볼 때, 그것이 보여주는 그림 혹은 들려주는 이야기는 적어도 직관적 차원에서나 상식적 차원에서 볼 때 아주 황당한 소설 이상으로 황당하다. 원시시대에는 어떤지는 몰라도 21세기 첨단과학 문명시대에는 더욱 그렇다. 이데아라는 실체의 세계와 물리적 현상의 세계의 구별과 그것들 간의 관계를 설명하고자 한 플라톤의 이데아론, 자연의 모든 물체가 휴식하려는 본성을 갖고 있다는 아리스토텔레스의 생각, 『주역』에서 말하는 '음양의 역동적 구조설', 노자의 '도라는 우주의 보편적 작동원리', 공자의 '천명天命', 정신과 육체가 완전히 독립된 존재라는 데카르트의 존재론, 전지·전능·전선한 신이 모든 것을 창조하고 규제한다는 신념을 주장하는 서양 종교, 우주의 역사가 절대정신·가이스트Geist의 변증법적 원리에 따른 자기실현의 필연적 과정이라는 헤겔의 주장, 화이트헤드의 '과정으로서의 존재', 베르그송의 '생명의 도약élan vital'으로서의 우주진화론, 마르크스의 '필연적 법칙에 따른 인류역사적 진보'라는 우주사관 등등은 그동안 각각 나름대로 인간의 마음을 사로잡았고 아직도 많은 사람들의 마음을 매료하는 우주·자연·인간·세계·사회의 가장 믿음직한 그림으로 중요한 기능을 해왔다.

그러나 위와 같은 철학적 혹은 종교적 세계관은 현대의 과학적 천문학, 상대성이론, 양자역학의 영역에서 새로운 지식이 나날이 축적되고, 첨단과학기술에 의해서 모든 것이 지배되는 사이버공간·디지털 전자통신시대에서는 우리가 수긍하거나 이해하기 어려운 것이 되어가고 있다.

둘째, 위와 같은 뜻에서의 세계관, 즉 우주를 하나의 전체로 인식하고 그 작동 원리를 체계적으로 설명하려는 작업은 철학이라는 규정된 영역에만 제한된 것이 아니라 종교 그리고 과학의 영역에서도 똑같이 수행되고 있다는 데 있다. 우주를 대상으로 하는 학문 가운데는 천문학·거시물리학이 있으며, 또한 물리적 우주를 초월한 세계까지를 인식대상으로 전제하고 그에 관한 진리를 언급하는 종교나 일종의 신화적 세계관은 이미 철학적 및 과학적 세계관에 앞서 존재해왔다. 바로 이와 같은 이유들로 분석철학을 대표하는 콰인까지도 철학과 과학을 구별할 수 없다고 주장했으며, 종교인 자신들은 물론 일반인들이나 사상사를 저술하는 학자들도 종교적 교리를 일종의 철학적 진술로 간주해왔다.

만일 위와 같은 철학관이 옳다면, 철학은 종교·천문학·거시물리학 등과 구별되지 않고, 종교는 지각과 이성이 미칠 수 없는 초월적 세계까지 포함하는 대상을 인식대상으로 삼는다는 점에서 철학적 세계관보다 더 포괄적이며 철학보다 더 철학적이라는 주장이 나올 수 있다. 콰인의 과학철학은 과학과는 다르며, 그의 철학적 세계관은 실증적이면서도 논리적인 근거로 이성에 비추어 뒷받침되었다는 점에서 더 믿음직하지만, 종교적 세계관은 계시나 교리에 근거한다는 점에서 예측불가능하고 불확실하고 그 진술이 불투명하다. 이런 점에서 철학과 그 이외의 학문들의 구별은 인식대상의 내용이나 그 폭의 크기에 의해서만으로는 구별할 수 없다.

세계관으로서의 철학의 세 번째 문제는 철학적 세계관이 신화적·종교적 세계관보다는 비교적 투명하나 과학적 세계관보다는 불투명하고 그 주장의 근거가 엉성하다는 점이다. 이미 흄이 지적하고, 가깝게는 니체, 더 가깝게는 논리실증주의자들이나 분석철학자들이 강력하게 지적해주었듯이 세계관으로서의 철학은 플라톤, 헤겔, 칸트, 화이트헤드, 하이데거 등의 형이상학에서 드러난 것처럼 일종의 '소설'로밖에는 달리 볼 수 없을 만큼 그 근거가 불확실하다. 즉 그것들은 모두 '말이 되지 않는' 말이다. 그것들은 스스로를 세계를 재현하는 거울로서의 지식·진리로 자처했지만 실재로는 그렇지 않고 그럴 수가 없다는 것이다. 이런 점에서 철학적 세계관은 모든 신화적·종교적 그리고 과학적 세계관과 다르지 않다.

2) 개념의 명료화로서의 철학관과 그 문제

(1) 개념의 명료화로서의 철학과 비트겐슈타인

어쩌면 철학은 자신만의 고유한 인식대상을 갖고 있지 않으며, 그것이 찾는 앎은 언어 이전에 언어 밖에서 객관적으로 존재하는 대상에 관한 것과는 전혀 다른 것에 대한 앎일지도 모르고, 철학적 진리는 객관적 현상, 즉 존재에 관한 어떤 사실의 인식과 서술과는 전혀 상관없는 논리적 타당성을 지칭하는 말에 지나지 않을지 모른다. 철학이 추구하는 앎이 후자에 속하는 앎일지 모르는 것이 아니라 실제로 그러하고, 철학적 진리가 후자에 속하는 진리일지 모르는 것이 아니라 실제로 그렇다고 확신할 때, 세계관으로서의 전통적 철학관은 더 이상 존재하지 않게 되고 오로지 '개념의 명료화', 즉 '개념의 논리적 분석과 이해'로서의 철학관이 새롭게 생긴다. 램지의 말을 빌리자면 "철학에서 우리는 과학과 일상생활에서 사용하는 명제들을 받아들이고, 기본적인 용어의 정의를 가지고 그것들을 하나의 논리적 체계로 나타내려고 한다"는 것이다.

앎은 두 가지 종류로 분류된다. 앎은 객관적 존재나 대상에 대한 지각적 관념을 뜻할 때와, 객관적 존재나 대상 자체와는 직접적인 관계없이 그러한 것에 대한 관념을 기술하는 언어의 논리적 의미를 뜻하는 경우가 있다. 그리고 앎의 긍정적 값으로서의 진리는 명제와 그것이 진술하는 대상과의 수직적 일치를 뜻하는 경우가 있는가 하면, 한 명제에 전제된 대상과는 상관없이 한 명제의 언어적 의미와 다른 명제의 언어적 의미 간에 수평적으로 존재하는 논리적 관계의 타당성을 지칭하는 경우가 있다.

이런 철학관은 오늘날 영미철학을 완전히 지배하게 된 분석철학의 모체가 되었으며, 카르납을 중심으로 한 비엔나서클의 논리실증주의와는 별도로 영미철학에 혁명을 일으킨 비트겐슈타인에 의해서 분명하게 선언된다. 철학은 다른 학문과는 달리 세계관, 즉 객관적으로 존재하는 세계에 관한 정보나 지식이 아니라 세계와 인간에 대한 모든 담론들에 동원되는 개념과 명제들, 그리고 그 밖의 모든 낱말과 문장들에 대한 담론을 인식 대상으로 삼는 '담론에 대한 상위적 담론', 즉 메타담론이라는 것이다.

철학이라는 메타담론이 추구하는 앎은 일차적 담론에서 사용된 낱말들의 개념, 문장들의 논리적 의미의 투명한 분석이다. 철학 이외의 모든 담론들에 사용되는 것들과 똑같은 낱말, 똑같은 문장, 똑같은 명제들이 있더라도, 그것들이 철학의 맥락, 즉 메타담론에 동원되었을 때에는 그것들의 의미가 일차적 담론에 사용되었을 때와는 전혀 다른 논리적 차원에 서 있게 된다. 이런 철학관에서 볼 때 탈레스는 최초의 철학자가 아닐 뿐만 아니라 철학자의 범주에도 포함될 수 없다. 노자와 장자, 공자와 맹자, 석가모니와 예수의 가르침 그리고 데카르트나 스피노자, 헤겔이나 화이트헤드, 베르그송, 후설이나 하이데거, 사르트르나 메를로-퐁티, 푸코나 들뢰즈, 데리다나 리오타르의 경우도 사정은 마찬가지다. 이런 맥락에서 볼 때 '앎'·'덕목'·'정의' 등의 의미를 캐묻고 끝없이 반성적으로 따진 소크라테스나 프레게, 무어, 비트겐슈타인이나 오스틴만이 최초의 명실상부한 철학자가 될 수 있다.

(2) 개념의 명료화로서의 철학관의 문제

과연 철학을 '개념의 명료화 작업'으로 규정할 수 있는가? 철학이 '개념의 명료화 작업'이라는 철학관은 첫째, 철학을 논리학으로 환원시키는 결과를 낳게 되며, 둘째, 개념의 명료화 안에서는 넘어설 수 없는 크고 높은 장애물들이 겹겹이 놓여 있다.

'개념의 명료화'로서의 철학의 기능은 어떤 대상을 서술하거나 그 밖의 다른 목적을 위해 사용되는 모든 종류의 텍스트, 문장, 문구, 낱말들의 언어적 의미를 그것들이 재현하는 대상이나 언어 사용자가 의도하는 내용과 그것들의 진/위와는 직접적으로 아무 상관도 없다. 그것은 오로지 언어적 관점에서만 결정된 정확한 의미 규정 및 수평적 차원에서 본 그러한 의미들 간의 논리적 관계를 분석하고 밝혀내는 작업이다. 이때 언어적 의미는 그것이 지시하는 대상, 가령 '도깨비'라는 낱말이 지칭하는 존재 혹은 "서산대사는 축지법으로 몇 백 리를 단숨에 날아다녔다"라는 문장의 사실성을 서술하는 것이 아니라 그와 같은 낱말 혹은 그와 같은 문장이 언어적 약속에 따라 정해진 관념적이고 개연적인 사실에 지나지 않는다. 따라서 '도깨비'라는 존재나 "서산대사는 축지법으로 몇 백 리를 단숨에 날아다녔다"라는 문장은 객관적으로 지각되거나 혹은 그 진/위를 객관적으로 판단할 수 있는 명제가 아니라 그 낱말이나 문장의 언어적 의미 이해만이 가능한 언명에 지나지 않는다.

이러한 분석철학적 철학관은 세 가지 문제를 지니고 있다.

첫째, 철학이 논리학과 구별되지 않는다. 철학자는 주어진 담론에서 그 담론을 구성하는 낱말과 문장들 및 그것들 간의 관계에서 논리적 오류를 집어내는 논리학자에 지나지 않고, 철학의 기능은 세계·존재에 관한 진리가 아니라 사유의 논리적 타당성의 검증활동에 지나지 않는다. 그러나 철학이 곧 논리학이 아니며, 철학자가 곧 논리학자가 아니라면, 철학 고유의 기능이 '주어진 언어의 개념분석' 혹은 '개념적 명료화'로 독단적으로 한정될 수 없는 한, 분석철학에서의 철학 정의는 전혀 적절하지 않다.

둘째, 백 보를 양보해서 설사 철학의 목적을 '개념의 명료화'로 규정할 수 있다고 가정하더라도, 그러한 철학의 목적은 처음부터 불가능하다는 데 문제가 더 심각하다. 언어의 개념적 의미를 해명하자면 필연적으로 다른 언어를 사용해야 하는데, 그렇게 사용된 언어는 무한 퇴행적으로 다시금 또 다른 언어에 의해서 해명되어야 하는 문제가 있다. 언어의 불투명한 의미를 언어로 밝히고자 하는 것은 마치 손에 묻은 진흙을 진흙 묻은 손으로 깔끔히 씻어내려는 것과 마찬가지다.

셋째, '개념의 언어적 의미의 명료화'라는 철학관의 또 다른 문제는 한 권의 텍스트만이 아니라 한 문단, 한 문장 그리고 궁극적으로는 단 하나의 낱말에 대한 정확한 의미 규정이 다음과 같은 이유에서도 불가능하다는 데 있다. 한 저서, 한 문단, 한 구절은 물론 단 하나의 낱말도 그 자신 밖에 있는 대상, 상황, 역사 그리고 다른 낱말들, 문장과 무한히 복잡하게 확대되는 세계와의 무한한 연관관계 속에서만 언어로서의 의미를 가질 수 있다. 따라서 순수한 언어분석을 통한 언어적 의미의 절대적 명료화라는 명제는 원천적으로 불가능하며 무의미하다.

3) 이데올로기로서의 철학관과 그 문제점

(1) 이데올로기로서의 마르크스적 철학관

여기서 언뜻 그리고 쉽게 생각할 수 있는 대안적 정의는 마르크스적 철학관에서 찾을 수 있다. 마르크스에 의하면 철학의 기능은 "세계의 해석이 아니라 개혁"이다. 마르크스의 이 언명에 깔려 있는 철학관을 '이데올로기적'이라고 규정할 수 있다. 그의 철학관에 의하면 과거의 철학이 이론적이고 사념적인 해석에만 치중해왔지만 진정한 철학은 인간적·사회적·도덕적 차원에서 자연과 사회를 보다 바람직한 방향으로 바꾸는 데 실천적으로 이바지해야 한다. 철학의 의도는 객관적 사실의 발견과 인식이 아니라 주관적 목적, 즉 가치수행의 수단이어야 하며, 철학의 가치는 진리가 아니라 이미 정해진 목적 달성이라는 결과에서 찾아야 한다는 것이다. 철학자의 관심은 객관적으로 존재하는 세계의 발견과 그것의 작동을 설명하는 이론으로서의 지식이 아니라 이미 주관적으로 선택된 가치와 목적을 달성하기 위한 전략적 행동강령으로서의 이데올로기이어야 한다는 것이다. 이러한 철학관이 뒷받침될 수 있는가?

(2) 이데올로기로서의 철학관의 문제점

그렇지 못하다는 사실을 몇 가지 점에서 지적할 수 있다. 첫째, 그 속을 자세히 들여다보면 언뜻 보기와는 달리 마르크스가 주장하는 이데올로기로서의 철학관은 사실인즉 '철학관'이 아니다. '철학관'은 '철학'이라는 낱말의 개념 규정을 뜻한다. 그것은 지적 활동으로서의 철학이라는 활동이 자연과학과 같은 여러 분야에서의 다른 지적 활동과 어떻게 다르며, 철학적 담론이 다른 학문 분야에서의 지적 담론들과 어떻게 다른가를 규명하는 문제를 말한다.

세계를 보다 바람직한 방향으로 바꾸어야 하지만, 그러한 세계개혁은 세계의 해석, 세계의 이론적 인식, 세계에 관한 진리 발견이 전제된다는 점에서 이론과 행동은 뗄 수 없는 인과적 관계를 갖는다. 그럼에도 이 두 영역은 논리적으로 섞일 수 없다. 철학의 경우도 마찬가지다. 마르크스나 사르트르나, 프로이트나 아인슈타인의 경우처럼 철학이나 과학을 탐구함으로써 세계를 밝힐 수도 있고, 유명해질 수 있고, 돈을 벌 수도 있고, 세상을 바꿔놓을 수도 있지만, 진리 탐구로서의 철학이나 과학은 재산 축척이나 사회개혁 활동과 뒤섞일 수 없으며, 칫솔로 구두를 닦을 수는 있지만, 이제부터는 칫솔로 구두를 닦아야 한다고 주장할 수는 없다. 우리의 문제는 철학의 개념을 규정하는 것이다. 어떤 상황에서는 철학이 사회개혁에 동원되어 도구적 역할을 해야 한다는 주장을 할 수도 있지만, 그러한 주장은 철학에 대한 정의가 아니라 정의를 이미 전제한다. 철학이라는 개념은 진리·이론 등과 같은 인식적이고 서술적인 의미를 가질 뿐이지 개혁이나 행동 등의 실천적 의미는 전혀 갖지 않는다. 아는 것과 행동하는 것 사이에는 논리적으로 필연적인 관계가 없다. 정치적 실천을 염두에 두고 그러한 혁명적 행동을 자극하는 이론으로서의 마르크스주의는 어디까지나 하나의 '주의ism', 즉 세계 해석이며 세계에 대한 이론이지 그 자체가 곧 실천이거나 혁명은 아니다. 이런 점에서 마르크스의 철학관은 적절하지 못하다. 철학이 세계의 해석에 그치지 않고 세계의 개혁에 동참해야 한다는 마르크스의 주장은 오늘날에도 유효하지만, 모든 것을 실천적·윤리적·정치적 구호로 바꾸어서는 안 되며, 조용하고 외롭게 순수한 학문 즉 진리를 추구하는 학자들을 질타하는 이데올로그의 선동이 되어서도 안 된다.

세계관으로서의 철학관이나 그 밖의 여러 가지 학문의 담론들의 언어적 의미를 분명하게 하기 위한 메타담론으로서의 분석철학적 철학관 그리고 이데올로기로서의 철학관은 실천적으로 실현 불가능하며 논리적으로 성립 불가능하다.

그렇다면 지금까지 '철학'이라는 이름으로 추구되었던 지적 탐구, 담론, 텍스트들은 지적 착각이 만들어낸 헛된 활동이며 관념적 환상인가? 지금까지 '철학'이라고 이름 붙은 글쓰기의 고유한 영역과 기능은 실제로 존재하지 않았던 헛것인가? 데리다가 시도하고 입증했다고 주장하듯이 특정한 학문으로서의 철학은 해체되어 다른 학문들에 흡수되고, 철학적 담론은 다른 과학적 담론은 물론 문학과도 구별될 수 없단 말인가? 사실 그런 것처럼 보인다. 세계관으로서의 철학관을 전제하고 쓰인 이른바 철학 텍스트의 언어적 의미는, 플라톤이나 후설이나 카르납의 경우처럼 아주 정확하게 재현하려 하더라도 애매모호하고 그것이 주장하는 진리를 뒷받침하기에는 너무나 엉성하다. 이런 류의 텍스트는 또한 대표적으로 헤겔이나 니체나 하이데거의 경우처럼, 이성에 의존하여 생각하는 철학자의 냉정하고 엄격한 논리에 뒷받침된 이론을 담았다고 하기보다는 주로 감성에 의존하는 소설가나 시인이 뜨겁고 약동적인 감정에 의존하면서 창작해낸 소설이나 시와 구별하기 어려울 만큼 매혹적이다. 물론 그러한 창조적 상상력에 감탄하지 않을 수는 없지만, 그것이 그려낸 세계는 진리의 빛이 아니라 요란스러운 슬로건이나 화려한 감탄사 같아서 조금 정신을 차리고 나면 공허하게 느껴지는 경우가 적지 않다.

그런가 하면 '언어와 개념의 명료화'로서 분석철학적 철학관을 전제하고 쓰인 철학적 텍스트는 분명하고 또한 그 논리가 놀랍게 정교하지만 아주 사소한 말장난 같다. 그러한 텍스트를 써내는 이들은 세계를 밝혀주는 철학자라고 하기보다는 두터운 현미경을 들여다보면서 아주 미세하고 정교한 장식품을 만드는 금은조형공金銀彫型工이나, '논리법칙'이라는 하나의 아주 전문화된 좁은 지적 영역에서 복잡한 논리적 꼬투리를 잘 잡아내는 논리학적 기술자와 같다. 물론 그들의 이러한 재능에 경탄하지 않을 수 없지만 그러한 세계에 들어가면 숨이 막히고 변비가 생길 것 같다고 할 만큼 답답해질 때가 많다.

이처럼 '세계관', '언어적 의미의 명석화', '세계개혁'으로서의 철학관, 즉 전통적·분석철학적 그리고 마르크스적 철학관들 가운데 어느 것 하나도 만족할 수 없지만 무엇인가 '철학적'이라고 불리는 그것만의 고유한 학문, 텍스트, 영역, 기능 그리고 사람이 있음을 완전히 부정할 수는 없다. 그렇다면 그 고유한 것에 무슨 이름을 붙일 수 있을까? 과연 만족할 만한 철학관이 있는가? 여기서 나는 위의 세 가지 철학관을 통합할 수 있는 철학관으로서 '둥지의 철학관', 더 정확히 말해서 '둥지 짓기로서의 철학관', '관념적 둥지의 리모델링'으로서의 철학관을 제안하고자 한다.

4) 언어적 둥지 짓기로서의 철학

(1) 철학은 세계의 전일적 인식양식으로서의 세계관을 지향한다

철학은 순수논리적 사유가 아니라 하나의 인식양식이다. 인식으로서의 철학은 필연적으로 어떤 대상을 전제하며, 체계적 인식을 구성하기 위해 논리적 사유를 필요로 하지만, 철학에서 진리는 논리에 선행한다. 철학의 궁극적 인식대상은 우주 전체로서의 세계다. 학문으로서의 존재론, 형이상학, 인식론, 도덕철학, 정치철학, 사회철학, 과학철학, 종교철학, 교육철학, 언어철학, 논리철학, 예술철학, 기술철학 등등의 개념으로 알 수 있듯이 모든 현상, 모든 사건, 모든 학문, 모든 경험, 모든 신념, 모든 활동 및 모든 언변은 각기 개별적으로 철학적 사유의 대상이 된다.

철학의 궁극적이고 이상적인 인식대상은 위와 같은 개별적 대상들이 아니라 모든 대상들을 통합적으로 총칭하는 외연적 개념으로서의 우주 전체 즉 존재 전체이며, 그것을 철학적으로 인식하는 양식은 개별적인 것이 아니라 전일적이다. 철학은 그냥 하나의 학문, 하나의 인식양식이 아니라 앎에 대한 욕망이 필연적으로 도달하게 되는 지성의 필연적이고 자연스러운 표현이다. 철학은 우리가 보고, 느끼고, 접하는 모든 현상만이 아니라 그러한 현상들을 지각하고 인식하고 경험하는 우리들 자신까지를 포함하며 지적으로 일관성 있게 통일된 체계로서 인식하고, 설명하고, 파악하고자 하는 궁극적인 동시에 전일적인 유일한 학문이다. 이런 점에서 철학의 궁극 목적은 세계의 전일적이며 참된 인식으로서의 세계관을 발견하는 데 있다. 또한 이런 점에서 철학의 궁극적 목적을 세계관으로 보았던 전통적이고 일반적인, 즉 전문적 철학자들과는 상관없는 보통사람들의 철학관은 전문 철학자들의 철학관보다 더 진리에 가깝다. 이 같은 철학관은 앞서 보았듯이 현대 철학자들 가운데서는 포퍼나 콰인이나 네이글의 철학관으로 이어지고 있다.

(2) 철학은 논리적 타당성을 갖춘 체계적 인식으로서의 세계관이다

전일적 세계관으로서의 철학은 물리적·현상적 우주만이 아니라 초월적 세계까지를 포함한 존재 일반을 인식대상으로 삼는 종교에 비해 덜 포괄적인 인식양식이며, 물리적 우주만을 인정하고 그것을 포괄적으로 설명하는 물리학과 천문학에 비교해볼 때 선명성과 객관성도 열악하다. 하지만 철학은 인식대상의 폭과 크기에 의해서만 다른 학문, 다른 세계 인식양식과 구별될 수 없다. 철학을 다른 학문과 구별할 수 있는 또 하나의 잣대는 '개념의 명료화'라는 철학관에서 분명히 드러나듯이 인식의 '명석성'이다. 철학은 그냥 신념, 신념의 제시, 신념의 선언이 아니라 그러한 신념의 투명한 의미와 주장의 철저한 근거를 제시할 수 있어야 한다. 철학적 사유가 한없이 분석적으로 흐르는 것은 이 때문이며 철학적 진리가 스스로를 '궁극적'

이라고 자처하는 것도 위와 같은 이유에서다. 이런 점에서 철학을 '개념의 명료화'로 규정하는 분석철학적 철학관은 일면 타당하다.

한마디로 철학은 가장 근본적인 우주 전체에 대한 총체적 전일적 인식양식, 즉 세계관의 발견과 동시에 '개념의 궁극적 명료화'를 지향한다. 이런 철학관의 관점에서 볼 때, 개별적으로 서로 다른 존재·활동·경험들을 인식대상으로 삼는 수많은 x, y, z 등의 특정한 분야의 철학들은 모든 대상·현상·사건·경험들을 총체적인 하나의 전일적 인식양식으로서의 세계관을 위한 부분적인 작업으로, 즉 '세계관'이라는 거대한 건축물을 짓는 데 동원된 전문적 분야에서의 부분적 활동으로 볼 수 있고, '개념의 명료화'로서의 철학적 활동은 그러한 건물을 견고하게 만드는 데 불가피한 설계도 공학성의 정밀성과 건축자재들의 품질적 고급화 과정으로 볼 수 있다.

그러나 이 두 철학관이 갖고 있는 문제들은 앞서 이미 지적한 대로 '인식일반'의 본질과 '철학적 인식'의 특성에 대한 착각의 형태로 나타난다. 세계관으로서의 철학관이나 개념 분석으로서의 철학관 중 어느 것을 보더라도 인식은 인식활동 자체와 그것의 서술활동과 독립되어 규정할 수 있는 어떤 객관적 존재들과 그것들 간의 관계를 있는 그대로 재현하거나 주장하는 데 동원되는 언어와 그런 언어를 사용하는 철학자의 배경과 완전히 독립되어 있어야 한다. 따라서 여기에는 진리라는 것이 절대적이고 보편적이어야 한다는 전통적 인식론이 전제되어 있다.

(3) 언어적 건축으로서의 철학적 인식

하지만 오늘날에는 이런 전제가 지닌 소박함을 더 이상 감출 수 없다. 인식은 어떤 대상의 관념적 재현이 아니라 재구성이며, 모든 재현과 재구성은 언어적 재구성이며, 언어적 재구성은 칸트의 인식론이 판단의 선험적 범주를 전제하는 것과 마찬가지로, 인식자가 완전히 자유로울 수 없는 어떤 인식의 선험적 틀에 의존해서만 가능하다. 지각은 대상과의 감각적 접촉이 아니라 이미 하나의 해석이며, 인식은 일종의 사진이라는 영상 촬영이 아니라 상상 속의 건축이다. '진리'라고 믿는 세계 전체와 그것을 구성하는 요소들로서의 인식대상들은 이미 결정되어 있는 발견과 소유대상물이 아니라, 각자 우리 자신이 창의적으로 상상하고 설계해서 세운 예술작품 같은 언어적 구조물이다.

인식이 이미 인식의 틀을 전제한다고 주장하는 점에서 위와 같은 인식론은 칸트의 인식론과 같으나, 그 인식의 틀은 칸트의 인식론에 존재하는 인식의 틀로서의 '선험적 범주'와는 사뭇 다르다. 그 틀은 칸트가 생각했던 것과는 달리 선천적으로 주어진 것이 아니라 후천적으로 구성된 구조물이며, 그 구조물의 형태는 인류에게 보편적이어서 불변하는 것이 아니라 각기 인식주체의 교육적·문화적·역사적 배경에 따라 상대적이어서 항상 가변적이며, 그 구조물의 자재·자료는 의식이 아니라 언어다. 언어를 떠난 학문, 이론, 사유, 인식, 관념, 세계관은 있을 수 없다. 철학이 세계관이라는 점에서 그것은 일종의 학문이며, 일종의 학문이라는 점에서 일종의 인식양식이며, 그것이 일종의 인식양식이라는 점에서 철학도 그 밖의 다른 학문들과 마찬가지로 일종의 언어적 건축이다. 다시 말해 철학 텍스트는 다른 텍스트들과 마찬가지로 언어로 세워진 건축물이다.

모든 건축물이 그러하듯이 언어적 건축물도 반드시 특정한 목적으로 설계되고 세워진다. 물건을 제조하기 위한 공간으로서의 공장과 같은 건축물이 있는가 하면, 사무적 일을 하기 위해서 고안된 수많은 공공관청이나 사무실·빌딩 등이 있고, 독립문·에펠탑·개선문·광화문 네거리의 이순신 장군 동상 등과 같이 민족독립, 국제적 행사, 승리, 위대한 애국자를 기념하기 위한 건물이 있는가 하면, 또한 초가집·판잣집·기와집·이층벽돌집·궁전과 같은 거주를 위한 건축물이 있다. 위와 같이 수많은 서로 다른 특정한 목적을 위한 다양한 건축물들이 있지만, 모든 건축물들은 다 같이 인간의 육체와 마음의 '거처'로서의 기능을 한다는 점에서 모두 동일하다. 위와 같은 건축물 가운데 어떤 것은 인간들의 일상생활의 거처이며, 어떤 것들은 특수한 활동을 위해서 머물러야 할 거처이며, 어떤 것들은 인간의 마음, 기억과 소원이 머물고 있는 거처다.

물리학·화학·생물학·사회학·역사학과 같은 학문들은 물리현상·화학분자현상·생물현상·사회현상을 각기 지적으로 만족스럽게 설명하고 그것들이 관념적으로 편안히 들어설 수 있기 위해 고안된 언어적, 즉 관념적 건축물이다. 하나의 학문으로서의 철학도 마찬가지다. 하지만 학문의 여왕, 메타학문으로의 철학적 건축물은 다음과 같은 두 가지 점에서 다른 건축물과 다르다.

첫째, 다른 학문들과 철학이라는 학문과의 관계는 전체와 그것을 구성하는 부분들 간에 존재하는 관계의 관점에서 찾을 수 있다. 물리학·사회학·역사학·인류학 등의 여러 학문들이 한 성채 안에 들어 있는 여러 개의 특수한 목적으로 지은 건축물들이라면, 철학이라는 학문은 성채 전체라는 총제적 구조물이다. 다시 말해 수많은 종류의 다른 학문들이 한 도시 안에 있는 허다한 건물들이라면 철학이라는 학문은 그 도시 전체의 총체적 구조에 해당된다. 이러한 사실은 총체적 세계의 관념적 성채가 견고하게 서 있기 위해서는 그 속에 세워진 모든 건축물들 하나하나가 견고하고 그것들 간의 배치가 성채 전체에 비추어 건축학적으로, 미학적으로, 기능적으로, 사회적으로 적절해야 하듯이, 세계의 관념적 구조로서의 철학적 세계관은 그것들이 전제하는 수많은 개별 학문들, 즉 전일적 세계를 구성하는 개별적 사실에 대한 전문적 지식으로서의 수많은 학문들에 대한 확고한 이해와 지식을 갖추어야 한다. 그렇지 않은 상황에서 구축한 세계관은 아무리 내적으로 정연한 논리를 갖추었더라도 사상누각과 다름이 없다. 특히 급속도로 발달하는 오늘날의 정밀한 자연과학의 연구결과를 모르고서는 자유의지, 의식, 진리, 실체 등의 철학적 기본 개념의 본질에 대해서 원초적 주장만을 고집하게 될 것이다. 생명물리학·생명공학·양자역학 등 첨단과학이 보여주는 사실들은 몇 천 년 동안 우리가 절대불변의 진리로 믿어왔던 생명·의식·자유·진리 등과 같은 형이상학의 신념을 근본적으로 재고할 것을 요구한다.

둘째, 철학 외의 학문들이 인간이 살아가는 데 필요한 어떤 활동을 하기 위한 기능적 목적으로 세워진 도구적 건축물인 데 반해 철학이라는 학문적 건축물은 인간의 마음과 몸이 가장 편안할 수 있는 궁극적 거처다. 다시 말해 삶의 객관적 조건으로서 자연과 문화적 조건이 물리적으로 지적으로 정서적으로 완전히 만족된 조화를 갖추어 인간의 마음과 몸이 함께 행복할 수 있는 거처다. 따라서 철학은 그 자체가 건축의 궁극적 목적일 수 있는 거처이며 세계로서의 건축물이다.

철학이라는 건축물이 도구적이 아니라 내재적 가치를 목적으로 한다면 그러한 건축의 양식은 어떤 원칙에 의해서 설계되어야 하는가? 어떤 발상으로 가장 이상적인 철학의 건축 모델을 발견할 수 있는가? 발견할 수 있다면 그것은 자연에서인가 아니면 지금까지 인류가 고안한 건축물들 가운데서인가? 이런 물음들에 대한 대답은 인간을 포함한 모든 생명체들에게 가장 이상적인 거처, 즉 존재조건에 대한 결정을 전제한다. 가장 이상적인 조건은 각각의 생명체를 행복하게 할 수 있는 조건을 의미하며 가장 행복하게 살 수 있는 일반적인 조건은 몸과 마음의 편안함이다. 더 나아가 몸과 마음이 편안한 조건은 몸과 마음이 요구하는 모든 욕망을 가장 이상적으로 충족시키는 것이며, 이러한 충족감의 가장 근본적인 조건은 모든 종류의 갈등으로부터의 해방, 즉 모든 것들과의 총체적 조화다.

철학은 언어를 재료로 한 우주의 관념적 건축학이며, 하나의 철학적 체계는 제각기 그러한 건축이 이 우주에 단 하나밖에 없다고 스스로 주장하는 언어적 건축물이다. 또한 건축물의 건축가에게는 제각기 자신의 건축물이 곧 우주 자체가 된다. 이러한 조건을 가장 잘 만족시킬 수 있는 거처로서의 이상적 건축 모델은 어디에서 찾을 수 있는가? 그 모델은 인간이 지은 문화적 건축물이 아니라 동물이 지은 자연적 건축물, 즉 동물들의 보금자리 중에서도 특히 새들의 둥지다.

첫째, 대부분의 동물들은 모두가 잠시나마 고정된 거처로서의 보금자리를 꾸미며 이 중에서도 새들은 거처로서의 둥지를 튼다. 그 둥지들은 제 각기 주인의 생존방식에 적절하게 생명을 위협하는 다른 동물들, 추위, 더위, 비나 눈 등 자연적 재해로부터 자신을 보호하고, 휴식을 취하고, 자신의 종을 이어가기 위해서 짝짓기를 하고, 알이나 새끼를 낳아 품고, 새끼를 키우기 위한 거처의 기능을 한다. 그것은 생물학적으로 귀중하고 엄숙하고 숙연한 공간이다. 들짐승들의 보금자리, 날짐승들의 둥지는 생명, 안전, 휴식, 꿈, 사랑, 행복, 그리고 바로 생명 자체의 감각적이고 구체적이며 생생한 은유다.

둘째, 짐승들의 보금자리 특히 새들의 둥지는 건축공학적으로 절묘하다. 땅 속이나, 바위 틈에, 혹은 작은 나뭇가지 사이, 풀숲 속, 초가집 지붕의 추녀 속 등에 튼 둥지는 건축학의 백미白眉다. '건축'이라고 보기 어려울 만큼 거의 손이 가지 않은, 언뜻 보기에 엉성한 새들의 보금자리는 아주 소박하지만 주어진 자연을 파괴하지 않고서 자연의 모든 여건과 조화를 갖추었다는 점에서 나름대로 정교하며 자연과 이상적 으로 결합한 예술작품이다. 대부분의 새들 특히 어떤 종류의 새들 둥지는 그것에 종합적으로 사용된 다양한 재료 활용이 기묘하다. 약탈자들로부터의 보호를 위한 전략적 고려가 계산된 설계와 건축학적인 정교한 기술 등은 놀랍지 않을 수 없다. 철학이라는 언어로서의 우주의 둥지건축의 관점에서 볼 때 철학 이외의 모든 학문들과 그 이외의 모든 활동들은 철학이라는 단 하나의 우주 둥지가 가장 편안한 거처가 될 수 있는 건축물이 되도록 동원된 수많은 재료, 그 건축의 일부, 거처에 필요한 모든 생활도구와 필수품, 그러한 것들을 제조하고, 배치하고, 활용할 수 있는 다양한 기술로 파악될 수 있다.

셋째, 둥지는 색조나 재료, 수많은 재료들의 비상한 조합과 디자인의 조형성에서 미학적으로 가장 소박한 구수함과 동시에 가장 세련된 신선미를 갖추었으며, 가장 원초적이면서도 가장 첨단적이다.

넷째, 둥지의 건축학은 생태친화적이다. 문명이라는 거대한 인류 거처의 개발과 건축에 따른 환경파괴가 제기하는 생태학적 문제점들과 자연과 인간의 위태로운 관계를 생각해볼 때, 둥지의 건축학은 자연과 인간과의 조화로운 관계 정립의 가능성을 가지고 있음을 입증한다. 둥지는 자연과 문화 간의 상호보완적 관계, 인간과 그 자연환경 간에 존재하는 타자성과 동일성, 차별과 평등 간의 조화로운 존재양식의 표현이다.

조화는 일관성 즉 모순이나 갈등이 없는 관계를 의미한다. 철학의 궁극적 의도는 '세계'라고 부를 수 있는 우주적·형이상학적 전체, 모든 현상, 모든 사건, 모든 경험들을 하나도 빠짐없이 그려내면서도 철저하고 일관성 있게, 즉 논리적으로 투명하게 인식하는 데 있다. 그렇다면 둥지의 건축학은 곧 세계 전체의 관념적 건축학, 즉 총체적 세계관으로서의 철학의 건축학적 모델이다.

　진리는 인식과 독립된 객관적으로 존재하는 대상에 대한 언어의 관념적 복사로 생각되어왔고, 철학은 가장 포괄적인 진리 추구활동으로 인식되어왔다. 그러나 앞서 본 대로 그러한 진리는 존재하지 않으며 철학은 있지도 않은 그러한 진리의 재현이 아니라 세계의 총체적 재구성, 즉 언어에 의한 세계의 관념적 재건축 활동이다. 이런 관점에서 볼 때 철학은 과학적 이론이나 서술처럼 세계의 객관적 재현이 아니라 상상적 산물인 소설, 즉 픽션에 더 가깝다. 유대·기독교·이슬람과 같은 고대 중동의 의인적이고 서양적인 종교적 세계관들이나, 힌두교와 불교와 같은 고대 인도의 비의인적인 종교적 세계관이나, 『주역』, 『도덕경』, 『중용』과 같은 중국 고전의 저자들의 세계관이나, 플라톤, 아리스토텔레스, 칸트, 헤겔, 니체, 베르그송, 화이트헤드, 콰인, 사르트르, 메를로-퐁티 등 서양철학사를 빛낸 철학자들의 철학적 세계관들도 엄밀히 따지고 보면 그냥 우주·자연의 거울이 아니라 앞뒤가 서로 맞아떨어지는 방대한 하나의 소설, 한 편의 시와 같은 언어로 구성된 '세계'라는 픽션 즉 언어적 구조물들 가운데의 몇 가지 대표적 예들에 불과하다.

　서로 다른 픽션으로서의 세계관들은 각기 그것들이 우리가 경험하거나 알고 있는 모든 것들을 얼마만큼 일관성 있게 하나의 크나큰 전체로 보여줄 수 있느냐에 따라서 상대적으로 크고 작은 권위를 발휘한다. 철학적 체계의 구축은 새들이 트는 '둥지'의 경우와 마찬가지로 한없이 복잡하면서도 한없이 정교한 예술창작의 건축학을 요한다. 공학적으로 견고하면서도 생물학적으로 안락하고 생태학적으로 건강하고 주변과 조화로우며 지적으로 투명하기 위해서는, 만족할 만한 세계관으로서의 철학적 둥지건축은 새들이 나뭇가지, 풀, 이끼, 조개껍질, 새들의 털 등 수많은 종류의 재료를 종합적으로 활용해서 주변의 자연과 조화를 이루면서도 정교하고 아름답고 아주 효율적인 둥지를 구축하는 작업만큼이나 복잡하고 어려우며 그만큼 정교하고 세련된 건축기술을 요청한다.

2장

•

존재와 세계

The Onto-Semantical Matrix

1. 존재와 세계의 구별

1) 메타학문 · 세계관으로서의 철학

둥지의 철학은 철학관인 동시에 세계관이다. 철학관으로서의 둥지철학은 객관적 사실의 발견과 주장이 아니라, 경험적 사실을 관념적으로 재구성하는 활동이다. 이런 점에서 철학적 사유, 지식, 글쓰기는 논리학과 수학, 과학과 종교, 생물학과 심리학, 사회학과 인류학 등 모든 학문적 영역에서의 사유, 지식, 글쓰기와 전혀 다를 바 없다.

모든 학문들이 인식의 다양한 양식이며, 철학이라는 학문도 하나의 인식양식이고, 한 학문의 특수성이 그것의 인식대상의 특수성에 비추어 규정될 수 있다면, 철학의 인식대상의 특수성은 무엇인가? 자연과학과 인문사회학은 각각의 특수성을 대상의 물질적 자연현상과 문화적 관념현상의 차이로 규정할 수 있고, 자연과학 가운데 가령 물리학이나 생물학의 특수성은 그들의 탐구 대상인 물질현상과 생명현상 간의 차이에서 찾을 수 있다. 마찬가지로 인문사회학 가운데 가령 사회학이나 문학의 특수성들은 각각 사회현상이나 문학작품에서 찾을 수 있다. 그렇다면 위와 같은 방식으로 인식대상의 특수성을 철학의 학문적 특수성으로 규정할 수 있을까?

그렇지 않다. 위와 같은 여러 학문들의 대상은 언제나 우주를 구성하는 삼라만상의 어떤 부분 혹은 측면인 데 반해서 철학의 궁극적 인식대상은 단 하나로 포괄된 우주 전체다. 철학은 다른 어떤 학문과 달리 특정한 인식대상이 없으며, 그것의 대상은 굳이 말해야 한다면, 서로 다른 여러 학문들의 담론이나 인간이 해왔던 모든 경험적 기록의 총체다. 철학적 인식이란 그러한 것들을 논리적으로 한 단계 높은 차원에서 그것들 간의 정합성을 정리하여 하나의 전체적이고 통일된 관념적 그림을 구성하는 작업으로서의 학문, 즉 메타학문이다. 그러기에 철학은 필연적으로 우주 전체·존재 일반의 이해 가능한 총체적인 개념적·관념적 그림·도형으로서의 세계관이다.

2) 발견이 아니라 관념적 구성으로서의 인식

인식은 어떤 대상과 접한 인격체의 주체적 활동이며, 그 대상의 관념적 재현이 아니라 주체적 구성이며, 인과적으로 주어진 것이 아니라 주체가 자신의 선천적 혹은 후천적으로 결정된 인식의 틀에 맞추어 주어진 감각적 소재로 상황과 어떤 목적에 적합하도록 만든 작품이다. 이러한 사실은 그것이 지각인 경우이든 이론적 경우이든 철학적인 경우이든 똑같이 적용된다. 내가 보는 '눈雪'은 처음부터 영원히 '눈'으로 내 눈 앞에 객관적으로 존재하는 것이 아니라 나 혹은 다른 이들의 지각적 작품이며, 뉴턴의 만유인력 법칙은 광부가 광산에서 발견한 다이아몬드 같은 존재가 아니라 뉴턴이 자연의 어떤 물리현상을 설명하기 위해 상상 속에서 만들어낸 개념적 구조물이다. 플라톤의 이데아 철학 역시 다양한 기호와 음성으로 달리 표현됨에도 불구하고 동일한 것으로 유통되는 언어적 개념의 의미를 설명하기 위해 창안된 관념이다.

알래스카에 사는 에스키모 부족에게는 단 한 가지 종류의 대상으로서의 '눈'이라고 부르는 것이 존재하지 않고 12가지 다른 종류들로 구분된다. 동일한 어떤 지각대상을 우리는 '한 가지 물질'로 구성하는 데 반해서 에스키모는 수많은 종류의 서로 다른 물질로 조립하는 것이다. 똑같은 우주의 물리현상을 뉴턴은 만유인력으로, 그리고 아인슈타인은 상대성이론으로 설명한다. 플라톤의 이데아론적 형이상학은 헤겔의 정신현상학적 형이상학과 양립할 수 없다. 인식이 이미 인식주체의 주관과는 상관없이 독립적으로 영원불변한 형태로 존재한다는 플라톤의 주장은 '인간은 만물의 척도', 개에게는 개의 눈이 만물의 지각적 진위의 척도라는 사실로 미루어보아 허구이며, 이는 인간에게는 객관적 존재로 보이는 사실이 개에게는 존재하지 않을 수 있다는 점에서 알 수 있다. 그리고 위와 같은 모든 사실들은, 언뜻 보기에 너무나 황당한 것 같지만 인식이 발견이 아니라 인식주체의 관념적이고 개념적인 작품이라는 사실만이 객관적 사실임을 뒷받침해준다.

한마디로 주관적인 인식과 독립된 객관적인 개는 존재하지 않으며 '개'라는 개념에 의해 그것이 한 주체에 의해서 관념화되었을 경우에는, 존재의 총칭으로서의 자연·우주는 '세계'라는 관념적 존재로 변신한다. 자연·우주·존재는 언제나 그리고 필연적으로 세계화된 자연·우주·존재이며, 그러한 세계는 각기 주체적인 인식능력을 갖고 있는 존재의 종에 따라, 인간, 문화, 시대에 따라 상대적일 수밖에 없다.

'존재'와 '세계'라는 두 개념의 구별, 우리에게 존재는 언제나 그냥 원래대로의 실체가 아니라 그것의 관념을 뜻하는 의미로 '세계'일 뿐이라는 주장, 즉 우리가 어떤 감각대상을 보고 '모기' 혹은 '눈'이라 부르고, 보이는 모든 것을 총칭하여 '세계'라고 할 때, 그것들은 우리의 인식과 독립해서 인식 이전부터 객관적으로 존재하는 실체가 아니라 우리가 관념 속에 구성한 개념적 구축물들에 지나지 않는다는 주장은 어떤 설명이 주어지지 않는 한 아무래도 황당하다. 그러한 주장이 황당한 것은 그 주장이 인간이라는 주체가 나타나서 그것을 보고 개념화하기 이전에는 존재하지 않았다는 주장과 동일하게 해석될 수 있기 때문이다.

그러나 위와 같은 주장을 그러한 의미로 해석해서는 안 된다. 위의 주장이 말하려는 것은 가령 박테리아에게는 그것의 생물학적 구조상 '모기'라는 개념이 없기에 그것을 모기로 개념화하지 않는다는 것이다. 끔찍하게 많은 눈에 둘러싸인 채 생존해야 하는 에스키모의 자연환경과 전혀 다른 환경에 사는 다른 인간들은 에스키모처럼 '눈'을 다양하게 인지할 필요가 없기에 모두를 통틀어 단 한 가지의 '눈'으로 범주화할 뿐이다. 인간에 의해 인식되지 않은 존재의 객관적 속성에 대한 언급은 마치 '보이지 않지만 보이고, 모르지만 알며, 설명할 수 없지만 설명할 수 있다'라는 명제와 마찬가지로 논리적으로 자가당착적이다. 그러므로 존재 일반에 대한 즉 인식론적 진/위 논쟁은 논리적으로 불가능하다. 인간이 말할 수 있는 존재는 언제나 인간에 의해 인식되고 인간적 주체에 의해 개념적으로 다양한 방식으로 분절, 분류되어 재구성된 주관적 세계뿐이다. 인간의 경우 존재는 언제나 개념적으로 재구성된 관념적 제품으로서만 의미가 있다. 인식은 인간의 의식과 완전히 독립된 대상, 존재의 재현이 아니라 인간의 필요에 의해서 인간이 창조한 인간적 의미를 갖는 구성물이다. 그리고 상황의 변화와 필요에 따라 인간이건 동물이건 인식주체는 지금까지 자신이 개념적으로 조립한 세계 밖으로 나와 아직까지 개념화되지 않은 비범주화 상태 즉 어떤 '의미'를 갖지 않아 지각도 할 수 없고 뭐라 말할 수 없는 형태의 반죽으로서의 감각대상들을, 즉 막연한 상태의 자연·우주·존재 일반을 지금까지 자신이 들어가서 살고 있던 '세계'라는 관념의 집에 포함시켜 창조적으로 리모델링함으로써 자신의 세계를 확장하고 더 바람직하게 만들어갈 수 있다.

인식주체로서의 인간의 출현과 더불어 자연·우주·존재는 인간적 의미를 지닌 세계로 변신한다. 자연·우주·존재의 이같은 변신은 마치 미다스의 손이 닿을 때마다 모든 것들이 황금으로 변하는 경우와 마찬가지다. 인식주체의 시선은 사물을 만지는 미다스의 손으로 비유할 수 있으며, 세계는 그 시선에 의해서 황금으로 변신한 자연·우주·존재에 비유될 수 있다. 그리고 세계는 오로지 그리고 언제나 인간의 세계이며, 인간만이 세계를 창조하고 그 속에서 산다. 유인원을 비롯해, 파충류, 박테리아에 이르기까지의 모든 종류의 생명체는 최소한의 유사의식을 갖고 자신의 생존을 위해서 생존에 적절한 주위환경을 의식하고 자신을 위협하는 다른 존재들을 식별함에 틀림없다. 그렇지 않고서는 그들의 생존을 설명할 수 없다. 그렇다면 그들도 나름대로의 지각과 지적 판단을 할 수 있다고 인정해야 하지 않을까? 하지만 그렇지 않다.

2. 문화적 존재로서의 세계

1) 유일한 언어적 동물로서의 인간

유인원에서 박테리아에 이르기까지 모든 생물체는 자신의 생존을 위해 주어진 환경에 적응하면서 주어진 환경의 유익한 것과 해로운 것을 구별하는데, 그것을 감지할 수 있는 최소한의 분별력 즉 감지하고 인식하는 최소한의 능력을 부정할 수 있는 자는 아무도 없다. 그렇다면 인간만이 아니라 모든 생물체는 다 나름대로의 세계를 갖고 있다고 해야 하며 정도와 질적 차이에도 불구하고 각각 그들의 주체성을 인정해야 하고, 침팬지의 세계, 개의 세계, 벌레의 세계, 박테리아의 세계를 말할 수 있어야 한다.

그러나 그러한 그들의 능력은 인간에게서 발견되는 것과 같은 종류의 능력에 비해 정도의 차이를 넘어 질적으로 전혀 다르다. 하등동물의 행동은 거의 물리적 작동으로 설명할 수 있으며 인간을 제외한 고등동물들의 행동은 진화된 물리적 작동으로서의 본능과 자극, 그에 대한 즉각적이고 기계적인 반응으로 설명될 수 있다. 그들의 행동은 사태에 대한 주관적 반성이나 반성의 과정에서 생기는 고민이 존재하지 않는다. 동물과 인간 간의 이 같은 차이는 언어의 유무에서 구체적으로 가시화된다. 인간의 언어를 한 인간공동체가 인위적으로 만들어낸 의사소통의 매체이자 사유의 도구로 규정할 때, 그러한 종류의 언어를 사용하는 동물은 오로지 인류라는 동물뿐이다. 인류의 언어는 선천적으로 주어진 시스템이 아니라 후천적으로 고안한 것이며, 따라서 물리적 자연의 인과관계로만 이해할 수 있는 것이 아니라 '의미'라는 '상징적 체계'로서의 '문화'의 초석인 동시에 문화에 속한다. 물론 인간 이외의 모든 동물은 각각 자신들의 종 안에서만 유통되는 음역·냄새·색깔·촉각·몸짓 등과 같은 의사소통의 시스템을 생물학적으로 소유하고 있다. 그러나 동물들의 위와 같은 '언어'는 자연에서 분리된 상징적 의미체계인 문화에 속하지 못하고 인과적 법칙으로만 설명될 수 있는 자연의 한 현상으로 남아 있다. 몸짓, 발성 그리고 문자를 발명하고 사용하게 되면서 자연의 일부였던 인간은, 처음에는 발성어 특히 문자어를 발명하여 사용함과 동시에 비로소 주위환경의 모든 현상과 감각적 대상을 자신의 주체적 의식 속에 대상화하고, 그것과 존재론적 거리를 두면서부터 비로소 그 대상을 자신의 주체성과 구별되는 인식객체로서 파악하게 됐을 것이다.

빅뱅으로 시작된 우주의 장구한 진화과정에서 언어를 사용하는 인간이 우연히 나타남으로써 단 하나의 대자연은 물질적 자연이 아니다. 의식이 언어의 발명과 더불어 새롭게 태어난 것으로 볼 수 있다. 자연의 일부분인 인간이 언어를 사용하게 됨으로써 인간은 자연적 동물이 아니라 문화적 자연으로 스스로를 변신시켰으며 물리적 자연을 문화로 변형시켰다. 원초적으로 단 하나였던 자연·우주·존재는 이제 인간과 그 밖의 존재와의 존재론적이자 인식론적 상호대응적 구도의 틀에서 물질과 의식, 몸과 마음, 감각과 이성, 객체와 주체, 대상과 인식, 인과적 결정과 자유의지, 현상과 실체, 속세와 초월 등의 다양한 형태로서 자연과 문화로 양분된 동시에 그들 간의 상호적이면서도 모순된 관계가 필연적으로 생기게 되었다.

2) 세계건축의 필요성

모든 생명체와 마찬가지로 인간은 자신의 생존과 번식, 그리고 번영을 위해서 자신의 원천인 동시에 거처이자 양식의 일부인 자연·우주의 정체와 그 상황의 옳은 파악 즉 자연·우주의 영원불변한 실체의 재현으로서의 총체적 진리의 발견을 필요로 한다. 종교, 철학, 문학예술을 비롯하여 모든 이론적·기술적 학문들은 바로 위와 같은 필요를 충족하기 위해서 인간이 고안해낸 장치다. 그리고 각기 그들은 자연·우주의 실체 전체 아니면 그 일부를 발견해서 그 그림을 그렸고 앞으로 더 잘 그릴 수 있다고 전제해왔고 오늘날에도 대충 사정은 마찬가지다.

하지만 위와 같은 오래된 전통적이고 보편적 꿈은 처음부터 논리적으로 실현 불가능하다. 지각, 인식, 해석은 언제나 언어적인 것이고, 언어라는 지각적·인식적 그물망 혹은 안경 혹은 감각기관을 통하지 않고는 그 대상이라는 '개념'은 성립 불가능하며, 언어에 의해서 그 관념적 의미가 해석이란 작업을 통해서 구성되기 이전에는 존재하지 않는다. 인식적 주체로서의 인간과 자연·우주와의 이러한 관계는 동물과 자연·우주와의 관계와 사뭇 다르다. 한편으로는 생물학적 인간의 인식구조와 동물의 인식구조, 다른 한편으로는 모든 종류의 동물들뿐만 아니라, 인간들 가운데서 교육, 성정, 문화, 시간 및 공간적 상황에 따라 사유에 동원되는 인식의 틀이 상대적이라 달라지기 때문이다. 이런 점에서 "인간은 만물의 척도이다"라는 프로타고라스의 말이나, 칸트의 '인식선험주의'는 놀라운 통찰이다. 모든 생물체, 모든 인간에게 동일한 것으로 전제된 객관적 '자연·우주·존재'는 존재하지 않고, 인식주체에 따라 상대적 모습으로만 존재한다. 다시 말해서 "순수한 알몸의 자연·우주·존재 자체", 즉 인식주체와 독립된 보편적 하나로서 절대적 존재는 논리적으로 불가능하다. 모든 존재는 그것을 인식하는 주체의 해석을 통해서 의미화된 상대적 '세계'로 전환되어야만 가능하다.

산·바다·물질·생명·컴퓨터·비 등과 같은 모든 우주 안의 개별적 사물현상들, 사회·국가·정부·학교·교육 같은 제도적 존재들, 부처·소크라테스·예수·아인슈타인 같은 존재들, 학문·예술 같은 정신적 활동, 화산·천둥·축제·전쟁 같은 사건들은 어떤 경우를 막론하고 각기 바로 그러한 '개념', 그러한 '범주', 그러한 '이름'으로 '차별화'되어 어떤 인식주체에 의해서 감지되어 인식되기 이전에는 '말해지지 않은', '보이지 않는', '존재하지 않는' 것과 다름없다. 불교나 도교에서 말하는 '공空' 혹은 '무無'란 자연·우주 즉 무엇인가의 '존재'를 부정하는 것이 아니라 존재와 인식 간의 바로 위와 같은 상황을 설명하는 개념에 불과하다. 인간을 비롯한 인식주체로서의 생명체가 없는 곳에는 자연·우주와 같은 존재 전체는 물론 그 내부의 부분들을 구성하는 개별적 존재도 없다. 모든 생명체는 나름대로 자신들만의 세계 속에 갇혀 있고, 종으로서의 인간은 인간적 세계에, 그리고 개체적 인간은 다른 인간과 자신의 고유한 상대적 세계에서 완전히 빠져나갈 수 없다. 그에게서 자신의 세계로부터의 탈출은 주체로서의 자신의 죽음을 의미하고, 주체로서의 자신의 죽음은 곧 존재의 밤을 함축하며, 존재

의 밤은 곧 개념화되기 이전의 존재로서의 도교적 '무' 혹은
언어적 차별화 이전의 자연·우주·존재 일반과 같은 불교적
'공'을 뜻한다.

3) 존재와 세계의 관계에 비추어본 몇 가지 전통적인 철학
적 문제

철학의 영원한 문제로 남아 있는 실재론과 관념론 간의 갈
등도 존재와 세계의 관계, 자연과 문화의 관계에 비추어, 그
리고 자연과 문화의 관계는 대상과 인식 간의 갈등적 관계에
비추어 설명될 수 있고, 플라톤에서의 이데아와 현상, 이理와
기氣, 의식의 지적 차원과 감각적 차원, 보편자와 개별자, 개
념적 실재론realism과 유명론nominalism, 일원론과 이원론, 형
이상학적 실재론과 유심론idealism, 결정론과 자유의지, 인식의
객관성과 상대성의 갈등적 관계도 역시 존재와 세계의 논리적
관계에 비추어 그 해결의 실마리를 찾을 수 있다. 세계를 인식
주체에 의해서 언어로 재구성된, 즉 관념적으로 제조된 자연과
문화로 볼 수 있는 것처럼 실재론과 관념론 간의 관계에 관한
성찰은 인식과 그 대상, 세계와 자연·우주 간의 개념들 간의
관계에 관한 성찰에 비추어 그 참모습이 밝혀질 것이다. 한편
으로는 이데아, 이, 보편자와 개별자, 개념적 유명론과 실재론,

기선론氣先論과 이선론理先論, 존재론적 이원론과 일원론, 형이상학적 실재론과 관념론, 자유의지와 결정론, 인식론적 객관주의와 상대주의 등 간의 관계도 존재와 세계라는 두 개념적 관계와 동일한 관점에서 비추어 이해할 수 있다. 전자가 모두 인식 이전의 세계로서의 자연과 존재에 해당한다면 후자 모두는 언어로 구축된 관념 즉, '의미'를 띤 존재로서의 '세계'에 해당된다. 그리고 전자를 탈-의미 즉 선先-의미적 존재로서의 형태가 없는 세계라고 한다면 후자는 존재의 반영半影에 비유할 수 있으며, 존재가 세계라는 떠도는 구름에 가려진 형태 없는 무한한 하늘이라면, 세계는 주체의 창문에 비친 무한한 존재의 하늘의 다양한 모습으로 이야기할 수 있다. 또한 존재를 세계의 자궁이라 할 수 있다면, 세계는 존재의 집이라고 할 수 있다. "언어는 존재의 집이다"라는 하이데거의 말이 맞다면, "존재는 언어의 원천이다"라는 명제도 맞고, 존재의 집이 곧 '세계'라면, "존재는 곧 세계의 터전이자 뿌리다"라는 명제도 맞다.

그러나 위와 같은 설명만으로는 '존재'와 '세계'라는 개념들 간의 관계는 물론 인식과 그 대상 간의 관계와 인간은 오로지 '세계' 속에서만 산다는 주장은 뒷받침할 수 없다. 즉, 인간에게는 그냥 자연·우주가 아니라 '자연·우주'만이, 그냥 산과 바다가 아니라 '산'과 '바다'만이, 그냥 개와 사람이 아니라 '개'와 '사람'만이, 그냥 역사와 문화가 아니라 '역사'와

'문화'만이, 그냥 한국전쟁과 수백만 한국인의 죽음이 아니라 '한국전쟁과 수백만 한국인의 죽음'만이 존재한다는 주장은 설득력이 빈약하다. 그럼에도 위와 같은 주장이 옳다면 그것은 보다 구체적인 설명을 필요로 한다.

전통철학에서 항상 제기되는 형이상학적 일원론과 이원론, 이데아idea와 현상phenomenon, 가지영역the intelligible realm과 감각영역the sensible realm, 실재reality와 외양appearance, 보편자the universal와 개별자the particular, 동일자 또는 정체성identity과 차이difference, 결정론과 자유의지, 물질과 생명, 동물과 인간, 개체와 주체, 자아의 실상과 허상, 자연과 문화, 인식과 대상과 주체, 진리의 상대주의와 객관주의 등 수많은 개념들 간의 관계 등의 문제들은 한결같이 인식 이전의 존재와 인식 이후의 세계 간의 해결할 수 없는 논리적 갈등을 지니고 있다. 그러므로 위와 같은 개념적 갈등의 해결은 먼저 위의 여러 가지 갈등의 구체적 서술과 분석을 요청한다. 대표적으로 몇 가지만 예를 들어 검토해보자.

3. 전통적인 철학적 문제들과
그 내용의 해석

　　박테리아를 비롯한 모든 생명체는 최소한의 감각을 갖고 자신을 둘러싼 주위환경을 의식하고 그에 반응하고 적응한다는 점에서 인식하고 생각하는 능력을 갖고 있다고 볼 수 있다. 엄격한 의미에서 언어 이전의 인식과 사유라는 것은 존재하지 않으며 인간이라는 종 이외에 언어를 사용하는 동물은 없다. 인간은 생물학적으로 다른 고등동물들과 거의 동일하지만, 파스칼의 표현대로, "생각하는 갈대라는 점에서 유일하며, 우주에 비추어 무한이 적고, 무한히 무력한 존재이지만, 바로 그러한 우주를 머릿속에 넣고 그것을 여러모로 생각하고 상상해볼 수 있는 생각의 주체라는 점에서 우주보다 더 크고 더 고귀하다."

　　언어와 생각이 동일한 것은 아니지만, 인간의 본질을 '사유의 능력'으로 규정해본다면 인간의 의식은 언어적 의식으로, 인간의 본질은 언어사용 능력으로 규정될 수 있다. 인식은 인식주체와 독립된 어떤 객관적 대상을 전제하지만, 언어를 떠난 인식이 불가능한 이상, 모든 인식은 언어적 인식이다. 그리고 언어적 인식이 필연적으로 개념적 인식, 즉 감각을 통해서 들어오는 인식대상의 불투명한 감각적 재료의 관념적 구성인 이상 인식주체의 의식에 들어온 대상의 모습이 원래 그대로의 것, 즉 실재인지 아니면 인식에 의해서 관념화된 것인지의 문제가 생긴다.

이 문제는 고대로부터 오늘날까지 인식론적 차원에서는 실재론과 관념론 간의 논쟁 혹은 보편주의와 상대주의 간의 논쟁으로, 형이상학의 차원에서는 유물론materialism과 유심론idealism 간의 논쟁으로 각각 달리 전개되었으며, 오늘날에도 계속되고 있다. 이 같은 개념적 대립은 지금까지 앞에서 본 자연과 인간, 객체와 주체, 대상과 인식 간의 개념적 대립구도나 존재와 세계라는 대립구도의 다른 표현이다. 또한 그것들 간의 모순되어 보이는 관계는 존재와 세계 간의 모순되어 보이는 관계의 다양한 양태로 볼 수 있으며, 이러한 모든 모순된 관계는 육체적으로는 우주의 보잘것없는 티끌만도 못한 인간이 정신적으로는 우주보다도 큰, 모순된 존재조건에서 나온 것으로 볼 수 있다. 그러한 모순을 극명하게 보이는 철학의 전통적인 논쟁들을 몇 가지 살펴보자.

1) 실재론과 관념론

시각을 통해서든 이성에 비추어서든 한 인식주체가 한 대상, 가령 '개'로 지각하고 인식하여 그 인식적 신념을 참 즉 진리라고 주장할 때, 여기에는 인식주체와 대상 및 그것들 간의 관계가 전제된다. 실재론과 관념론은 이같이 전제된 관계와 존재론적 속성에 관한 상반된 주장이다.

실재론의 입장에 의하면 나에 의해서 인식된 '개'라는 이름의 동물은 인식행위와 독립해서 우주의 한 부분으로서 나의 상상이나 인식이 만들어낸 관념적 구조물이 아니라 나의 인식행위로부터 독립되어 객관적 구조를 갖는 실재를 지칭한다. 이입장에 의하면 인식은 인식주체와 독립된 대상에 의해서 시작되고, 참된 인식은 그러한 대상에 비추어 결정된다. 우리가 보고 듣고 만지며 생각할 수 있는 개별적 사물 혹은 현상들이나 그것들의 총칭인 자연·우주는 결코 인간이 주관적으로 상상했거나 언어로 구성한 관념적 제품이 아니다. 내가 불 속에 들어가면 타 죽고, 호랑이를 보고 도망치지 않으면 잡아먹히고, 배고플 때 밥을 먹으면 속이 든든하다는 사실은 자명하다. 우리가 보고 인식하는 모든 개별적 현상들이나 그것들을 전체적으로 총칭하는 자연·우주는 결코 힌두교에서 말하는 마야maya, 즉 우리들의 주관적 환영幻影이 아니다. 자연·우주는 우리가 경험하는 객관적 존재이며, 발견·분석 및 서술하는 객관적 존재이지 결코 우리들의 주체에 의해서 제조된 관념적·개념적·언어적 제품이 아니다. 실재론의 관점에서 볼 때 어떤 대상들 혹은 자연·우주라는 대상 전체의 모습에 관한 우리들의 신념이나 진/위는 가변적인 우리들의 인식구조나 능력이 아니라 그 밖에서 불변한 상태로 존재하는 대상에 비추어서만 결정되며, 따라서 상대적이 아니라 절대적이다. 언뜻 보아 독사는 썩은 지푸라기로도 보이지만 독사는 썩은 지푸라기와 전혀 다르다. 인식대상은 우리의 주관적 인식과 반드시 객관적으로 동일하지 않다. 진리는 자동적으로 상대적이 아니다. 그러므로 중요한 것은 어떤 대상에 대한 객관적 인식이다. 만일 독사를 썩은 지푸라기 끝자락으로 잘못 인식하고 그것을 손으로 건드린다면 자칫 그 손은 뱀에 물릴 것이다. 때문에 우리들의 생존과 번영은 자연·우주 안의 모든 것들에 대한 올바른 인식에 달려 있다.

그러나 이 같은 실재론에 대한 반박도 만만치 않다. 인간이 '개'라는 말로 부르고 '개'로서 보고 인식하는 감각대상들을 개미들도 똑같은 방식으로 보고 인식하지만 그들은 인간과 똑같은 말로 개를 부르지 않는다. 21세기 한국인이 '휴대전화'라는 말로 부르고 '휴대전화'로서 보고 인식하는 감각대상들을 과거 고대인들은 '휴대전화'로 인식할 수 없을 것이다. 그 이유를 다음과 같이 설명할 수 있다. 논의를 위해서 오늘날 누구나 알고 있는 휴대전화와 모양이 완전히 똑같은 어떤 물건이 실제로 존재했다고 가정해보자. 그러나 그런 경우라도 그것을 '휴대전화'로 보고 '휴대전화'라는 개념으로 인식하는 이는 아무도 없을 것이다. 왜냐하면 반세기 이전에 '휴대전화'라는 개념이 존재하지 않았고, 그러한 기능을 하기 위한 물건의 구체적 제품은 물론 제작 가능성조차 없었기 때문이다.

이러한 사실은 어떤 감각적 대상, 가령 '개'나 '휴대전화'라는 존재들을 지각하고 인식하는 것이 우리들의 주관적 의식 속에 그것들을 물리적으로 집어넣는 작업이 아니라 관념화·개념화·언어화·의미화하는 것임을 의미한다. 우리가 보고 듣고 만지는 모든 것들은 우리의 의식과 독립된 사물현상이 아니라 우리의 감각기관들에 의해서 해석되고 관념적으로 재구성된 어떤 의미를 지닌 대상이다. 따라서 우리가 보고 듣고 만지고 믿게 되는 개개의 사물현상들과 그 총체로서의 자연·우주의 모습은 인식주체의 의식구조에 의해 구성된 것이며 가변적이고 그것의 진/위는 인식주체의 조건에 따라 상대적일 수밖에 없다. 플라톤의 이데아로서의 '개'라는 실체는 객관적으로 존재하는 것이 아니라 우리가 감각적으로 지각할 수 있는 구체적인 수많은 개들의 관찰에 기초해서 우리들 자신의 의식을 통해 구성한 것에 불과하다. 객관적 실체와 우리의 행동에 전제된 사물현상에 대한 인식의 상호관계를 인정할 때, 실재론보다는 관념론이 설득력 있는 진리에 가까워 보인다. "없어도 상관없는 객관적 세상the world well lost"이라는 로티의 말은 바로 인식 대상과 그 대상에 대해 갖고 있는 존재와 인식 간의 관계에 관한 인식론적 입장의 표명이다. 보기에 따라 실재론이 맞고 관념론이 틀린 것 같기도 하고, 또한 실재론이 틀렸고 관념론이 맞는 주장 같기도 하다. 그러기에 이 두 가지 이론은 줄곧 철학적 논쟁의 핵심에서 한 번도 떠나지 않았다.

2) 유물론과 유심론

전통적 철학담론에서 빠지지 않는 유물론과 유심론 간의 논쟁이나 실재론과 관념론 간의 논쟁도 자연·우주·존재라는 개념과 세계라는 개념 간의 갈등관계의 또 다른 양상으로 볼 수 있다.

실재론과 관념론의 논쟁이 인식내용에 초점이 맞춰진 것이라면, 유물론과 유심론 논쟁의 초점은 자연·우주·존재 일반의 형이상학적 즉 모든 것의 밑바닥에 깔려 있는 존재론적 속성, 모든 것이 그것으로 환원될 수 있지만 그 자체는 더 이상다른 것으로 환원될 수 없는 그 무엇인가의 속성에 맞추어지고있다. 자연·우주 속에 있는 헤아릴 수 없이 많은 종류의 관찰

대상들과 사유대상들은 그 존재론적 다양성과 차이에도 불구하고 최소로 작은 범주에서 시작하여 점차적으로 무수한 단계에서 차츰 더 큰 범주로 묶이고 논리적으로는 마지막 단계에서 단 하나의 범주 안에 귀속될 수 있을 것이다. 그렇다면 더 이상 다른 것으로 환원할 수 없는 존재론적 속성의 범주는 과연 몇 개인가라는 물음이 제기된다. 이에 대한 서로 상반되는 전통적 대답은 다원론, 이원론, 일원론의 세 가지로 분류된다.

3) 다원론, 이원론, 일원론

우리가 서로 구별할 수 있는 무수한 삼라만상은 서로 소통하고 교류할 수 있는 라이프니츠의 '창문 없는' 무한한 수들이 서로 독립적으로 존재하는 데서 기인하며, 이때 각 개체의 본질은 형이상학적 실체인 모나드monad라는 단자單子들로 분석될 수 있다는 주장이 대표적인 다원론이다. 그러나 이러한 다원론은 삼라만상들 속의 어떤 것들 가운데 어느 차원에서, 가령 모양과 크기에서 서로 엄청나게 다른 인간과 벌레 가운데서 공통적으로 발견할 수 있는 생명이라는 차원의 동일성을 설명할 수 없다. 다원주의는 자연·우주 안의 삼라만상이 적어도 물질이라는 단 한 가지 속성을 공유하고 있으며, 가령 물과 돌, 유기체와 무기체가 다 같이 원자, 전자, 쿼크 등의 동일한 물질적 단위처럼 동일한 물질적 법칙에 지배되고 있고 무한한 혼돈같이 보이는 삼라만상이 어떤 보이지 않는 질서를 갖고 서로 인과적으로 얽혀 있다는 사실을 만족스럽게 설명할 수 없다. 그러한 자연의 질서와 조화는 삼라만상이 서로간의 인과적 소통 없이 생긴 우연의 산물이라고 보기에는 너무 정교하고 아름답다.

다원론에 정면으로 맞서서 일원론을 주장할 수 있다. 일원론은 인간이라는 존재, 더 궁극적으로는 인간의 마음까지를 포함해서 수없이 많은 종류의 수없이 많은 현상들의 총체적 이름인 자연·우주라는 삼라만상이 궁극적으로는 단 한 가지 종류의 존재가 가지는 다양한 양태에 지나지 않는다는 주장이다. 여기서 그 속성에 대한 주장은 바로 앞에서 본 바와 같은 유물론과 유심론으로 갈라진다. 그것들 간의 차이는 궁극적으로 단 한 가지일 수밖에 없는 자연·우주의 속성이 시간과 공간 속에서만 존재할 수 있는 물질이라는 입장과 시간과 공간을 초월해서 존재하는 정신·의식·마음이라는 입장에 따라 유물론적 일원론과 유심론적 일원론으로 나누어진다. 그러나 이 두 가지 입장들은 그 속성이 어떤 종류의 것이든 단 한 가지라는 주장을 하는 점에서는 완전히 일치한다.

여기서 문제는 유물론이든 유심론이든 형이상학적 일원론은 어떤 특정 대상을 지칭하는 지시적 개념이 아니라 이미 지시된 대상에 관한 담론, 즉 메타개념이라는 데 있다. 다시 말해

일괄적 존재 총체를 지칭하는 개념이 아니라 바로 그러한 전체에 대한 참된 인식적 진술 또는 메타진술이라는 사실에 문제가 있다. 명제가 전제되어 있다는 데 문제가 있다. 그러한 일원론은 논리적으로 성립할 수 없는 개념이기 때문이다. 만약 일원론이 옳다면 일원론은 옳을 수 없는 자기모순적 결론이 나오기 때문이다. 이유는 이렇다.

일원론이 존재 전체의 이름이 아니라 대상으로서의 그 존재 전체의 양상에 대한 인식을 전제하는 서술이요 이론이며 주장이라면, 모든 이론·서술·인식에는 그 대상과 존재론적으로 분리된 인식주체가 논리적으로 이미 전제되어 있을 수밖에 없다. 이 경우 인식주체로서의 인간의 의식은 원래의 일원론적 이론대상으로서의 존재 전체에 포함되지 않고 그 밖에 존재하는 것이 될 것이다. 이는 일원론이 단 하나로서의 모든 것 즉 자연·우주 전체에 대한 이론이 아니라, 존재 전체에서 인간 의식과 그것의 행위가 제외된 일원론일 수밖에 없다는 자기모순을 내포한다. 위와 같은 관점에서 볼 때 도교, 탈레스를 비롯한 이오니아 반도의 고대 그리스 철학자들의 원초적 세계관, 힌두교, 플로티노스, 스피노자, 헤겔, 베르그송 등의 철학들과 양자역학, 최신의 생명과학을 비롯한 모든 자연과학 이론 같은 일원론적 형이상학으로서의 유물론이나 유심론은 다 같이 쉽게 풀릴 것 같지 않은 문제를 내포하고 있다. 이러한 자기모순적 일원론의 문제는 자기지시적 명제의 모순이라고 할 수 있다. 이런 모순의 예로 크레타인이 그 섬에 사는 크레타인 전체에 대해 "모든 크레타인은 거짓말쟁이다"라고 한 언명이 있다. 고대부터 그리스 철학자들은 자기지칭의 패러독스를 명석하게 알고 있었던 것이다. 일원론이 옳다면 일원은 틀린 것이라는 말이다. 일원론이 옳다고 할 수 없는 까닭은 그것이 존재 전체 밖에 있는 어떤 인식주체 즉 마음을 전제해야 하는데, 그러한 전제를 받아들인다는 것은 일원론을 부정하는 논리적 결과를 낳기 때문이다.

그렇다면 이원론은 어떤가? 위와 같은 형이상학적 존재론의 자기모순을 풀 수 있는가? 이원론은 자연·우주를 구성하는 무한에 가까운 삼라만상은 서로 다른 것으로 환원될 수 없는 라이프니츠적 모나드라는 단자單子로서의 다원적 존재들의 집합도 아니고, 그렇다고 유물론적 혹은 유심론적 일원론이 주장하는 바와 같은 환원될 존재의 종류의 수가 물질과 정신, 몸과 마음 둘 중 하나라는 이론도 아니다. 이원론은 물질과 정신, 몸과 마음, 지각적 인식대상이 될 수 있는 가시적 속성을 갖는 존재, 즉 물질과 오로지 직관적 인식대상이 될 수 있는 가지可知적 속성을 갖는 존재, 즉 사유의 두 가지로 구성되었다는 주장이다. 자연·우주 안의 모든 현상은 반드시 위의 두 가지 형이상학적 범주 가운데 어느 하나에 예외 없이 환원적으로 귀속된다는 것이다.

이원론의 근거는 어디에 있는가? 그것은 경험에 있는가 아니면 순수한 직관의 산물인가? 형이상학적 이원론을 가장 명석하게 처음으로 주장한 철학자는 "나는 생각한다. 고로 나는 존재한다"라는 명제로 유명한 데카르트다. 이 철학자의 프로젝트는 지금까지의 모든 철학 및 그 밖의 모든 지적 영역과 모든 맥락에서 전제했거나 제시된 명제들의 근거가 한결같이 의심될 수 있는 사실에서 출발해 어떠한 식으로도 의심할 수 없는 참된 명제를 발견하려는 것이다. 이러한 발견을 통해서 그는 철학의 근본적이고 고유한 문제가 진리, 즉 참된 신념의 발견으로서의 존재론이 아니라 그러한 신념의 근거를 추구하는 방법의 탐구로서의 인식론에 있음을 처음으로 밝혀냈다. 그렇게 해서 그는 근대철학의 초석을 놓았다.

"나는 생각한다. 고로 나는 존재한다"라는 데카르트의 유명한 명제는 언뜻 보아 '나'라는 존재의 발견을 선언하는 존재론적 명제같이 해석되지만, 이 명제의 밑에 깔려 있는 더 깊은 의미는 '생각하는 주체로서의 나'다. 인식적 주체를 전제하지 않고는 인식주체 밖에 있는 것에 관해서 아무것도 알 수 없고 언급할 수 없으며 어떤 존재, 즉 의식대상에 대한 어떠한 신념이나 언급도 전혀 의미를 가질 수 없다. 이런 점에서 데카르트는 인식대상의 발견에만 초점이 맞추어졌던 종래의 존재론으로서의 고전적 철학을 인식의 근거를 추구하는 근대적 인식론으로 전환시킨 근대철학의 시조다.

데카르트의 인식론적 전환은 인간이 자신의 생존환경에 단순히 물리적 인과법칙에 따라 기계적으로 반응하지 않고, 거리를 두고 그것을 대상화할 수 있는 수준까지 진화함에 따라 시작된 인식주체로서의 자아와 인식대상으로서의 자아 간의 현상학적이며 논리적인 간극의 시작을 의미한다. 궁극적으로 이러한 간극은 서로 환원할 수도, 환원될 수도 없는 물질적 속성과 정신·마음으로서의 존재론적 속성이라는 두 가지 존재론적 속성을 동시에 인정하기 때문에 이원론적 형이상학적 존재론이라고 할 수 있다. 앞서 우리가 언급했던 자연·우주·존재와 세계 간의 차이와 구별은 이런 점에서 오로지 이원론적 형이상학에 비추어서만 비로소 설명될 수 있다.

그러나 사실 반드시 그렇지만은 않다. 힌두교·불교·도교·유교와 같은 동양의 위대한 전통사상 체계들은 물론 고대나 근대나 현대의 서양철학사에도 일원론적 형이상학은 끊임없이 반복되어 주장되어왔다는 점을 고려해볼 때 이원론의 허점은 감출 수 없다.

데카르트의 그 유명한 명제가 그 자신에게는 물론 오늘날까지도 일반인만 아니라 많은 철학자들에게도 자명한 진리인가? 만일 그렇다면 그 근거는 어디에 있는가? 현상학적 진리인가 아니면 논리적 진리인가? 만일 그 명제의 진리가 자명하지 않다면, 즉 이원론으로 수많은 사실과 경험이 설명되지 않는다면, 데카르트의 명제의 자명성은 어떻게 설명될 수 있는가? 일원론과 이원론 간의 갈등은 실재론과 관념론 간의 한 양태이고, 실재론과 관념론 간의 갈등은 '있음'과 '앎' 즉 존재와 인식 혹은 인식과 존재라는 두 개념 간의 갈등의 다양한 차원들의 표출로 보인다. 위의 각기 한 쌍의 개념들의 관계가 서로 모순되는 것은 각기 두 개념들이 보기에 따라 다 같이 옳기도 하고 틀리기도 하며, 두 개념 가운데 한쪽 개념이 논리적으로나 현상학적으로나 다른 한쪽에 선행되는 것 같이 보이기 때문이다. 그러나 만약 양쪽이 다 같이 맞는 주장이라면 어떨까? 만약 그것들이 우주론적으로나 현상학적으로 호모사피엔스로 진화된 인류의 출현으로 시작된 우주와 인간, 자연과 문화, 우주와 세계 간의 서로 동일하면서도 동시에 서로 다른 단 하나로서의 자연·우주의 시원의 구조적 모태의 두 양상 즉 두 측면 혹은 차원이라면 어떤가?

이러한 우주의 구조적 모태를 '존재–의미 매트릭스the onto-semantical matrix'라는 개념으로 기술할 수 있다고 나는 생각한다. 적어도 인간의 입장에서 보면 그렇다. 인간의 경우 문제는 자신의 출현과 더불어 생기고, 문제의 해석과 해결도 자신을 떠나서는 아무 의미도 없다. 또한 아무 의미가 없는 한 그것의 존재나 부재에 관한 담론도 아무 의미를 가질 수 없다. 인간의 탄생과 더불어 그냥 '존재'는 '세계'로 변하고, 모든 문제는 자동적으로 오로지 그리고 언제나 세계 안에서 사는 인간에 의한 인간적 의미를 갖는다. 우주의 구조적 모태로서의 인간의 모든 지적 문제는 근본적으로 '존재-의미 매트릭스'에 비추어서만 설명되고 풀릴 수 있다.

그렇다면 대체 '존재-의미 매트릭스'라는 개념을 어떻게 설명하고 이해할 수 있는가?

3장

•

존재-의미 매트릭스

The Onto-Semantical Matrix

1. 인식주체로서의 인간과 인식객체로서의 인간

무엇인가를 인식하고 그것에 대해 무엇인가를 생각하고 말하는 주체가 없는 곳에 문제뿐만 아니라 문제의 해결 역시 있을 수 없으며 그것에 동반되는 고통과 환희 또한 존재할 수 없다. 삼라만상 중에서 오직 인간만이 그러한 문제를 갖고 있으며 그것을 해결할 수 있고, 그 과정에서 고통과 환희를 경험할 수 있다. 그래서 인간은 주체적 동물이라고 불린다. 인간은 자신의 의지와는 상관없이 우주의 장구한 작동과정, 즉 자기분열의 우연한 결과로 그냥 그렇게 생겨난 하나의 주체다.

주체는 논리적으로 어떤 객체를 전제하고, 의식은 필연적으로 어떤 대상에 대한 의식이며, 인식 또한 반드시 그 대상을 전제한다. 자기반성적이고 자기분열적인 의식의 출현은 단 하나로서의 자연·우주·존재의 자기반성과 자기분열이라는 치유할 수 없는 결과를 낳았다. 인간의 출현과 더불어 자연·우주는 그냥 자연·우주가 아니라 스스로를 대상으로 인식하고 말하는 주체로서의 자연·우주로 변신화되었다. 그리고 그 자연·우주의 일부인 나는 주체인 동시에 객체인 자기분열적 존재로 살아가는 동물이 되었다.

그 결과 인간 안에서는 어떤 대상에 대한 의식과 그 대상의 존재 간의 존재론적이고 논리적인 간극이 생겼다. '있음 자체', 가령 한 마리의 구체적 개와 그 개에 대한 인식 간의 차이는 '개'라는 대상과 그것의 관념 간의 논리적 차이라고 할 수 있다. 구체적 지각대상과 그것의 개념화는 논리적으로 다르다. 그러나 '인식 이전의 존재 인식'이라는 개념이 모순인 것처럼 '존재를 전제하지 않은 인식'이라는 개념도 똑같이 공허하다. 존재와 인식은 개념적이고 의미론적인 차원에서는 서로 논리적으로 대립하고 배제하지만 피차 상대방의 존재를 인정하지 않고는 각각 스스로를 인정할 수도 없다. 그것들은 존재론적으로나 논리적으로 상대방 없이는 그 어느 쪽도 존재할 수도 개념화될 수도 없다.

인식론적으로는 필연적으로 두 개로 구별되어야 하는 인식의 대상과 주체는 존재론적으로는 서로 분리될 수 없는 단 '하나'가 된다. 모든 의식, 사유, 담론의 모태를 구성하는 주체로서의 인간은 그러한 인식대상으로서의 자연과 의식과 우주를 단 하나로 구성하는 모든 것의 진원지다. 서로 대립되어 보이는 객체와 주체, 대상과 의식, 현상과 인식, 자연·우주와 인간,

존재와 그 의미는 존재론적으로는 단 하나 즉 일원론적이지만 관념적이고 의미론적으로는 둘 즉 이원론적 구조를 갖고 있다. 이런 점에서 앞서 나는 그것을 '존재-의미 매트릭스'라고 이름지었다.

2. 모든 것의 모태로서의
존재-의미 매트릭스

1) 존재-의미 매트릭스 개념의 규정

'존재-의미 매트릭스'는 물리적으로만이 아니라 생물학적으로도 존재하며, 생물학적으로만이 아니라 의식으로서도 존재하고, 그냥 의식으로서만이 아니라 언어적으로 존재하고, 자연적으로만 아니라 문화적으로 존재하고, 객체로서만이 아니라 주체로서 존재하고, 인식 이전의 객관적 인식대상으로서 존재로서만이 아니라 어떤 대상을 인식하는 인식주체로서도 존재한다. 그러나 존재-의미 매트릭스에 함축된 인간관은 인간을 공간과 시간의 틀 안에서만 파악될 수 있는 '몸'이라는 실체와 '의식'이라는 또 다른 실체의 복합체로 파악한 데카르트식의 이원론적 인간관과 전혀 다르다. '존재-의미 매트릭스'라는 낱말 속에서 '의미'는 존재론적 개념이 아니라 인식론적이면서도 언어적인 개념이다. 존재론적으로 인간은 침팬지와 구별될 수 없더라도 그가 무엇인가를 인식하는, 더 정확히 말해서 자신이 무엇인가를 인식함을 '스스로 인식'하는 유일하고 기이한 존재다. 여기서 '의미'는 인식과 떼어 생각할 수 없는 언어적 '의미'를 뜻한다. '개'라는 어떤 시각적 존재는 맥락에 따라 그냥 시각적으로 인지되는 '무의미'한 감각적 대상일 수도 있고, 한글의 한 사례로 지칭하는 데 사용될 수도 있으며, 복남이의 '개'를 의미할 수도 있다. 이 모든 경우 '개'라는 낱말은 시각적으로 동일하지만 그 의미는 논리적으로 동일하지 않다. 존재라는 범주와 의미라는 범주는 논리적으로 각기 전혀 다른 차원에 속한다. 인간을 존재-의미 매트릭스의 모태로 보는 것은 살아 있는 구체적 인간의 경우, 다른 모든 동물들과 달리 인간이라는 동물만이 유일하게 대상을 그냥 지각할 뿐만 아니라 그것을 언어로 표현하고 상징·기호화할 수 있는 유일한 존재로 진화했기 때문이다. 그러므로 존재-의미 매트릭스로서의 인간의 구조적 정의에는 모순이 없다.

존재-의미 매트릭스로서의 인간의 존재론적 규정은 공간적으로는 우주에 비해서 무한히 작지만, 그러한 우주를 자신의 머릿속에 넣고 관찰하고 사유하며 이해할 수 있는 '생각하는 갈대'라는 점에서 '우주보다도 큰 존재'라는 『팡세』의 저자 파스칼의 모순된 인간관과 유사하다. 또한 그것은 서로 양립할 수 없는 즉자卽自, l'être-en-soi 즉 의식대상으로서의 존재인 동시에 대자對自, l'être-pour-soi 즉 주체적 의식으로서 존재하고자 하는,『존재와 무』의 저자 사르트르가 규정하는 인간상과 유사하다. 또한 우주 안에서 객관적 우주를 인식하며 그러한 자신을 한 단계 높은 논리적 차원에서 모든 것을 총체적으로 인식하고자 하는,『특정한 관점을 초월한 우주관』이라는 자신의 책에서 토머스 네이글이 언급한 논리적으로 성립할 수 없는 '철학적 의도'와도 비유될 수 있는 인간관이다.

존재-의미 매트릭스는 우주 안에서 유일한 동물로서의 인간의 이차원적인, 언뜻 보아 모순적 존재양식을 지칭한다. 물리적으로는 우주의 보잘것없는 먼지 같은 인간이 우주의 일부를 보고 감지하고 감각하며, 의식하고 인식하는 눈이자 귀이며 창문이자 망원경 혹은 현미경이지만, 바로 그러한 점에서 그것은 우주 자체의 눈과 귀이자 창문이며, 망원경이자 현미경이기도 하다. 존재-의미 매트릭스는 우주 안에 자연의 일부로서 존재하며, 자연·우주를 관찰하고 사유하는 동시에 바로 그 안에서 그러한 활동을 하는 자기자신을 관찰하고 사유하는 인간이라는 철학적 화가, 에셔의 도식화된 외면적인 동시에 내면적인 자화상이다.

인간을 '존재-의미 매트릭스'로 규정한다는 것은 다음과 같은 두 가지 사실을 함의한다.

첫째, 그것은 한 인간은 대표적으로 서양의 종교가 전제하는 것처럼 서로 융합할 수 없이 근본적으로 구별되는 육체와 정신이라는 두 가지 형이상학적 실체로 정확히 구별되고, 정신 자체는 다시 형이상학적으로 서로 섞일 수 없는 이성과 감성, 사유와 느낌 등으로 양분될 수 있는 것이 아니라 존재론적으로 는 질적 절대적 구별이 불가능하고 오로지 양적 즉 밀도상의 차별만이 가능한 동일한 단 하나의 다양한 양상 혹은 측면이라 는 사실이다. 우리가 감각적으로 구별하고 개념적으로 분류하 는 우주의 모든 서로 다른 것들은 존재론적으로는 서로 끊을 수 없는 동일한 단 하나의 실체이며, 우리가 각각 다른 것으로 인식하는 인간의 다양한 속성들은 현상학자 메를로-퐁티나 언어학자 레이코프가 주장하는 것처럼 단 하나의 생물학적 유 기체로서 인간의 다양한 측면에 지나지 않다는 것이다.

둘째, 한 인간의 경우에서 관찰되는 위와 같은 사실은 그대로 인간과 자연·우주의 관계에서도 똑같이 적용된다. 전통적 서양 철학 및 종교적 사상에 확고하게 깔려 있던 신념과는 달리 인간 과 고등동물은 물론 모든 동물과 모든 식물 그리고 물질 등과의 사이에는 절대적인 형이상학적 단절이 존재하는 것이 아니고, 원초적 구별과 절대적 경계선이 발견되지도 않는다. 그 모든 것 들은 어떤 절대적인 존재적 단절이나 인식적 경계선도 없다. 그 것들은 형이상학적으로 서로 연결되어 완전히 구별할 수 없는 하나의 전체로서 존재한다는 것이다. 물리적 나와 생물학적 나,

생리학적 나와 심리학적 나, 육체적 상태와 정신적 상태, 이성과 감성, 나와 나 밖의 모든 물리적·사회적·혈통적·문화적·교육적 및 전통적 사회여건과 절대적으로 단절된 어느 순간의 나의 신체적 및 정신적 상태나 행동은 생각조차 할 수 없다.

이러한 맥락에서 볼 때 자유의지와 결정론, 마음과 몸, 일원론과 이원론 간의 끝이 없는 철학적 논쟁은 무의미하다는 판단이 나오거나 아니면 근본적으로 재고되어야 한다. 철학이 무엇보다도 우주와 인간, 자연과 문화, 물질과 정신 등의 존재에 관한 진/위, 행동의 도덕적 선/악, 예술적 미/추에 관한 개념적 투명성과 가치판단의 절대적으로 투명한 잣대를 추구하는 인간적 욕망의 표현이라면 그러한 욕망은 포기해야 한다. 왜냐하면 그러한 욕망은 존재-의미 매트릭스의 관점으로 위에서 살피고 분석해본 여러 가지 사실들에 비추어 고찰할 때, 논리적으로 실현 불가능한 꿈에 지나지 않기 때문이다. 모든 존재론적 및 의미론적, 사실적 및 개념적 사실들과 그것들 간의 존재론적 경계선과 인식론적 구별이 근본적으로 애매모호한 것으로서 드러났기 때문이다.

이러한 사실을 인식하기 위해서는 이제부터의 모든 철학은 '존재-의미 매트릭스'라는 개념을 전제해야 하며, 그러기 위해서는 그 개념에 비추어 기존의 많은 철학적 핵심 개념들과 철학관에서 해방되어야 한다.

2) 존재론적 연속성·동일성과 인식론적 단절성·차이성

인간의 살과 피, 몸과 마음, 지성과 이성, 감성과 욕망, 무의식과 의식들은 서로 절대적으로 구별되는 고정된 실체가 아니라 살아 있는 하나의 구체적 인간의 다양한 측면들에 불과하다. 그 모든 것들은 서로 뗄 수 없이 유기적으로 연결되어 있기 때문에 위와 같은 측면들 가운데 어떤 한 측면이 변화되거나 한 인간의 총체적 변화가 생기면 그 밖의 모든 측면에도 유기적 변화를 가져온다. 가령 내가 무엇인가를 지각, 인식, 생각할 때 나의 생각은 나의 육체적이며 심리적인, 생물학적이며 감성적인 상황에 영향을 미치는 동시에 역으로 영향을 받는다. 그러한 나는 내 주변의 문화적·사회적·역사적 등의 모든 상황으로부터 인과적으로 영향을 받는다. 역으로 나의 구체적 태도와 행동은 그 이외의 모든 것들에 영향을 미칠 것이다. 한 상황이나 사건과 그 밖의 모든 것들의 상황과 사건 간의 위와 같은 상호적 인과관계는 한 인간 안에서의 한 부분과 다른 부분들 간에 관계에서나 혹은 우주 전체 안에서의 인간과 그의 주위환경 간의 관계에서나 마찬가지다. 이러한 관계는 인간의 몸이 어떤 상황에서 의식과 사유 및 언어를 통해서 무엇을 인식하는 동물로 진화했듯이 우주도 그 진화과정에서 그 내부에 그러한 의식적·인지적 기능을 발휘하는, 즉 무엇인가를 의식, 인지하고 언어를 써서 표상하고 표현하는 인류를 포함하기 때문이다.

존재–의미 매트릭스로 규정될 수 있는 한, 우주의 그것은 외면적으로 살아 있는 인간과 그 인간의 주어진 자연적 및 문화적 환경과의 관계의 극단적 개념화인 동시에 내면적으로는 살아 있는 인간의 생물학적·심리학적·해부학적 성찰의 그림이며, 그것들은 다음과 같은 도식으로 서술될 수 있다.

(1) 존재–의미의 언어적 그림

인간은 자신을 그 밖의 모든 것들과 차별할 수 있는 가장 근본적이고 보편적인 잣대로서의 존재–의미적 존재양식이라고 규정될 수 있지만, 그것은 인간이 자연적 존재의 일부로서의 육체와 관념적 존재로서의 비가시적 의미라는 두 가지가 서로 독립적으로 존재하는 서로 다른 두 개의 형이상학적 실체의 복합물임을 함축하는 것이 아니다. 여기서 '존재'와 '의미'는 두 가지 형이상학적 속성을 지칭하는 것도 아니고, 인간의 육체와 마음이 형이상학적으로 다른 것도 아니다. 이 것들은 단 하나의 살아 있는 인간의 두 관점 혹은 차원들에 지나지 않으며 단 하나의 인간 그리고 그의 의식과 사유를 포함한 단 하나의 우주·자연의 두 차원dimensions 혹은 관점 perspectives 혹은 두 양태modalities를 지칭할 뿐이다.

인식주체로서의 인간과 그 인식대상으로서의 자연·우주의

관계는 언제나 한편으로는 물질 즉 몸이라는 존재론적이고 공간적인 관점에서 인과적 관계로서 설명될 수 있지만, 다른 한편으로는 인식대상과 인식주체라는 즉 관념론적 관점에서 개념적·논리적 관계도 파악될 수 있다. 존재론적 차원에서 인간과 자연·우주는 물론 존재와 의미의 관계는 단절적이 아니라 연속적이며, 반대로 의미론적 차원에서 인간과 자연·우주는 물론 존재와 의미의 관계는 연속적이 아니라 단절적이다. 인간이 지구상에서 멸종함으로써 그와 함께 인식주체로서의 의식이 우주에서 증발할 때 인간은 자신의 인식대상이었던 물질적 자연의 일부로서 우주에 흡수되고 그에 따라서 우주 전체는 암흑과 무의미 속에 잠든다. 반대로 인간의 생존과 그의 주체적 의식이 살아나면 관념적으로 자연·우주와 단절하며 그것과 거리를 두고 대상화하여 파악한다. 이때 비로소 우주 안의 수많은 천체들, 자연 안의 삼라만상들이 관념 속에서 언어에 의해 개념화되어 제 모습·형태·윤곽 등이 빛을 받아 개념적이고 인지적인 의미를 갖는다. 존재─의미 매트릭스라는 관점에서 볼 때, 인간과 자연·우주는 인간의 의식 즉 우주의 빛에 비교할 수 있는 인지능력의 존재 여부에 따라 그냥 무형의 어둠 속 '존재'로 볼 수 있고, 아니면 분명히 언어로 서술할 수 있는 '개'·'꽃'·'동물'·'사람'·'산' 등으로 파악될 수 있다. 또 아인슈타인의 상대성이론이 서술하는 우주의 작동구조 혹은 양자역학이 서술하는 미립자들의 물리적 속성과 구조 혹은 수많은 종교와 철학들이 제시하는 모습으로 파악되거나 인식될 수도 있다.

존재적 차원과 의미적 차원의 두 대립적 극極으로 구성된 존재–의미 매트릭스의 한쪽 극의 관점에서만 자연·우주를 파악할 때 일원론적 형이상학이 도출되는 것이며, 두 극의 관점에서 파악할 때 이원론적 형이상학이 유추될 수 있다. 그러나 이러한 유추는 성급하다. 존재–의미 매트릭스가 정말 보이고자 하는 존재와 의미는 모순된 두 개의 존재가 아니라 존재론적으로는 동일한 두 관점에 불과하다는 것이다. 존재의 차원에서 볼 때 우주 안의 무한히 다양한 것들은 인과적으로 연결된 아무것도 완전히 구별할 수 없는 단 하나의 전체이지만, 인식의 차원에서 볼 때 그 모든 것들은 서로 차별화되어 개별적 x, y, z로 인식·서술되는 '것들'이다. 우주 안의 모든 현상들은 인식과정에서 개념적으로는 구별되지만 인식이 부재할 때 그것들은 서로 구별될 수 없는, 즉 무의미한 단 하나의 전체다. 이런 점에서 볼 때 일원론과 이원론 간의 형이상학적 논쟁이 환상적이고, 즉 허깨비 같은 논쟁이었다는 것임이 존재–의미 매트릭스의 관점에서 드러난다.

우주 안에서 인간과 자연의 존재관계와 의미는 한 인간의 몸과 마음의 관계에도 완전히 똑같이 적용된다. 의미론적이고 개념적으로 마음과 몸은 서로 단절되어 절대로 혼합될 수 없지만, 존재론적으로는 그 둘은 서로 연속되어 완전한 구별이 불가능하다. 이러한 사실은 몸과 마음 간의 존재론적 차이가 언제나 정도 즉 양적 차이이지 본질이나 질적 차이가 아니라는 점을 보여준다. 몸과 마음의 경계는 개념적·인식적·의미적 차원에서는 분명하지만, 존재론적·사실적 차원에서는 희미할 뿐만 아니라 엄격히 말해서 존재하지 않는다. 마음과 몸은 개념적이고 의미적인 차원에서는 절대적 차이가 존재하고 분명히 구별되지만, 인과적이고 존재론적인 차원에서는 궁극적으로 완전히 구별되지 않고 연속된다.

그렇다면 형이상학적 유물론과 관념론의 갈등, 이원론과 일원론 간의 모순에 관한 철학적 논쟁은 인간과 우주의 원초적 구조의 모태를 지칭하는 '존재-의미·인식 매트릭스'를 미처 인식하지 못한 데서 기인된 헛된 문제이자 덧없는 논쟁이었음이 드러난다.

마치 살아 있는 한 인간의 육체적 및 정신적 객관적 상황이 그 인간의 뇌의 엑스레이 촬영 즉 '존재-의미 매트릭스'라는 개념적 잣대로 조명한 그림 즉 지도로서 보여주듯이 인간과 자연·우주의 관계 및 한 인간에서의 몸과 마음의 관계, 인식의 다양한 양식들 간의 관계 및 각각 그러한 양식에 상응하는 학문들 간의 관계의 총체적 그림 즉 지도는 인간을 포함한 전체로서의 자연·우주의 '존재-의미 매트릭스'의 잣대로 찍은

다음과 같은 다섯 장의 인간·자연·우주의 엑스레이 사진을
통해 도식적으로 투시하고 설명될 수 있다.

(2) 우주의 조감도鳥瞰圖인 다섯 장의 엑스레이 위성사진
도표와 그 설명

〈도표 1〉은 인간과 자연, 인식주체로서의 인간과 그의 인식
대상으로서의 자연·우주의 구조적 관계와 인간의 진화, 한 인
간의 지적 성장과정에 따른 그 관계의 변화의 축도이다. 수평
선 a-b를 개념적 경계로 인식적 주체로서의 인간 c와 그 인식
대상으로서의 자연이 분절된다. d와 f는 물질적·생물학적 차
원을 가진 동시에 종적으로는 진화하고 개인적으로는 성장함
에 따라 인지적 차원을 점진적으로 더 확장해가는 역사적 발전
의 축을 표시하며, e와 f의 수평적 축 및 c와 d의 수직적 축은
한 종으로서의 인간의 진화과정을 나타낸다.

〈도표 2〉는 인간의 진화, 생물학적 성장 및 교육과정과 상
대적으로 달라지는 의식의 성숙에 비춰본 인간의 의식과 그
대상과의 상대적 관계만을 따로 확대해서 보여준다. 여기서
a, b, c의 삼각적 관계는 인간의 원초적 감성적 의식이 어떻게
무의식적 상태에서 지적으로 발달하고 인식의 영역을 넓혀가
는가를 나타낸다.

〈도표 1〉

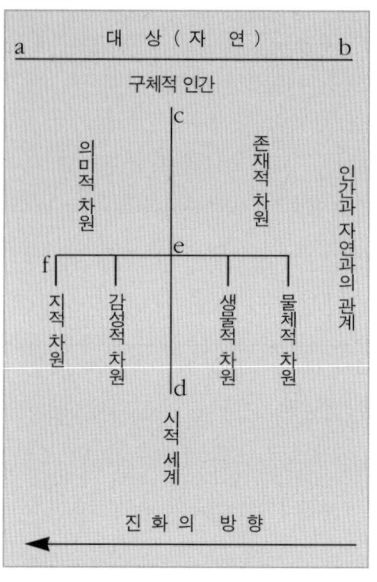

〈도표 2〉

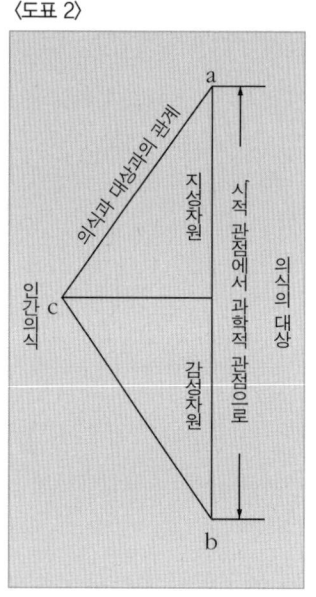

〈도표 3〉

	의 식	대 상
과학적 의식	이성 활동	보편적 관점
	분석적 기능	추상적 의미
시적 서술	감성 반응	개별적 관점
	융화적 태도	구체적 존재

〈도표 3〉은 자연에 대한 경험적 서술의 두 가지 극단적 대칭양식으로서의 과학과 시의 차이를 의식적 관점에서 이성과 감성의 산물로 구별하고, 형식적 차원에서 분석적인 것과 융합적인 것으로 차별화하고, 그것들이 보여주는 대상의 관점에서 보편성·추상성과 개별성·구체

성으로 분별화했다.

〈도표 4〉는 인식주체의 의식의 발달과 그러한 발달이 동반하는 인식주체와 그 대상으로서의 자연 사이에 벌어지는 거리 및 그러한 거리의 확장이 동반하는 의식주체가 상대적으로 더 짙게 경험하게 된 대상으로부터의 소외감을 드러낸다. 이 도표에서 a와 b의 축은 의식대상을, b와 c의 곡선은 의식발달의 다양한 각 단계를 표시하고, a와 c의 수직선은 의식주체와 대상 간의 관념적 거리 및 그 거리가 수반하는 대상·자연·우주로부터의 이탈·소외감의 도식적 표상이다.

〈도표 5〉는 앞의 도표 1, 2, 3, 4의 종합적 도표이다. 그것들을 인간과 자연의 다층적 관계들의 각각 한 측면만을 개별적으로 부각시킨 엑스레이의 일차원적 혹은 이차원적 측면 사진이라면, 〈도표 5〉는 그것들 모두를 동시에 입체적으로 찍은 다차원적 엑스레이, 즉 MRI 내시경 사진이다. 이 MRI 사진은 인간에서의 몸과 마음의 관계, 마음의 다양한 단계들 간의 관계, 그리고 그러한 인간과 자연·우주와의 관계에 관한 여러 가지 사실을 도식적으로 보여준다.

첫째, 이 MRI 사진에서 a와 b 사이의 완만한 곡선은 우주의 물리적 차원과 의미적 차원 간의 경계선을 나타내며, 그러

한 경계선은 인간의
의식의 출현, 더 정
확히 말해서 진화의
어느 시점에서 의식
을 갖고 태어난 호모
사피엔스라는 인류
의 출현과 더불어 시
작되어 그 인간이 고
도의 지성을 발휘하
게 된 인식주체의 점
차적 진화와 더불어
벌어지면서 인간의
존재론적 즉 사물적
차원과 의미론적이고
인식론적인 차원 간
의 거리, 즉 도표에서
의 존재차원 극인 c
지점과 의미차원의
정점인 d라는 지점

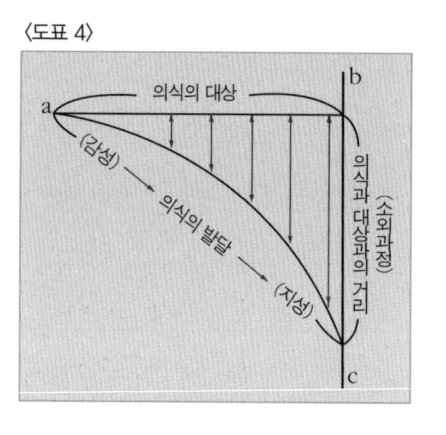

〈도표 4〉

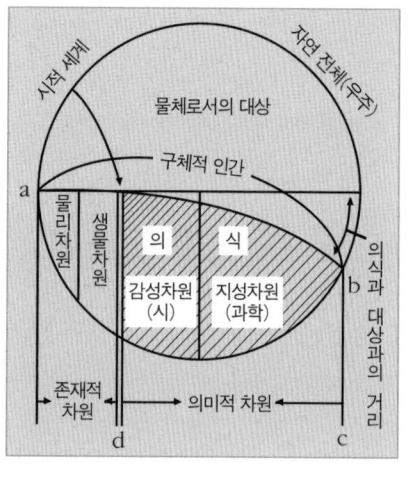

〈도표 5〉

간의 격차가 커져왔음을 보여준다.

둘째, 위의 도표가 보여주는 것은 인간이라는 하나의 종이 지구상에 호모사피엔스로서 진화해서 나타나기 이전의 자연·우주는 무한한 어둠과 침묵에 영원히 빠져 있어 비가시적인 무의미한 상태에 불과했을 것이라는 사실이다. 그것은 인식주체로서의 호모사피엔스 탄생과 더불어 '그냥 우주', '그냥 존재'가 '의미'를 띤 존재로 변신된 것임과, 이러한 변신이 전제되지 않았더라면 존재는 그냥 존재이지, x, y, z라는 의미와 질서, 즉 어떤 의미도 없는 무의미하고 공허한 공간과 시간의 혼돈에 지나지 않은 상태로 영원히 어둠과 침묵 속에 갇혀 있었음을 알 수 있다. 그것은 호모사피엔스라는 인류가 탄생해서 애초의 그냥 우주라는 '존재'는 인간지성의 빛을 받아 스스로의 정체를 드러내어 '세계'로 다시 탄생하게 되었던 것이다. 그것은 우리가 지각, 인식하기 이전 원래의 그냥 자연·우주·존재 즉 비가시적인 무의미한 존재가 'x, y, z'라는 개념으로 이미 의미화된 존재로서의 '세계'로 변했음을 함의한다. 이런 점에서 우주 안에서 출현한 의식과 언어를 소유한 호모사피엔스는 우주 안의 모든 것은 물론 우주 자체를 밝혀주는 '자연의 빛', '우주의 등불', '존재의 여명', '우주의 시원'이라는 몇 가지 은유로 부를 수 있으며, 말 없고 어둡고 무의미한 그냥 자연·우주·존재를 밝은 가지적 상태 즉 '의미' 있는 '세계'로 전환·변신시키는 자연·우주·존재의 '트랜스포머' 혹은 '리트머스 시험지'로 볼 수 있다.

셋째, 위 도표가 마지막으로 보여주는 것은 우주 안에서의 자연과 인간의 차이, 고체와 액체, 무기물과 유기물, 생명과 물질 등 간의 차이, 주체와 객체의 차이, 인간 안에서의 몸과 마음의 차이, 마음 안에서의 의식과 무의식, 이성과 감성의 차이, 도덕적 선과 악, 미학적 미와 추 간에 존재하는 가치의 구별, 푸른색과 연두색 등등의 구별과 존재론적 경계가 한없이 애매모호하고 그에 따라 그 개념들 간의 의미론적 구별도 결코 절대적이지 못하고 불확실하다는 사실을 함축한다.

그렇다면 넷째, 인간의식이라는 손에 의해서 언어를 연장으로 사용하여 자연·우주가 전환하여 제조된 '세계'라는 구조물은 절대로 분명하고 결정적인 것이 될 수 없으며, 형태로 고정시킬 수도 없고, 부단한 재조립과 리모델링을 필요로 하는 건축물이다. 그것은 인간이라는 '세계의 건축가'의 불완전성에 기인하기도 하겠지만, 고대 동양의 힌두적·도교적 종교적 세계관이나 고대 그리스의 헤라클레이토스나 탈레스의 철학적 세계관 그리고 현대과학의 상대성이론, 첨단 천문학 그리고 양자역학이 밝혀주듯이 존재 자체는 언제나 역동적 운동과 변화의 과정 속에 있기 때문이다.

위와 같은 사실들은 '존재-의미 매트릭스'라는 개념의 이론적 유용성을 입증하는 것이며, 역으로는 바로 이 개념에 비추어 인간과 자연, 인식과 그 대상, 존재와 의미 간에 존재하는 존재론적 및 의미론적 상호관계를 밝혀줄 수 있음을 함축한다. 또한 앞에서 길게 정리한 '존재-의미 매트릭스'라는 개념적 렌즈에 비추어 인간이 어느 사회에서도 항상 접하게 되는 철학적이면서 일상적인 언어현장에서 빠지지 않고 등장하고, 끊임없는 철학적 논쟁을 하면서도 풀리지 않은 논리적 벽에 부딪치게 되는 개념들의 막다른 모순된 철학적 갈등aporia을 풀 수 있다. 물질·생명·의식·마음·영혼·우주·자연·문화 등의 존재론적 개념들, 실재론과 관념론, 일원론과 이원론, 유물론과 유심론, 범주에서의 보편자와 개별자, 결정론과 자유의지 등 간의 형이상학적 갈등, 진리와 허위, 선과 악, 아름다움과 추함 등의 가치판단의 객관성과 주관성에 관한 문제 등을 위와 같은 갈등의 전형적 예로 들 수 있다.

우주 안에서의 자연과 인간 및 인간 안에서의 몸과 마음, 마음 안에서의 관계를 엑스레이 촬영사진으로서 위의 도표가 보여주는 것은 내가 이 책에서 철학적 문제를 풀기 위한 유일한 열쇠로서 '존재-의미 매트릭스'라는 개념의 핵심적 의미다. 이 개념이 뜻하고자 하는 것은 다음과 같은 세 가지로 요약된다.

그 개념의 첫째 의미는 인간중심주의다. 이 인간중심주의가 뜻하는 것은 우리가 인식하고 분류하고 설명할 수 있는 우주 안의 모든 것은 물론 우주 자체도 필연적으로 인간의 관점을

떠날 수 없다. 이런 점에서 '존재-의미 매트릭스'는 인간상대
주의적이다. 이런 점에서 "인간은 만물의 척도이다"라는 프로
타고라스의 명제를 따르고, 모든 존재의 본질은 인간의 인식과
독립되어 존재하는 '이데아'라는 플라톤·칸트·후설 등의 입
장에 반대한다.

그 개념의 둘째 의미는 "모든 것은 근본적으로 단 하나의 전
체다"라는 명제다. 그것은 힌두교, 불교, 노장사상의 고대 동양
사상을 따르고, 플로티노스, 스피노자, 헤겔, 베르그송, 메를
로-퐁티와 같은 서양 철학자들의 형이상학적 일원론에 동의하
고, 기독교적 신학, 데모크리토스의 원자론, 칸트적 비가시적
실체noumena와 가시적 현상phenomena의 구별, 데카르트의 정
신과 물체 이원론, 라이프니츠의 다원론적 형이상학 및 사르트
르적 인식주체의 의식과 그 대상의 절대적 구별에 반대한다.

그 개념의 셋째 의미는 첫째 및 둘째 의미에서 유추되는 명
제다. 그것은 "모든 현상·자연·우주는 존재론적으로는 연속
적이며, 그와 동시에 인식론적으로는 단절적이다"라는 언뜻
보아 역설적 명제로 요약된다. 우주 안에서 인간과 모든 자연
현상, 물질과 생명, 무기물과 유기물, 동물과 인간, 인간의 마
음과 몸, 의식 안의 이성과 감성, 존재와 인식은 존재론적 즉
물리적 차원에서는 모두 인과적 관계로, 근본적 형이상학적 차
원에서 반드시 인과적으로 연결되어 있지만, 의미적 즉 인식론

적 차원에서는 반드시 서로 구별된다.

우주 전체 안의 구별되는 모든 것들이 구별되지 않는다는 주장, 눈으로는 분명히 단절되는 모든 것들이 궁극적으로는 단절되지 않는다는 주장은 언뜻 보아 자가당착적이지만, 사실은 그렇지 않다. 그 두 명제가 동일한 존재·현상·사실에 관한 동일한 관점에서의 서술이 아니라 논리적으로 전혀 서로 다른 범주의 차원에서의 서술이기 때문이다. 그것은 어떤 대상, 가령 사람을 평가할 때, "그는 우월하다"라고 서술하는 동시에 "그는 열등하다"라고 판단하는 것은 모순되어 보이지만, 만약 전자가 그 사람의 수학적 능력의 관점에서 한 것이고, 후자는 동일한 사람의 음악적 능력의 관점에서 한 것이라면, 두 명제들 간에는 아무런 모순이 없다. 인간과 그 인식대상의 관계를 서술하는 경우도 마찬가지다. 존재를 전제하지 않는 인식은 성립할 수 없는 것과 마찬가지로 인식되지 않은 존재가 존재한다는 말도 성립될 수 없다. 존재와 인식 간은 뗄 수 없는 관계로 묶여 있다.

그러나 그 관계는 동일한 범주에 속하는 것들 간의 관계가 아니라 논리적으로 전혀 서로 다른 범주의 '것'들, 즉 우주의 실재적 일부로서의 '존재'라는 존재론적 범주와 '인식' 즉 무엇인가의 '관념화'를 뜻하는 '의미'라는 인식론적 범주에 속하는 '것' 간의, 즉 그 성격이 논리적으로 전혀 다른 '것들'

간의 아주 이상한 관계이다. 인간과 그 밖의 자연·우주 및 자기자신을 포함한 모든 것들과의 위와 같은 관계는 인간이라는 존재의 존재양식이 바로 물리적인 동시에 모든 것을 자신의 의식 속에서 관념화할 수 있는, 아니 그렇게 하는 것 이외의 다른 방식으로는 존재할 수 없는 동물로 진화했기 때문이다. '존재-의미 매트릭스'라는 낱말은 한 인간에서의 몸과 마음의 관계 및 우주 안에서의 자연과 인간의 관계에 내재되는 시원적 구조 또는 패러다임을 지칭한다. 그리하여 이 패러다임은 존재론적으로나 논리적으로 전혀 다른 종류의 범주에 속하는 '존재' 및 '의미'라는 두 개념이 중복적으로 복합되어 단하나를 구성하는 몸과 마음의 양면을 가진 살아 있는 구체적 인간의 시원적 존재양태를 지칭하며, 그것은 곧 인간의 존재론적 정의이기도 하다. 그러나 '존재'·'대상'과 '의미'·'인식'은 논리적으로 차원이 다른 범주에 속하는 것이어서 단 하나로서 융합될 수 없는 서로 모순된 개념들이다.

그렇다면 실제로 단 한 개체로서 살아 있는 인간은 단 하나의 '존재-의미'라는 복합적 개념으로 정의될 수 없지 않겠는가? 사르트르의 철학적 인간의 정의에 의하면 맞는 말이다. 그는 한편으로는 모든 존재를 자기반성적 의식인 대자로서의 인간과 대자의 의식대상으로서의 즉자라는 두 개의 존재로 양분하고 그것들이 형이상학적 차원에서 서로 통합될 수 없는 모순되는 존재로 파악하면서도, 인간의 본질을 그것들 간의 불가능한 통합의 욕망으로 규정한다. 그러나 사르트르가 전제하는 것과는 달리, 그리고 메를로-퐁티가 주장했던 것처럼 인간은 몸과 마음, 인식대상으로서의 생물학적 속성과 인식주체로서의 지적 속성의 종합체가 아니라 그 두 속성이 존재론적으로 구별할 수 없는 단 하나의 내재적 모순 없이 '살아 있는' 유기적인 인식주체로서의 개인이다. 그에 의하면 물질과 생명, 생명과 정신, 존재와 인식, 사르트르가 말하는 대자와 즉자 간에는 형이상학적 구별이 불가능하다. 그럼에도 위와 같은 개념들이 구별되는 것은 우리가 그러한 것들을 인식하기 위해서, 즉 그러한 것을 언급하기 위해 인식론적 차원에서 인위적으로 만들어낸 개념적 구별을 해야 하기 때문이다. 인간은 몸인 동시에 자신을 비롯한 모든 것을 대상화, 즉 의미 있는 것으로 서술하는 인식적 주체이기도 하다. 인간은 한편으로는 존재·몸, 다른 한편으로는 의미·마음이라는 두 개의 실체의 조합이 전자와 후자 어떤 것으로도 완전히 분석할 수 없는 단 하나의 인간적 존재양식의 두 측면에 지나지 않다. 두 사이에는 언뜻 보기와는 달리 아무런 모순이 없고 서로 충돌하지도 않는다.

(3) 뫼비우스의 띠와 에셔의 판화로 본 존재-의미 매트릭스

인간을 규정하는 존재-의미 매트릭스의 위와 같은 구조는

다음과 같은 촛불인 동시에 서로 마주보는 두 얼굴로도 볼 수 있는 '촛불', '뫼비우스의 띠Band of Möbius' 그리고 에셔의 판화 몇 개를 보면 시각적으로 쉽게 납득할 수 있다.

a) 촛불

하나의 사진이 마주보는 두 사람의 측면 얼굴로 볼 수 있고, 불이 켜져 있는 하나의 촛대로도 볼 수 있다. 그러나 두 가지 해석은 상호의존적으로 각기 자신의 타자의 존재를 전제하기 때문에 상호의존적·보완적이다.

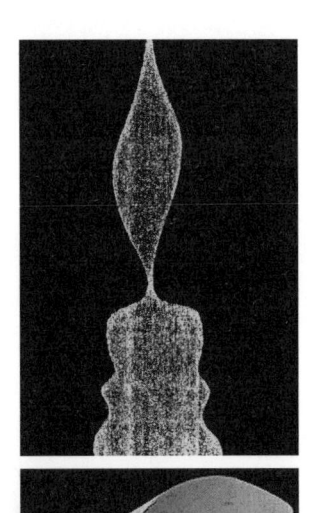

b) 뫼비우스의 띠

이 띠는 직사각형의 긴 띠를 한 번 꼬아서 대변을 맞붙여 만든 구조이다. 그것은 언뜻 보아 안과 밖이 있는 것처럼 보이면서도 하나의 표면만이 존재하며, 방향성이 전해지지 않아서 좌·우·상·하의 개념이 소멸되는 이상한 구조다.

c) 에셔, 〈그리는 손〉

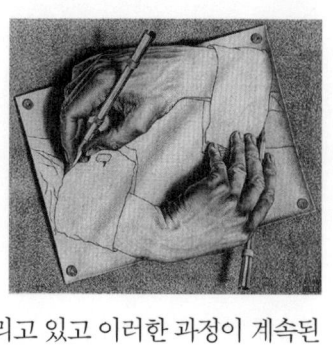

네 개의 압정이 잘 펼쳐진 판을 고정시키고 오른손이 판 위에 소매를 그리기 위해 연필을 잡고 있다. 이 그려진 손으로부터 왼손이 나오는데 왼손 또한 오른손의 소매를 그리고 있고 이러한 과정이 계속된다. 이 작품은 그리는 손은 그려진 손일 수도 있다는, 증명할 수 없는 가정을 순환 논법으로 나타내고 있다.

d) 에셔, 〈백조들〉

8자를 눕혀 놓은 구도에서 검은 백조들이 흰 백조로 변환되는 양상을 나타낸다. 백조 무리와 흑조 무리가 서로의 존재를 순환적으로 부정하는 동시에 긍정한다.

e) 에서, 〈낮과 밤〉

이 그림에서 양편의 도시는 서로의 거울상으로서 대칭구조를 이루고 있다. 직사각형 모양의 들판이 위쪽으로 흰 새와 검은 새의 모습으로 전개된다. 낮의 하늘과 풍경에서 흰 새들이 출현하여 밤의 도시로 비상하고 그 반대의 경우도 마찬가지여서 주야의 교대를 잘 보여준다. 이때 흰 새와 검은 새는 형태와 배경을 서로 교환한다.

f) 에서, 〈폭포〉

흐르는 물줄기를 따라가면 건물 위에서 낙하한 물이 물레방아를 돌린 후 수평으로 흐르다가 알지 못하는 사이에 다시 높은 곳에 이르러 계속 물레방아를 돌

리고 있다.

위의 그림들이 다 같이 보여주는 공통점은 자연·우주 안의 모든 것들의 관계가 실재적 및 관념적, 존재론적 및 인식론적 차원에서 서술될 수 있고, 그것들이 두 개의 다른 현상이 아니라 단 하나의 두 가지 측면이며, 그 두 가지 측면들 관계가 직선상에서 정체적으로 충돌하는 것이 아니라 그 시작과 끝이 역동적 순환의 고리를 맺고 애매모호하지만 모순 없이 돌아간다는 사실이다.

위의 그림들이 다 같이 자연·우주와 인간, 인식과 그 대상, 존재와 세계 등의 각각 두 항들 간의 관계가 존재론적으로는 연속적인 동시에 인식론적으로는 단절이라는 사실을 드러내 보인다는 점에서, 그것들은 존재와 의미의 관계를 단 하나의 존재이자 사건이라고 지칭하기 위해서 도입한 '존재-의미 매트릭스'라는 개념을 시각적으로 설명한다.

'존재-의미 매트릭스'는 우주의 자연과 인간 간의 혹은 인간의 몸과 마음 간의 아주 이상하게 뒤틀린 관계의 구조를 지칭한다. 더 정확하게 말해서, 그것은 파스칼의 통찰대로 존재론적 즉 육체적 차원에서는 자연·우주와 비교해서 거의 무에 가까운 무의미한 존재이지만 의미론적 즉 사유의 차원에서는 그렇게 방대한 자연·우주를 자기 안에 포섭하려는 인간의 이해하기 힘들게 뒤틀린 인간의 존재구조를 의미하는 개념이다.

한편으로는 '존재·몸'과 다른 한편으로는 '의미·마음'이라는 존재론적 두 극으로 이루어진 구조를 갖는 존재-의미 매트릭스는 한편으로는 자연·우주와 다른 한편으로는 우리 자신과 어떤 관계를 맺느냐에 따라 무한히 다양한 모습과 의미를 가질 수 있다. 왜냐하면 존재·몸과 의식·의미의 양극 사이에는 서로 간에 정확한 구별이 불가능한 무한에 가까운 차등을 지을 수 있기 때문이다. 자연·우주를 인식하는 인간이, 더 엄격히 말해서 인간의 의식이 탄생하기 이전의 자연·우주 그리고 인간 자체는 그냥 암흑과 혼돈 그리고 무의 일부, 즉 '존재하지 않는 존재'에 불과했을 것이다. 그것이 자연·우주 혹은 그냥 무엇인가로서 존재하게 된 것은 인간, 더 정확히 말해서 인간의 몸에서 의식과 사유의 싹이 마치 한밤중에 켠 등불처럼 세상을 밝혀 드러내기 시작해서부터였을 것이다.

인식된 존재의 투명성은 그것을 비춰보는 전구電球의 도수 크기에 따라 시야의 투명성과 넓이가 상대적이듯이, 의미화 즉 인식의 투명도에 무한히 상대적일 것이며, 인식의 투명도와 넓이는 마음을 구성하는 본능·감성·이성 가운데 어느 것에 의한 인식이냐에 따라 무한히 다양할 것이다. 그리고 어떤 특정한 시간과 공간에서 갖게 되는 인식적 의도에 따라 달리 선택될 것이다. 이러한 사실은 인식·의미의 투명성에 무한한 차등이 있음과, 인식의 진리성을 판단하는 잣대도 무한히 가변적임을 함축한다.

　존재와 의식, 자연과 인식은 두 개의 대립되는 실체가 아니라, 논리적으로나 현상학적으로 서로 뗄 수 없는 단 하나의 객관적 대상인 동시에 주관적 인식·존재라는 가시적 속성을 갖는다. 또한 그것들은 의미라는 인식적 관점을 갖춘 어떤 것, 어떤 개념으로도 분할할 수 없는 단 하나의 통일된 전체의 두 측면, 두 관점, 두 현상이 아닌 단 하나의 현상, 두 관점이 아닌 단 하나의 관점, 그냥 존재 아닌 존재, 그냥 인식 아닌 인식을 지칭한다. 그것은 우주를 밝혀주는 빛이자, 그 빛으로 물질적 우주를 인간적 형태로, 무의미한 모든 현상을 유의미한 것으로 전환하는 태양이자 빛이요, 영원한 침묵과 어둠 속에서 잠자는 우주를 인간적 질서와 인간적 의미로 차 있는 '세계'로 바꾸는 작품으로 끊임없이 창조적 전환을 이룩하는 우주적 미다스의 손이자 예술적 작업이기도 하다.

　철학이 세계관으로서의 둥지의 건축이라면, 철학적 건축은 신축이 아님은 물론 재건축도 아니다. 그것은 언제나 이미 지어진 철학적 건물을 리모델링하는 작업일 따름이다. 그리고 이러한 둥지의 리모델링은 인간의 의식이 살아남아 있는 한 영원히 계속될 끊임없는 인간의 작업이다. 자연과 인간은 부단히 살아 움직이고, 삶의 본질은 곧 자기변화의 과정 그 자체이기 때문이다. 이것은 내 나름대로의 둥지 짓기, 아니 둥지 리모델링이다. '존재-의미 매트릭스'라는 잣대로 인간과 그 밖의 모든 것들 간의 존재론적인 동시에 의미론적인, 육체적인 동시에 관념적인, 연속적인 동시에 단절적인, 전일적인 동시에 분석적인 관점에서 관념적·언어적으로 '세계'라는 둥지로 재구성된 자연·우주·존재를 철학이라 한다면, 철학은 영원히 역동적으로 지속되는 세계관으로서의 둥지의 리모델링 작업이다.

이런 철학관에서 볼 때, 모든 개념적 구별은 절대적이 아니라 상대적이며, 모든 진/위, 선/악, 미/추의 가치판단은 필연적이 아니라 개연적이며, 모든 인식주체는 순수한 영혼의 이성이 아니라 불순한 살·몸이다. 그리고 모든 진리는 잠정적이며, 모든 현상들 간의 구별과 모든 언어적 의미들 간의 차별성은 존재론적으로는 절대적이 아니라 상대적이며, 개념적으로는 고정된 것이 아니라 유동적이며, 그 의미는 선명한 것이 아니라 원천적으로 언제나 다소 애매모호하고 희미fuzzy하다.

4장

•

세계 리모델링의
다양한 양식

The Onto-Semantical Matrix

1. 세계관과 세계 리모델링 조건으로서의 존재-의미 매트릭스

우리가 말하는 세계가 인식주체로서의 인간에 의한 존재의 재구성이며, 존재의 재구성이 곧 기존 세계의 리모델링이라면, 그것은 어떤 조건에서 어떤 양식으로 가능한가? 존재의 재구성이 곧 존재의 세계화이며, 그러한 재구성은 어떤 과정과 어떤 제한 속에서 가능한가?

존재-의미 매트릭스로서의 한 개체적 인간은 필연적으로 '깨어 있는 의식', 즉 '인지적 주체'이지만 그 의식의 투명도, 치밀성, 폭의 정도는 그의 생물학적 성장단계, 시간과 장소에서의 생물학적 상태, 교육적 및 사회적 조건에 따라, 즉 프로이트의 정신분석학을 빌리자면 존재차원에 머문 무의식 상태, 다시 말해 數數적으로 서술하자면 0에서 1 즉 최상의 깨어난 상태인 슈퍼에고superego 사이의 수많은 단계로 차별화할 수 있다.

한 개인적 인간의 의식상태의 위와 같은 차별화는 동물들 간에 존재하는 의식수준 즉 지적 발달의 차별과 병행하는 것으로 보인다. 가령 지렁이의 지능이나 막 태어난 순간의 인간 유아의 지능을 정신분석학이 말하는 이드id에 비교할 수 있다면, 개의 지능은 태어난 지 6개월 된 인간 유아의 지능이나 프로이트가 말하는 항문기肛門期의 인간의식에 비교할 수 있을 것 같다. 의식의 성숙도의 차별성에 관한 위와 같은 비교는 인류의 정신사의 발달과도 비유될 수 있을 법하다. 인류문화학자 레비스트로스의 맹렬한 공격을 받을지 모르지만, 가령 브라질 우림雨林에 현재까지 존재하는 어떤 원시인들의 집단적 의식수준은 첨단과학문명을 향유하는 문명인들의 의식수준에 비해 상상할 수 없을 만큼 크게 낙후된 것으로 볼 수 있다.

의식주체가 보고 이해하는 세상은 그 인식주체의 의식상태를 떠나서는 생각할 수 없고 그런 의식상태를 반영하는 것이라면, 동물이 보는 세상은 인간이 보는 세상과 동일할 수 없으며, 유아가 보는 세상은 어른이 보는 세상과 동일할 수 없다. 마찬가지로 동일한 현상도 전문가가 보는 것과 문외한이 보는 것은 동일하지 않을 것이다. 동일한 인식대상인 자연·우주를 많은 이들이 다양한 차원에서 이야기하고, 설명한다고 하더라도 그것들의 각기 구체적 내용은 동일할 수가 없다.

위의 모든 인식과 인지와 서술의 경우 존재-의미 매트릭스가 그 의식의 투명성과 정밀도에 따라, 즉 수준에서나 목적에서나 각기 다른 차원과 다른 동기에 의해서 적용되기 때문이다.

수학적 기호 0과 1의 폭으로 기술할 수 있는 존재-의미 매트릭스의 의식의 투명성 또는 발달 정도는 논리적으로는 수없이 많은 단계·차원으로 차별화될 수 있으나 아주 크게는 감각적인 것과 지성적인 것 두 가지로 구별될 수 있으며, 인간이 대상을 인식할 때 동원되는 인식양식은 각기 감성적인 것과 직관적인 것으로 분류할 수 있다. 자연인 동시에 의식인 인식주체로서의 존재, 더 정확히 말해서 존재-의미 매트릭스로서의 인간은 한편으로는 자신의 의식 발달의 정도와 차원에 따라서 그리고 다른 한편으로는 주어진 특정한 상황에서 요청되는 목적에 따라 인식대상을 각기 다른 차원의 의식 즉 감각 혹은 지성으로 대상을 접하고 그것을 서로 다른 언어 즉 감각적 혹은 추상적 언어로 서술·파악할 수 있다. 동일한 자연적 혹은 문화적 현상, 물리적 혹은 정신적 현상도 어떤 종류의 의식 즉 감각 혹은 지성을 동원하여 인식하고 어떤 언어 즉 감성적 언어 혹은 추상적 언어 가운데 어떤 것을 사용하느냐에 따라 그 내용과 효과는 사뭇 달라진다.

존재·우주·세계·자연·인간에 대한 이야기, 즉 세계관은 문학·역사·철학을 비롯한 다양한 인문사회학 및 그 밖의 다양한 분야의 자연과학 등 수많은 학문 분야에서 탐구되고 창조되어왔다. 하지만 논의의 편의상 여기서는 세계관과 직·간접적으로 관계되는 모든 학문들을 종교·철학·과학 세 가지 범주의 학문 가운데의 하나에 귀속하여, 각각 그것들의 본질 및 그것들 간의 차별성을 살피고, 그것들 간에 존재하는 세계관의 차이를 해석해보려 한다.

세계관은 오귀스트 콩트의 사상사의 역사적 발전단계의 학문적 분류에 따라 편의상 종교·형이상학·과학이라는 세 가지 학문 영역에서 탐구되고 주장되어왔다. 그러나 곧 앞으로 밝혀지겠지만 종교적 세계관은 형이상학적 세계관과 다르며, 형이상학적 세계관은 과학적 세계관과 전혀 다르다. 그뿐만이 아니다. 그것이 종교적인 것이든, 형이상학적인 것이든, 아니면 과학적인 것이든 같은 학문적 테두리 안에서의 세계관 내부에서도 서로 양립할 수 없는 세계관들이 많다. 수많은 종교적 교리들, 수많은 형이상학적 체계들, 수많은 과학적 이론들이 존재하고, 한 종교 안의 수많은 다른 종교적 교파, 한 형이상학적 틀에서도 수많은 철학적 해석, 한 과학적 이론 내부에서도 수많은 설명이 존재한다면 그 모든 세계관들이 다 같이 옳을 수는 없다. 그렇다면 종교적·형이상학적 및 과학적 세계관, 즉 하나의 전체로서의 자연·우주·존재의 리모델링을 하나씩 따로 떼어 차례로 서술하고 분석한 다음 서로를 비교해보자.

2. 각 세계관의 분석과
세계관 간의 갈등 문제

1) 종교적 세계관

수십, 수백 아니 수천 개의 종교가 수만 년의 인류 역사를 통해서 존재해왔고, 반세기 전만해도 상상을 초월했던 과학기술이 일상생활화된 오늘날 선진 문명사회에서도 대부분의 인류는 어떤 종교인가를 믿는다고 자처한다. 이런 점에서 종교는 자연·인간·우주에 관한 가장 오래되고도 가장 보편적인 믿음의 양식이자 세계관이다. 이 믿음의 인식대상이 우주 전체이고 그 인식관점이 우주 전체의 구조나 본질 등 나름대로 근본적 존재 혹은 실체에 관한 것이라는 점에서 종교적 세계관은 철학적 및 과학적 세계관과 유사하지만, 인간의 사후 혹은 탄생 이전의 세계를 전제하고 그곳에서의 삶 혹은 죽음에 관한 이야기이자 이론이며 주장이라는 점에서 나머지 두 유형의 믿음과 신념의 체계와 다르다.

앎과 삶, 인식과 행동은 논리적으로 별개의 범주에 속한다. 그러나 현실적 차원에서 위의 두 영역은 뗄 수 없는 인과적 연관을 맺는다. 살아 있는 인식의 주체가 없는 곳에 '앎'은 의미를 갖지 못하며, 자신과 자신 삶의 여건인 세계의 자연적·사회적 환경에 관한 최소한의 어떤 앎은 한 개체로서의 인간에게나 한 종으로서의 인류에게나 생존을 위한 최소한의 필수조건이다. 살아 있어야 세상을 알 수 있고, 세상을 알아야 세상에서 살아남을 수 있기 때문이다. 세계인식의 한 양식, 즉 세계관으로서의 종교가 앞으로 어떤 위상을 갖게 될지 아직은 분명하지 않지만, 종교가 가장 원초적이고 보편적이고 유일한 세계관의 양식이었던 것만은 확실하고 오늘날에도 종교적 세계관에서 완전히 자유로운 인간은 그리 많아 보이지 않다.

왜 그럴까? 그 대답은 생물체로서의 변하지 않는 인간의 가장 원초적, 즉 자연적 요청과 모든 종교가 공통으로 갖는 종교적 세계관의 특징에서 찾아볼 수 있다. 태어나는 순간부터 죽음의 위협에 노출되어 있는 나약한 생물체로서의 인간의 절대적 소망은 죽음의 극복이며, 언제나 자신의 육체 및 정신적 능력의 한계를 의식하는 인간의 욕망은 그 한계를 넘는 것일 수밖에 없는 상황에서 종교는, 아니 오로지 종교만이 육체 아닌 영혼존재와 죽음 후 천당에서의 고통 없는 영원히 행복한 새로운 삶에 대한 희망이다.

이러한 인간의 궁극적 소망과 희망은 객관적으로 어떤 세상에서 어떻게 가능한가? 인간은 생물학적·육체적 즉 물질적 존재로서, 다른 모든 생물체와 마찬가지로 생로병사의 과정을 거쳐 마침내 사라지게 되고, 이것이 자연의 절대적인 이치다. 이러한 사실은 물질적 현상이 인간을 비롯한 세상, 모든 존재의 전부인 세계 즉 인간을 비롯한 모든 생물체들이 세포로서의 육체로 환원된다. 육체가 물질적 미립자로 환원되는 유물론적 세계관 속에서는 인간의 궁극적 소망은 실현 불가능함은 물론 논리적으로 상상조차 할 수 없다. 행복한 영생에 대한 인간의 소망은 다음과 같은 세 가지 형태의 비유물론적, 즉 넓은 뜻의 종교적 세계관이 참일 경우에만 가능하다.

가장 종교적인 세계관의 원형은 애니미즘, 즉 물활론이다. 물활론은 일종의 의인적 세계관으로 동물들은 말할 것도 없고 모든 생물과 산과 바다, 바위와 물도 인간의 경우와 마찬가지로 생각하는 인격체로 각자 뜻과 목적에 따라 '행동'한다. 따라서 물환론은 공포나 존경, 소원성취나 용서를 위한 애걸과 기도의 대상으로 인식하는 의인적 자연관, 즉 자연현상을 설명하는 이론적 방식이다. 호모사피엔스로 진화했던 아득한 옛날부터 인간은 싫던 좋던 최소한 생각하며 살아야 했을 것이고, 생존하고 번영하기 위해서 자신이 놓여 있는 자연환경에 대한 최소한의 인식과 설명이 필요했다. 물활론적 세계관이야말로 이

때 인류에게 가능했고, 가장 편이하게 세계를 인식하는 양식이
었을 것이다.

　지구 어느 곳의 인류 사회에도 자신들의 원천과 경험, 삶의
고통과 기쁨, 좌절과 소망에 관한 신화나 전설이 없는 경우는
찾아볼 수 없으며, 이러한 신화나 전설은 거의 예외 없이 그 자
체가 바로 물활론이거나 아니면 물활론적 세계관을 그 밑에 깔
고 있다. 물활론은 언제나 의인적이며, 요술적·마법적·주술
적 속성을 띤다. 그리고 놀라운 것은 이 같은 물활론이 자크 모
노가 지적한 대로 첨단 과학기술이 지배하는 문명을 누리는 현
대인들의 의식이나 행동은 물론 근대적 이성의 보편성을 주장
하는 헤겔의 '정신현상학', 적극적인 반종교를 주장하는 마르
크스의 '변증법적 유물론'이나 베르그송의 '창조적 진화론'에
도 들어 있다는 점이다. 나는 그 교리의 가장 추상적 차원에서
볼 때, 유교나 도교는 물론 힌두교나 불교는 의인적이거나 주
술적인 세계관이 아니라는 점에서 종교의 범주보다도 형이상
학적 범주에 속한다고 생각한다. 그러나 그것들이 대중에게 접
근하는 과정에서 역사적으로 의인화되었으며 기복적인 세계관
으로 변질되었다는 분명한 사실을 인정할 때, 서양의 종교를
대표하는 유대교·기독교·이슬람교와 마찬가지로 동양을 대
표하는 종교적 세계관 역시 물활론에 속한다고 할 수 있다.

　이처럼 근대 이후 이른바 소수 철학자나 과학자들에 의해

'미신'으로 치부되었음에도 불구하고 의인적·물활론적 종교적 세계관이 막강한 생명력과 호소력을 갖는 것은 전혀 우연한 현상이 아니다. 그것은 삶에 대한 욕망, 죽음에 대한 공포, 삼라만상의 궁극적 신비, 인간의 지적 및 육체적 힘의 한계에 대한 의식이 아득한 옛날의 석기시대나 오늘날의 첨단 정보문명시대에나 절대적 변화가 없음을 반영할 뿐이다. 물활론적·의인적 세계관의 가장 대표적인 예가 서양 종교를 대변하는 유대교·기독교·이슬람교라는 사실과, 서양 문명이 종교적 세계관과 양립할 수 없는 자연과학적 세계관에 뿌리내렸다는 사실은 극히 역설적이다. 그러나 세계 최고 수준의 첨단 정보통신기술이 발달한 오늘날의 한국에서도 종교 특히 기독교가 놀라운 수의 신도를 포섭하여 세계 제일의 열정적 기독교국이 된 것은 죽음의 극복, 영생에 대한 본능적 집착, 행복에 대한 애절한 소망이 인간을 지배하는 근본적이고 보편적인 가치임을 드러내준다. 역사적 예로 한국의 역사 특히 일본에 의한 36년간의 강압적 합병과 착취와 한국전쟁의 가혹한 민족상잔, 그중에서도 가난과 죽음을 경험했던 한국인들의 역사를 생각하면 위와 같은 현상을 조금은 이해할 수 있을 것 같다.

한국에서만이 아니라 오늘날의 모든 사회에서 많은 사람들이 종교적 세계관을 강하게 굳혀간다고 하더라도 그것은 진/위, 즉 참이냐 아니냐는 문제와는 별개다. 세계관을 포함한 모든 주장들이 그러하듯이 종교적 믿음, 즉 종교적 세계관의 경우도 마찬가지다. 종교적 믿음은 철학적 믿음이나 과학적 믿음에 비해서 그 근거가 상대적으로 덜 확고하기 때문이다. 그 이유는 종교적 즉 의인적 세계관이 역사적으로 가장 원초적 세계관의 양식이었다는 사실로 추측할 수 있듯이 인간의 지적 진화과정에서 가장 미숙한 단계에 속하기 때문이다. 인간의 지적발달단계를 감각적·감성적·정서적·주관적 인식단계에서 지적·이성적·반성적·객관적 인식단계로 계층화할 수 있다면, 종교적 세계관은 한 개인을 독립적으로 떼어서 보든가 한 인간집단으로서의 사회의 관점에서 보더라도 낮고 미숙한 단계의 인식양식에 의해 구성된 세계관으로 볼 수 있다. 이런 단계의 인식양식은 인간의 의식과 그 인식대상과의 가변적 거리 관계를 나타내는 '존재─의미 매트릭스'에 비추어볼 때 존재와 인식적 의식 간의 거리가 최소화된 조건에서 생기는 것으로 볼 수 있다. 종교적 인식은 인식과 그 대상과의 거리가 점차적으로 최대화된 경우에만 가능한 형이상학적 및 과학적 인식에 비해 상대적으로 미숙한 것이라고 할 수 있다. 극단적으로 말해서 종교적 인식은 객관적 앎 또는 진리일 수 없다. 종교적 세계관이 아무리 절실한 인간의 실존적·동물적 욕망의 진지한 표현이라 하더라도 사정은 마찬가지다.

첨단 과학지식이 급속도로 세련되고 축적된 오늘날의 시점에서 볼 때 종교적 믿음이나 종교적 세계관은 더욱 신뢰하기 어렵게 되어가고 있다. 어쩌면 종교적 세계관은 지식이나 진리가 아니라 인간이 자신의 실존적 소망을 달래기 위해서 상상한 일종의 동화나 환상적 소설에 불과한지도 모른다. 종교적 인식은 자연·우주·인간에 관한 명제가 아니라 매혹적인 상상력이 만들어낸 한 편의 서사시에 지나지 않는다고 말할 수도 있을 것 같다.

하나의 세계관이 자연·우주에 관한 개인적 선언이 아니라 문자 그대로 하나의 관觀, 즉 자연·우주의 속성과 작동원리에 대한 언어적 재현이라면, 그 명제에는 진/위 판단이 필연적으로 따라야 하고, 그런 판단은 반드시 실증적 경험적으로나 이성적 논리적으로 이해할 만한 근거 혹은 이유로 뒷받침되어야 한다. 종교적 세계관의 문제는 위와 같은 관으로서 요청된 두 가지 조건들 중 어느 것 하나도 만족시키지 못하는 데 있다. 종교적 신념의 대상은 원천적으로 경험이나 논리로는 접근할 수 없는 '알 수도 말할 수도 없는' 초월적 존재에 속하며, 종교적 신념의 근거는 그 타당성의 검증이 처음부터 차단된 계시나 그 진실성이 불확실한 경전 혹은 전통에 의존한다는 사실에 있다. 그러므로 세계에 관해서만이 아니라 어떤 대상에 대한 종교적 신념들의 진/위는 확인할 수 없으며, 지식의 범주에 속할 수 없다. 종교적 세계관의 위와 같은 문제의 원천은 그것이 근본적으로 물활론적·의인적이라는 사실에 있다.

2) 형이상학·철학적 세계관

종교적 세계관과는 다르면서 그 다음으로 오래된 세계관으로 형이상학적 세계관을 들 수 있다. 위 두 가지 세계관은 인식대상이 자연·우주·존재 전체라는 점과 그러한 대상을 현상적인, 즉 가시적인 차원이 아니라 비가시적 차원의 원리에 의해서 그 대상을 파악하고 설명한다. 종교가 말하는 불교적 저승이나 기독교적 신이나 천당은 가시적이 아니라 비가시적이며, 현상적이 아니라 초월적 존재이며, 형이상학이 말하는 플라톤의 이데아나 주역이 펴내는 음양론, 노자가 주장하는 도道, 아리스토텔레스가 말하는 원체substance나, 칸트가 말하는 선험적 자아나, 헤겔이 말하는 절대정신으로서의 가이스트나 변증법은 한결같이 지각적으로 인식할 수 없고 논리적으로 입증할 수 없는 존재들이다.

이런 점에서 종교와 형이상학, 종교적 세계관이나 형이상학은 비슷하며 뒤에 검토하게 될 과학적 세계관과는 다르다.

하지만 종교적 세계관과 형이상학적 세계관은 다음과 같은 점에서 사뭇 다르다. 첫 번째 차이는 세계관의 존재론적 속성의 차이에 있다. 전자의 속성이 영상적·신화적·의인적·구상

적인 데 반해 후자의 속성은 관념적·논리적·추상적·개념적
이라는 데 있다. 두 번째 차이는 세계관을 믿는 인식적 근거에
있다. 전자의 근거가 뜨거운 신앙과 비합리적 계시에 있다면,
후자의 근거는 차디찬 합리적 이성과 논리적 사유에 있다. 세
번째 차이는 각기 그와 같은 세계관을 구축한 무의식적 동기에
서 찾을 수 있다. 전자의 동기는 세계의 냉정한 지적 인식에 앞
서 세계 안에서의 자신의 삶의 의미를 찾아보아야만 잠재울 수
있는 정서적인 실존적 요청, 즉 삶에의 충동인 감성의 산물이
라면, 후자의 동기는 모든 것을 투명하고 논리 정연하고 확실
하게 파악하려는 파우스트적인 지적 욕구, 즉 이성의 구조물이
고자 하는 데 있다.

　모든 신념은 자신이 '참'이라는 신념, 즉 진리—지식이라는
신념을 내포한다. 모든 것에 관한 총체적 신념으로서의 세계관
도 마찬가지다. 그러나 신념은 진리의 충분조건이 될 수 없다.
신념은 견고한 뒷받침을 갖추었을 때만 진리가 될 수 있다. 세
계관의 경우도 마찬가지다. 이성에 바탕을 두었다는 점에서 형
이상학적 세계관이 종교적 세계관보다 진리의 자리에 오를 가
능성은 많지만, 그것 또한 진리의 영광스러운 자리에 오르기는
쉽지 않다. 종교적 세계관이 비이성적·반이지적 지식 즉 원천
적으로 '지식일 수 없는 지식'일 수밖에 없다면, 형이상학적 세
계관은 그것의 근거가 사념적speculative이라는 점에서 소설에

가까운 이야기이기 때문이다.

위와 같이 규정할 수 있는 형이상학적 세계관의 예로는 종교적 세계관에서 살펴보았던 힌두교·불교·도교·유교가 있다. 그 이유는 위와 같은 사상체계들의 핵심에는 의인적·주술적·신비주의적·초월적 요소가 없고 교리들이 속세적 경험, 실증적 지식, 이성적 사유, 논리적 이치에 의해서 뒷받침되어 있기 때문이다. 종교적 세계관과 보다 더 분명히 차별할 수 있고 마땅히 차별되어야 하는 형이상학적 세계관의 대표적인 예로는 피타고라스, 플라톤, 데카르트, 스피노자, 칸트, 헤겔, 마르크스, 니체, 화이트헤드, 베르그송, 사르트르 등의 서양사상사를 장식한 철학자들을 들 수 있다. 피타고라스는 자연·우주 안의 모든 존재를 비물질적, 영원불변한 추상적 실체로서의 수數로 환원하여 가시적인 모든 현상을 설명하려 했으며, 플라톤은 수많은 범주에 속하는 형상적 존재들이 물질적이고 감각적인 존재가 아니라 그것의 원형인 영원불변한 관념적 실체인 '이데아'의 무수한 복사물로 설명했다. 그에 의하면 실체의 본질은 물질적인 것이 아니라 관념적이라는 것이다. 일원론적 형이상학을 유지한 플라톤과 달리 데카르트는 존재하는 모든 것의 세계를 시간과 공간에 묶여 있는 물질과 그러한 차원 밖에서 자유롭게 존재하는 정신으로 양분함으로써 이원론적 형이상학에 토대를 둔 세계관을 주장했다. 그렇게 함으로써만 생각하는 인간은 자신의 본질의 유일성을 이해할 수 있다고 믿었기 때문이었을 것이다. 스피노자, 헤겔, 마르크스, 니체, 화이트헤드, 베르그송, 메를로-퐁티는 각기 나름대로의 관념적 혹은 유물론적 아니면 그 둘을 절충한 일원론적 형이상학적 세계관을 세웠으며, 칸트와 사르트르는 데카르트의 전통을 따라 이원론적 세계관을 지켰다.

그러나 위의 여러 가지 형이상학적 세계관들 가운데 우리의 철학적 비판에서 자유로운 것은 하나도 없다. 그중 어느 하나도 우리가 관찰하는 사실들, 부딪치는 사건들, 우리들 자신의 허다하고 다양한 경험들을 정연하고 일관성 있게 설명해주지는 못한다. 그것은 위와 같은 세계관들이 고대 그리스의 소피스트들에게서 시작하여 20세기 논리실증주의자들의 비판을 거치고, 후설과 하이데거를 통과해서 데리다의 철학적 해체에 이르기까지 끝없이 철학자들 간의 논의 대상이 되는 사실로서도 알 수 있다.

이러한 사실은 만족스러운 세계 전체의 그림, 즉 세계관은 존재하지도 않고 할 수도 없다는 것을 의미하는가? 바로 이런 맥락에서 위와 같은 물음에 부응하는 올바르고 참신한 대답으로서 과학은 자신의 고유한 세계관을 들고 나타났다.

3) 과학적 세계관

근대과학의 탄생, 과학적 지식의 급격한 발달, 그러한 발달이 동반한 기적에 가까운 과학기술의 팽창에 힘입어 몇 천 년을 지배해온 종교적 세계관과 그 뒤를 이어 인류를 지배해왔던 철학적 세계관은 크게 흔들리고 붕괴의 위협을 받게 되었다. 그렇다면 과학적 세계관은 무엇이며, 그것은 위기에 처한 가운데도 오늘날까지 인간의 삶에 깊이 뿌리박고 있는 종교적 및 철학적 세계관과 어떻게 다르며, 과연 비판적 테스트를 통과하여 가장 바람직한 세계관으로 받아들여질 수 있을까?

과학적 세계관은 비의인적 세계관이라는 점에서 종교적 세계관과 다르고, 다른 한편으로는 철학적 세계관과 동일하다. 과학적 세계관은 세계를 구성하는 화학물질, 식물, 생물, 동물, 인간, 인간의 정신, 그 정신이 만들어낸 문화현상 모두가 한결같이 무한히 미세한 비인격적 물질로 환원되며, 그 모든 것의 작동이 궁극적으로 신과 같은 초월적 힘의 개입에 의해서가 아니라 기계적 인과법칙에 의해서 설명된다고 전제하는 점에서 종교와 다르다.

그리고 과학적 세계관은 철학적 세계관과 다음과 같은 세 가지 점에서 동일하다.

첫째, 과학적 세계관이 주장하는 세계의 궁극적 실체들로서의 자연을 구성하고 지배하는 비인격적 인과법칙과 실체들은 신이나 인격적 존재가 아니다. 뉴턴이나 아인슈타인을 비롯한 허다한 종류의 과학적 실체와 이론들은 모든 현상을 보이지 않는 가설적으로 이론화되며, 잠정적으로만 가정할 수 있는 자연의 법칙, 원리, 구조 즉 그림이라는 점에서 철학적 세계관에서 언급되는 이데아, 원체·본질substance, 절대정신Geist, 브라만Brahman, 공空, 기氣 등과 같은 이름의 실재reality와 음양陰陽, 도道, 이理, 카르마karma, 형이상학적 일원론, 이원론, 다원론 등과 같은 철학적 세계관, 즉 형이상학과 동일하다.

둘째, 과학적 세계관이 보여주는 세계의 그림, 즉 존재-실재가 지각으로는 상상도 할 수 없이 추상적이라는 점에서 철학적 세계관과 동일하다. 이 두 세계관의 추상성은 추상화에서의 추상성과 동일하다. 과학적 세계관과 철학적 세계관은 세계·자연·존재의 본질, 즉 진리에 충실하고 객관적 인식과 재현을 목적으로 하는 회화가 그러한 추구의 과정을 거친 후 현대미술에 이르러 세잔, 칸딘스키, 클레, 밀레비치, 몬드리안과 같은 대상의 모든 구상적 속성을 걷어내고 그것의 추상적·관념적·비가시적 본질을 드러내고자 했던 추상미술 작품의 의도나 구조에서 너무나도 유사하다. 추상미술이 보여주고자 했던 것은 표상 대상의 존재론적 본질이 추상적이고 관념적이라는 것이다. 마찬가지로 철학적 세계관이 말하는 이데아, 실재세계, 절대정신, 영혼, 원체, 선험성, 형이상학적 일원론 혹은 이원론, 도, 윤회 등이나 과학적 세계관에서 말하는 인과법칙, 만유인력, 존재와 인식의 상대성 등도 감각적 경험과는 전혀 상관없는 비가시적인 추상적 존재다.

셋째, 과학적 세계관은 우주 전체 즉 '존재하는 모든 것'을 지칭하는 말로서의 '우주'를 원천적으로 지각할 수 있는 것으로 현세적·자연적·비인격적 물질을 전제하며 그것의 다양한 작동을 인격적 존재의 의지가 아니라 이성으로 접근하고 개념적으로 파악하여 논리적으로 추론하는 추상적인 원리와 법칙의 작용으로 설명한다는 점에서 형이상학적 세계관과 뚜렷하게 다르지 않다.

이처럼 형이상학적 세계관과 과학적 세계관이 지극히 추상적이라는 점에서는 동일하지만 결정적 차원에서는 많이 다르다. 전자가 사념적 사고와 사색의 산물인 데 반해서 후자는 철저하게 경험적 실증과 논리적 사고에 바탕을 둔 산물이며, 전자의 진/위가 논리적으로나 실천적으로 입증할 수 없는 데 반해서, 후자는 객관적 논증이 가능하며, 지식으로서의 전자가 폐쇄적이고 독단적이라면, 후자는 개방적이고 수정 가능하다는 점에서 사뭇 다르다.

지식이 진리의 발견이며, 진리가 단순한 감성의 신념이 아니라 근거가 있는 신념이며, 신념의 근거가 되는 잣대는 개인의 주관적 느낌과 선언이 아니라 모두가 공유할 수 있는 이성적 경험과 논리라고 인정한다면, 과학적 지식과 세계관만이 지식에 속하고 과학적 방법에 의해서 도출된 세계관만이 참다운 지식이요 믿을 만한 진리로 볼 수 있다. 더 단도직입적으로 말해서 수학이나 논리가 아니라 구체적 세계·자연·우주·존재에 관해서 오직 과학만이 지식과 진리를 말할 수 있으며 그 밖의 종교, 형이상학의 영역에서 말하는 지식과 진리는 단순한 선언이나 구호일 뿐이라는 주장이 나올 수 있다. 기적에 가까운 과학기술의 성과는 과학지식에 관한 위와 같은 권위와 영광을 부여하기에 충분한 근거로 보인다.

그러나 궁극적으로는 과학도 종교나 형이상학과 마찬가지로 진리 발견의 방법으로는 미흡하다. 종교가 전제하는 대상은 그것의 초월성과 의인적 특성 때문에 구체적으로 무엇인지를 명석하게 파악할 수 없고, 종교가 그러한 대상을 서술하는 데 사용하는 언어의 의미는 절망적으로 애매모호하다. 철학(형이상학)적 지식은 탈의인적이라는 점에서 종교적 지식보다는 한 단계 진보했다고 할 수 있겠지만, 과학적 지식보다 못하다. 그러나 과학이 보여주는 것도 그 인식대상 자체, 즉 구체적 세계가 아니라 의과대학 교실에 진열된 인간의 모형이나 표본과 다를 바가 없다. 이는 과학적 인식을 통해서도 인간 일반은 물론 특정한 인간조차 정말 알았다고 할 수 없기 때문이다. 박 서방의 엑스레이 사진은 결코 박 서방일 수 없기 때문이다.

그래서 아쉽게도 과학은 앞으로도 종교가 말하는 세계를 밝힐 수 없으며, 지금까지 과학적으로 설명할 수 없다고 전제된 신, 생명, 인간의 출현, 의식, 자유의지 등과 같은 형이상학적·철학적 문제를 풀 수 있으리라는 것도 기대할 수 없다. 그렇다면 과학 말고 과학보다도 뛰어난 지식 생산의 양식은 없으며, 과학이 미칠 수 없는 더 높고, 깊고, 정교한 지식 생산의 방법은 없을까? 이러한 물음을 던지는 것은 바로 예술이며, 플라톤과는 정반대로 많은 예술가나 철학자들은 오로지 예술만이 그러한 진리, 정말 있는 그대로의 세계를 인간에게 보여준다고 주장해왔다. 정말 맞는 주장인가?

4) 예술적 세계관

근대 이후 종교·철학·과학 그리고 예술은 각각 초월적·형이상학적·실증적 인간의 서로 다른 원초적 측면의 필연적인 표현으로써 각각 인간의 영생에 대한 소망, 세계에 대한 체계적 인식에의 의지 및 내면의 정서적 표현을 위한 불가피한 본능의 징조로 볼 수 있다. 하지만 위와 같이 구별될 수 있는 형태로 발전된 네 가지 인간정신의 영역들은 원래부터 따로 있었던 것이 아니라 신화와 시의 형태를 갖춘 노래, 춤이 통합된 예술로서 종교적·명상적·인식적 및 예술적 기능을 종합적으로 했던 것이 아닌가 한다. 근대에 들어서 언제부터인가 예술은 초월적·자연적 세계의 객관적 사실의 지적 탐구나 재현이 오로지 인간의 주관적 감정과 경험의 표현으로서 진/위 판단의 지적 평가대상이 아니라, 그 대상에 대한 미/추 판단의 정서적 반응에 지나지 않는 것으로 스스로의 정체성을 규정하여 종교·철학 및 과학적 영역과 차별화해왔다. 예술의 기능은 플라톤·아리스토텔레스 식의 모방 즉 객관적 대상의 재현이다. 인간의 내면적 정서 표출 혹은 표현의 구조물로 인식하게 되었다.

이처럼 예술이 진리 탐구라는 기능으로부터 스스로를 완전히 분리했음에도 불구하고 예술은 객관적 세계의 새로운 발견, 즉 진리라는 지적 탐구 대상의 기능으로부터 완전히 자유롭지 못해왔다. 플라톤·아리스토텔레스적 예술모방론은 어느 시대, 어느 예술가, 어느 예술작품에서도 완전히 소멸되지 않았고 그럴 수도 없다. 예술작품은 그것이 어떤 미디어를 사용하든 그리고 어떤 예술관을 갖든 필연적으로 무엇인가의 재현이며, 표현이며, 구조인 만큼, 재현대상에 비추어본 진정성·정확성·인지적 충실성·진실성의 고려에서 자유로울 수 없다. 모든 예술가들의 깊은 내면에는 예술의 인지적 기능이 종교·철학·과학에서의 인지적 기능보다도 더 중요하다는 입장이 전제되어 있으며, 모든 예술비평가들의 예술작품의 의미 해석과

가치 평가에도 알게 모르게 깊이 뿌리박혀 있다. 낭만주의자
들이나 모더니스트, 초현실주의자, 현대 추상미술가와 시인들
은 각기 미술과 시를 비롯한 모든 장르의 예술이야말로 종교·
철학·과학이 도달할 수 없는 존재의 가장 깊고 중요한 진리를
가장 충실하고 정확하게 재현할 수 있다는 신념을 무의식 속
에 간직했다고 나는 확신하고, 그들의 주장에 일리가 있다고
나는 믿는다.

  예술적 인식, 예술적 세계관의 예술적 표현은 철학이나 과
학처럼 추상적 언어가 아니라 구상적이고 감각적인 인식에 초
점을 맞춘 언어라는 점에서 예술적 존재의 재현은 철학이나 과
학적 언어로 보는 세계, 인식대상으로서의 모든 존재의 추상성
과 그것이 동반하는 사실과의 불일치성 및 삭막함을 극복할 수
있다고 주장할 수 있다. 하지만 이러한 주장은 '세계인', '대
상', '인식', '진리'라는 개념들에 대한 새로운 해석과 정의를
전제한다. 이와 같이 전제된 개념적 작업이 완성되지 않는 한
예술의 위와 같은 인지적 기능은 쉽게 이해되지 않는다.

3. 모든 것들 간에 존재하는 경계선의 애매모호성과 존재-의미 매트릭스 자체의 존재론적 및 의미론적 애매모호성

인간은 필연적으로 언제나 인식주체로서의 대상을 x, y, z로 관념화하여 인지한다. 언제나 세계는 인식주체로서의 인간이 관념·개념·언어적으로 리모델링, 즉 재구성한 객관적 존재를 지칭한다. 이 같은 세계의 재구성은 자연과 인간의 서로 뗄 수 없이 얽힌 관계의 구조적 모태로서 존재-의미 매트릭스를 반영하는 동시에 바로 그 매트릭스의 창조다. 이 매트릭스 밖에는 '존재'나 '인식'이라는 개념조차 전혀 무의미하다. 왜냐하면 그 매트릭스는 모든 개별적이고 구체적인 존재들이나 관념들은 물론 '존재'나 '관념'이라는 아주 일반적 개념들이 어떤 의미와 어떤 형태를 논리적으로나 경험적으로 가질 수 있는 가장 기본적인 조건이기 때문이다. 다시 말해서 존재-의미 매트릭스는 세계의 모태이자 중심이며, 척도이자 형태다. 왜냐하면 오로지 인간만이 자기 반성적 의식을 갖고 언어를 사용하는 인식주체라는 점에서 존재-의미 매트릭스로서 존재한다.

　인식주체로서의 인간은 한편으로는 존재론적·생물학적·물리적으로 뗄 수 없이 얽혀 있고, 다른 한편으로는 의미론적·개념적·논리적으로 분리되어 있지만, 그 두 가지 관계들 사이에는 그것들 간에 존재하는 거리의 크고 작음에 따라 거의 무한한 차별이 존재한다. 이러한 차이는 인식주체로서의 인간의 의식이 지니는 생물학적 발달상황의 단계 혹은 의식의 긴장상태에 따라 무한히 다양하게 투명성/모호성의 정도 차이로 구별이 가능하다. 프로이트가 인간의 의식을 몇 가지 단계의 발달과정으로 나누어 설명한 것처럼 한 단계에서 한 인간의 투명/몽롱상태도 몇 단계로 구별할 수 있다.

　중요한 것은 예술에서의 창조적 상상력이 과학에 앞서 온다는 사실이다. 우리는 신화와 문화 그리고 예술이 먼저 길을 트고 과학은 늦게 온다고 믿는다. 발견의 맥락은 정당화의 맥락에 언제나 선행한다. 그러나 진리 발견의 서로 다른 모델로서의 예술·종교·형이상학 그리고 과학은 완전히 배타적이 아니라 상호침투적이고 보완적이며, 존재·우주·지구·자연·인간·영혼·문화를 총칭하는 개념으로서의 '세계'를 다양한 구조적 측면에서 다양하게 각기 나름대로 조명하고 구성해서 인식한다. 이런 점에서 이것들은 세계라는 단 하나의 '유토피아적 둥지'의 끊임없는 리모델링 작업에 속해 있으며 세계관 구조

과정의 각기 다른 측면과 단계로 볼 수 있다. 그리고 이러한 둥지 틀기, 즉 자연·우주·존재의 다양한 인식양식과 과정으로서의 예술적·종교적·형이상학적·과학적 세계관들은 인간과 자연 간의 관계의 다양한 구조적 차원을 지칭하는 '존재─의미 매트릭스'라는 다양한 차원의 필연적 반영으로 설명될 수 있다. 그와 동시에 역으로 인간과 자연의 다양한 인식적 관계를 결정하는 존재─의미 매트릭스는 인식의 원초적 구조를 확인해준다.

그러나 위와 같은 사실들에서 우리는 적어도 두 가지 결론을 도출할 수 있다. 하나는 자연·우주·존재의 위와 같은 대표적 세계인식 양식으로서의 예술·종교·형이상학·과학 가운데 그 어느 것 하나 만족스럽지 못하다는 사실이다. 다시 말해 완전한 자연·우주·존재에 대한 완전한 그림이나 완전한 세계관은 존재할 수 없다는 사실이다. 또 다른 결론은 세계인식 양식의 대표적인 것들로서의 종교·철학·예술 및 과학의 학문적 경계가 절대적이 아니라 애매모호하며 편의적으로 설정된 것으로서 각기 그것들 사이에는 이론적으로 서로 다른 무한한 종류의 다른 인식양식이 존재한다는 사실이다. 그리고 다양한 인식양식들 간의 경계선의 위와 같은 불투명성은 우리가 지각적 차원에서 관찰하고 발견할 수 있는 무한한 수의 사물현상들 간의 경계선, 예를 들어 물과 바위, 나무와 동물, 도마뱀과 악어,

가지와 고추, 침팬지와 인간, 흰색과 검은색들을 비롯한 모든 존재들 간의 존재론적·형이상학적 경계가 궁극적으로 희미함을 말해준다.

5장

●

존재의 범주

사물들 간의 경계

The Onto-Semantical Matrix

1. 존재와 인식 및 전체와 부분과의
   상호의존적 역동관계

'있음存在'과 '앎認識'은 동일하지 않다. 그러나 그것들은 논리적으로나 인과적으로 서로 뗄 수 없이 얽혀 있다. '있지 않은 것'을 인식한다는 것이 말이 되지 않는다면 그와 똑같은 이유에서 인식되지 않는 것을 '있다'라고 하는 말도 역시 말이 되지 않는다. '존재'는 곧 '인식된 세계'이고, 세계는 '날것' 즉 순수한 '자연'의 발견이 아니라 인간의 의식에 의해 '요리된' 만들어진 제품 즉 '문화'에 속한다. 존재와 인식은 상호의존적이다.

이러한 논리는 전체와 부분의 관계에도 똑같이 적용된다. 우주·세계라는 낱말이 총체적 존재 전체를 지칭하는 개념이고, 그것을 구성하는 부분들을 전제하지 않는다면 그 낱말의 의미는 공허하다. 은하계들, 별들, 블랙홀, 태양, 지구, 달, 생물, 식물, 동물, 인간, 사회, 사유, 활동 등 문자 그대로 완전히 아무것도 없는 '공空'으로서의 우주·세계·실체라는 낱말도 전혀 무의미하다. 역으로 크던 작던, 거시적 차원에서든 미시적 차원에서든 우리가 무엇인가 특정한 것에 대해서 말하는 한 우리는 이미 그것이 전체의 일부분이라는 사실을 전제한다. 우리가 유일한 존재론적 총체로서의 우주·세계를 말하든, 아니면 오로지 그 안의 일부, 더 극단적으로 작은 단 하나의 어떤 것만을 말하든 우리가 무엇인가를 말할 때 우리는 언제나 이미 우리가 말하고자 하는 대상과는 다른 무엇에 대해서도 간접적으로 언급한다. 인식의 경우이든 존재의 경우이든 모든 것들은 단독적으로 존재하지도 않으며 그렇게 사유될 수도 없다. 존재 혹은 대상이나 그에 대한 인식 혹은 사유는 서로 복잡하게 얽히고 엉켜서 무한히 복잡한 관계 속에서만 가능하다. 한편으로 우주·세계를 구성하는 개별적 현상, 존재들의 인식은 궁극적으로 우주·세계의 총체적 인식에 의존해야 하며, 똑같은 이유에서 우주·세계의 인식은 그것을 구성하는 무수한 종류의 부분적 현상들의 인식에 의존해야 한다.

2. 작품으로서의 세계와
재료로서의 개별적 현상의 범주

인간이 보고 느끼고 대하는 우주는 발견의 대상으로 순수한 사물 자체로서의 그냥 존재가 아니라 이미 인간의 손에 의해서 재구성되어 구축된 제작품이다. 세계라는 작품의 총체적 이름은 인간의 의식 밖에 있는 단 하나의 존재로 파악된 '우주'이며, 그 우주라는 재료는 흔히 초월적 및 현세적, 영적 및 물질적인 것으로 양분되어 각각 신비주의적 및 자연주의적, 의인적 및 기계론적 두 가지 다른 범주로 양분되고 각각 종교적 세계관과 과학적 세계관으로 재구성된다. 종교적 세계관과 과학적 세계관은 그 속에 존재하는 초월적 존재들의 종류의 수, 그런 존재들의 작동 원리를 어떻게 보느냐에 따라 수많은 종류의 종교적 세계관으로 나누어지고, 물리학·천문학·인류학·심리학 및 윤리학 등의 학문은 나름대로의 세계관으로 나누어지고 구성하며, 각기 학문 내의 다양한 이론들은 더 작은 단위의 세계관을 일군다.

위와 같은 여러 가지 세계관들 가운데 어느 곳에서도 빠질 수 없는 재료의 예로서 지구라는 자연은 다시 산, 바다, 하늘, 물, 바위, 흙, 생물, 식물, 동물, 인간 등 점차적으로 작은 단위의 재료들로 세분되어 파악될 수 있다. 그리고 그런 세계관의 재료의 일부로서 인간은 생물학적 및 문화적, 혹은 개인적 및 사회적으로 한 단계 더 작은 재료들의 범주로 다시 분류될 수 있다. 이러한 방식으로 우주·세계라는 작품을 구성하는 재료는 점차적으로 무한에 가까운 수의 작은 존재론적 범주로 분류하여 설명할 수 있다.

그렇다면 우주 혹은 자연은 어떻게 그리고 얼마나 많이 독립되고 개별적인 종류로 분류될 수 있는가? 아니 우주 혹은 지구에는 무엇이 있으며, 그것은 각각의 세계를 구축하는 데 어떤 역할을 하는가? 도대체 무엇인가가 '있다'라는 말은 정확이 무엇을 의미하며, '있는 것'은 어떻게 세계관의 재료가 되는가? 대답이 쉽지 않다. 그 종류의 수는 얼마나 되는가? 아니 '무엇'이라는 말, '있다' 혹은 '없다'라는 말의 정확한 뜻은 무엇인가? 이런 물음에 대한 대답이 쉽지 않지만 한 가지 확실한 것은 '있는 모든 것'을 통칭하여 우주라고 말할 수 있다면 그것은 공간적으로나 시간적으로 무한히 방대하고 영원하며, 무한에 가까운 많은 수의 무엇인가로 구성되어 있다는 것이다. 무엇이 있다는 말이 그것의 발견, 즉 앎이나 인식을 전제한다면 인식은 어떤 조건에서 가능한가?

한 대상의 지각 혹은 인식은 그것과는 다른 대상들, 즉 타자와 구별할 수 있는 그 대상 고유의 불변적 동일성 혹은 정체성 identity을 전제로 하며 그것의 발견과 인정을 의미한다. 한 개별적 존재의 인식은 곧바로 그 자신과 다른 개별적 존재들과의 차별 인식으로써만 가능하다. 우주가 관념적으로 인식될 때 다른 무엇과의 구별과 비교가 논리적 관점에서 원천적으로 배제된 '존재 전체'라면 그것은 인식대상이 아니라 오로지 인식의 가장 일반적 배경으로서의 전제조건에 불과하다. 우주 안에 있는 개별적 존재만이 인식대상이 될 수 있다. 우주 내부에는 무한에 가까운 수의 무엇인가 존재하며, 그러한 우주 안에는 소우주, 즉 또 다른 우주가 존재한다고 현대 천문학과 양자역학은 알려준다. 그것들 안에는 무엇이 존재하며, 그것들은 어떤 것들로 어떻게 구성되어 어떻게 작동하는가?

우리가 지금까지 알고 있는 단 하나의 우주만 하더라도 그 안에서 거시적 차원에서나 미시적 차원에서 헤아릴 수 없이 많은 것들을 지적할 수 있다. 거시적 차원에서는 밤하늘을 장식하는 무한에 가까운 별들과 은하계를 포함해서 태양, 달, 화성, 토성, 금성, 지구, 산맥, 해양, 무기물, 돌, 물, 유기물, 생명, 식물, 동물, 유인원, 인간, 에너지, 공간, 시간, 빛과 어둠, 다양한 색과 소리 등과 같은 존재를 예로 들 수 있다. 미시적으로 보자면, 거시적으로 구별된 물질이나 생명들은 화학에서 말하는 원소들로, 그러한 원소들은 다시 양자역학에서 말하는 분자, 전자, 뮤온, 메존, 광자, 글루온, 립톤, 쿼크 등의 극히 미세적 물질로 아직도 계속해서 백만 가지, 아니 몇 조의 개별적 존재로 세분되어가는 과정에 있다.

위와 같은 근대과학적 우주의 구성물의 종류와 수에 관한 이론에 훨씬 앞서 철학자 플라톤은 지각적으로 관찰할 수 있는 모든 현상을 비롯해서 관념적으로 생각할 수 있는 수학적 존재들의 본질을, 감각적 물리현상이 아니라 이성으로만 파악할 수 있는 '이데아'라고 생각하였고, 라이프니츠는 우주를 그가 '모나드monad'라고 이름을 붙였던 형이상학적 최소의 무한수의 미립자, 즉 극한적으로 작지만 각각 개별적으로 서로 다른 것들과 인과적 관계없이 서로 독립적으로 존재하는, 물질도 관념도 아닌 무한수에 가까운 존재들의 집합으로 보았다.

위와 같은 사실은 과학이든 철학이든, 현대든 고대든 우주 안에 존재하면서도 그것을 대상화하는 인식주체로서 인간은 우주를 구성하는 존재들을 무엇 무엇들의 구성물로 인식해왔고, 그러한 인식을 위해 주변의 혼돈스러운 현상들을 어떤 식으로든 서로 구별해왔다는 것을 알 수 있게 한다. 인간이 존재하는 여러 가지를 서로서로 구별해야 했던 것은 생존을 위해서 자신의 주변을 알아야 했기 때문이다. 어떤 대상을 안다는 것은 그것을 다른 지각대상들과 차별화한다는 것을 의미한다.

우주를 구성하는 것들에 대한 일반적 이론을 존재론이라 부를 수 있다면 현대 자연과학의 존재론과, 플라톤이나 라이프니츠 등에서 볼 수 있는 것과 같은 전통적 철학의 존재론은 양립할 수 없다. 왜냐하면 두 존재론은 서로 다르기 때문이다. 서로 다른 주장, 견해, 설명, 이론이 다 같이 틀릴 수는 있지만 두 주장이 동시에 참일 수 없다. 때문에 우리는 우주를 구성하는 존재들의 종류와 수에 관한 위와 같은 두 가지 우주론의 진/위에 관한 검토와 판단이 필요하다. 그러나 내가 여기서 현대 자연과학의 우주론과 플라톤이나 라이프니츠에서 볼 수 있는 전통적 서양철학에서 볼 수 있는 우주론을 길게 언급한 것은 그것들의 진/위를 밝혀내는 것이 중요해서가 아니라 존재의 '범주', 다시 말해서 한 대상의 존재와 다른 대상을 구별하는 경계선의 설정 문제, 더 정확히 말해서 한 대상의 설정과 그 대상의 '범주'의 관계가 제기하는 존재론적 범주의 철학적 검토가 중요하기 때문이다.

3. 우주·자연·세계를 구성하는 수많은 존재의 기원과 존재의 보편자와 개별자

존재론적 범주의 문제는 우주를 '자연'과 '문화'라는 서로 대립되는 범주에 묶고, 어떤 동물들을 가령 '개구리'나 '두꺼비'라는 서로 다른 동물의 범주로 분류하고, 지각적으로는 물론 생물학적으로 다른 남자와 여자를 '인간'이라는 동일한 존재론적 범주에 귀속시키기도 하며, 동일한 인간을 때로는 '젊은이' 혹은 '노인', '죄인' 혹은 '무죄인'이라는 서로 다른 범주로 분류하기도 한다. 똑같은 물질인데도 어떤 것은 '고체', '액체' 혹은 '기체' 등의 서로 다른 존재론적 개념으로 분류하는 등등의 행위는 합리적 근거를 분명히 해야 할 문제다. 지구상의 모든 인종이 서로 접촉, 교류, 소통하기 시작한 이후 서구에서 생긴 인류학은 인류를 크게 백인과 황인 및 흑인으로 구별하는 데 직관적으로 아무런 불합리성을 느끼지 않는다. 이러한 분류는 위와 같은 세 가지 다른 '색'의 구별이 일상적 차원에서 누구에게나 분명하다는 범주적 관점에 근거한다.

그리고 그것은 인류학적 인종 분류가 시작된 지 몇 세기가 지난 지금까지 세계 어느 곳에서나 누구에게나 익숙해져서 마치 객관적 사실로 인식되어 당연하고 자연스러운 자명한 진리로 여겨지게 되었다.

그러나 우리가 전혀 이상스럽게 느끼지 않는 많은 사물의 분류가 절대적인 자연의 객관성에 근거하는 것이 아니라 편리한 이유에서 오랫동안 사용해왔던 관습, 즉 인위적 구조물로서의 문화적 전통에 그 바탕을 두었다는 것을 잊어서는 안 된다. 어떤 개별적 사물이나 현상의 범주는 고정된 자연적 속성이 아니라 편의에 따라 그리고 관점에 따라 무한히 가변적인 범주이고 관념적 구조물이다. 사물 혹은 현상의 존재론적 범주는 고정된 것이 아니며 무한히 가변적이며 유동적이라는 사실을 발견할 때 우리들은 개념적으로 큰 혼란과 당혹감을 경험한다. 이러한 사실을 푸코는, 아르헨티나 출신의 환상적 소설가이자 사상가인 보르헤스가 언급한 고대 중국 백과사전에 기록된 동물의 분류 양식을 기록한 텍스트를 예로 들어 우리를 일깨워 준다.

푸코는 대표적 저서 『말과 사물』에서 자신이 그 책을 구상하게 된 결정적 계기에 관한 이야기를 시작한다. 그것은 서양적 사고양식으로는 도저히 상상할 수도 없는 방법으로 동물을 분류한 고대 중국의 백과사전에 관해서 쓴 보르헤스의 책과의 만남이었다. 내가 지금 쓰는 이 글을 구상하게 된 데에

푸코같이 결정적인 단 하나의 계기는 없었지만, 푸코의 책을 읽고 알게 된 보르헤스가 언급한 중국의 백과사전에서 언급된 동물 분류 방식이 제기하는 문제와는 뗄 수 없는 관계가 있다. 서양인들이 지금부터 약 200년 전 이러한 동물의 분류를 처음으로 접하고 경험했을 폭소와 황당함은 충분히 짐작되고도 남는다.

보르헤스가 언급한 중국의 백과사전에는 동물들이 다음과 같은 범주에 따라 분류되어 있다. ① 황제에 속하는 것, ② 향수를 뿌린 것, ③ 길들여진 것, ④ 우유를 내는 돼지, ⑤ 인어, ⑥ 환상적인 것, ⑦ 방임된 개, ⑧ 현재 이미 분류된 것, ⑨ 미친 놈처럼 정신 없는 것, ⑩ 수치로 계산할 수 없는 것, ⑪ 멀리서 파리같이 보이는 것 등으로 되어 있다. 위와 같은 동물 분류가 당혹스러운 것은 대상의 분류는 그 범주에 원래적으로 속하는 속성들의 관점에서만 논리적으로 의미가 있기 때문이다. 그런데 동물의 분류에 적용된 '황제에의 소속 여부', '향수의 뿌려짐 여부', '길들여짐 여부', '우유를 내는 돼지 혹은 아님의 여부', '경적警笛의 유무 여부', '환상적임과 아님의 여부' 그리고 '멀리서 파리같이 보이고 안 보이고 여부'는 동물의 범주를 규정하는 속성들과는 논리적으로 아무런 상관이 없다. 위와 같은 동물의 분류가 폭소를 자아내는 것은 그것이 논리에 너무나 어긋나는 것임에도 불구하고 문제의 중국 백과사전을 썼던 이들이 논리적으로 너무나 말이 되지 않는 것을, 마치 논리적 모순을 의식할 수 없는 어린아이가 그러하듯이, 말이 전혀 되지 않는 사실을 추호의 의심도 없이 순진하게 그대로 믿었기 때문이다.

하지만 오늘날 모든 사람들에게 너무나 황당하고 웃기는 이와 같은 고대 중국 백과사전의 동물의 분류는 생각을 바꿔볼 때, 오히려 동물의 구별과 분류, 그러한 분류에 전제된 사물들의 존재론적 '범주'의 의미, 한발 더 나아가서 우주를 구성하는 것으로 전제된 모든 사물·현상·존재들의 본질에 대한 비판적 사유를 새삼 유도하고 요청하는 중요한 구체적 사례로 볼 수 있다. 도대체 '사람', '동물', '물질', '정신', '원자', '학교', '책', '지구', '태양', '별', '은하', '고체', '액체', '신', '도깨비', '의식', '잠재의식' 등과 같은 존재론적 범주 개념들의 정체성은 무엇이며, 그것들 간의 경계선의 유무, 소재 및 구분에 관한 논리적이고 형이상학적인 근거는 무엇인가?

집단적으로 어느 인간 사회나, 개인적으로는 어느 인간이거나, 인간은 자신이 시각적으로 관찰하는 대상들을 보고 그것들을 가령 '사람'과 '침팬지', '산'과 '언덕'이라는 개념으로 묶어 서로 구별한다. 우리는 또한 길이를 '1센티미터'와 '0.1센티미터'로, 색깔을 '푸른색'과 '연두색'으로, 어떤 촉각적 경험을 '짠 것'과 '짭짤한 것' 등의 서로 다른 범주들로 묶어 다른 것들과 경계를 그어 분류한다. 그리고 이러한 구별은 의심할 수 없으며, 그러한 구별의 근거는 자명하다는 생각이 전제되어 왔다. 위와 같은 서로 다른 낱말들 간에 존재하는 개념적이고 논리적인 '의미'의 차이는 분명하다. 그러나 각기 다른 개념적 의미를 갖은 위와 같은 한 쌍의 낱말들이 지칭하는 각각의 대상들 간의 구체적 차이는 구별이 가능한가? 다시 말해서 구체적 사람과 구체적 침팬지 간의, 짠 것과 짭짤한 것 간의, 1센티미터와 0.1센티미터 간의 절대적으로 엄밀한 경계선을 그을 수 있는가? 만일 있다면 그것은 어디에 있으며, 만일 없다면 그것이 논리적으로 함축하는 철학적 결과는 무엇인가?

이런 물음에 대한 대답의 대표적 예들로는 플라톤의 이데아idea, 아리스토텔레스의 실체substance, 후설의 에이도스eidos 등과 같은 형이상학적인 영원불변한 고정된 실재reality의 개념을 들 수 있다. 이들의 철학에 내포된 세계관에 의하면 우주적 세계는 우리가 감각적으로만 접하고 경험할 수 있는 현상적·물리적 차원과 오로지 이성의 눈으로만 인지할 수 있는 비물리적 즉 형이상학적 차원으로 구성되어 있다. 전자가 혼돈 아니면 다수의 개별자the particular로 존재하는 허상appearance인 데 반해서 후자는 단 하나의 영원불변한 형태로 존재론적 경계선이 분명한 보편자the universal다. 우리가 경험적 차원에서 지각할 수 있는 많은 것들, 즉 산이나 바다, 돌이나 흙, 사람이나 동물, 개나 고양이, 흰색이나 회색들은 그것들이 각기 자신들의 이데아 혹은 실체 혹은 에이도스 등과 같은 모든 현상적 존재의 원형에서 파생된 그것들의 다양한 복사 아니면 반영이다.

이런 형이상학을 전제한다면, 세계관의 제작에 필요한 재료로 전제된 우주의 무수한 구조물은 객관적으로 영원히 존재하며, 우주의 원래적 모습과 똑같은 세계관을 가능하게 하는 그러한 구조물들은 인식 가능하거나 발견 가능하다. 그리고 여기서 진리인식의 잣대는 그 인식대상, 가령 '개'의 원형으로서의 이데아 혹은 본체 혹은 에이도스가 된다. 이러한 논리를 인정한다면, 우리는 무엇인가를 x, y, z 등의 여러 가지 존재론적 범주에 속하는 대상으로 알아냈다고 말할 수 있는 조건을 갖출 수 없다. 왜냐하면 인식적 구조상 인간에게는 x, y, z 라는 인식대상의 원형인 실체, 에이도스에 대한 인식을 원천적으로 차단당했기 때문이다. 우리가 비판적으로 바라볼 때, 플라톤, 아리스토텔레스, 후설 등과 같은 철학자들만이 아니라, 오늘날까지도 다른 분야의 많은 학자들이나 많은 일반 사람들이 자명한 사실이라고 확신하는 것과 달리 위와 같은 철학자들의 형이상학에 전제된 인식론, 진리관, 존재론은 다 같이 잘못된 것이었다. 그들이 위와 같은 형이상학을 꾸며내고, 그 밖의 사람들이 몇 천 년 동안 막연하게나마 그러한 형이상학을 추종했던 이유는 언어적 개념의 의미성semanticity, 의미의 보편성, 보편성의 관념성, 관념성의 추상성, 추상성의 동일성 혹은 정체성identity과 그러한 언어가 지칭하는 대상의 다수성과 구체성 간의 관계를 혼동했기 때문이다.

플라톤, 아리스토텔레스, 후설의 형이상학은 '인간-이데아', '인간-실체', '인간-에이도스'라는 인간-보편자를 전제로 하고 있지만 인간은 개별자로서만 존재하고 개별자로만 관찰될 수 있는 구체적인 생물체다. 때문에 이들은 사회적 인간들의 존재와 인식을 설명하는 것이 아니라, 정반대로 구체적으로 다양하게 존재하는 개별자로서의 인간들의 특징을 통해 추상적으로 단일하게 존재하는 인간-보편자의 범주를 결정한 것에 불과하다. 보편자, 즉 본질로서의 '인간-이데아', '인간-실체', '인간-에이도스'는 우주의 객관적 구성요소로서 실체로 존재하는 '것'이 아니라 인간이 지적 필요와 요구를 채워주기 위해서 머릿속에서만, 즉 생각과 말로만 꾸며낸 일종의 인위적 픽션虛構에 불과한 것이기 때문이다. 형이상학적 실재로 전제된 인간-이데아, 인간-실체, 인간-에이도스라는 형이상학적 보편자는 구체적 인간들의 인식적·범주적 근거가 아니라 그와 정반대로 후자가 전자의 바탕이기 때문에 전자는 후자를 설명하고 정당화할 수 없다.

그렇다면 후자 즉 세계를 구성하는 재료·속성으로서의 수많은 개별자들, 가령 은하계와 별들, 태양과 지구, 하늘과 땅,

산과 바다, 사람과 동물, 개구리와 두꺼비 등과 같은 자연의 범주에 속하는 존재와 현상, 그리고 도시와 마을, 공장과 연구소, 비행기와 기차, 대금과 가야금 등과 같은 문화의 범주에 속하는 무한수에 가까운 존재들의 원천과 그것들 간의 경계는 어떻게 결정할 수 있는가? 여기서 문제는 플라톤의 이데아, 아리스토텔레스의 실체, 후설의 에이도스와 같은 개별자의 원본으로서의 보편자가 원본이 아니라 개별자들을 재료로 사용해 만든 문화적 산물에 지나지 않는다는 사실에 있다.

최대 거시적 단위의 존재인 '우주'이든 아니면 최소 미시적 단위의 극미적 존재인 '쿼크'이든 상관 없이, 모든 의식대상은 인간의 지각적 혹은 이성적 의식이 미치는 순간, 즉 우리가 그것을 의식하고, 지칭하고, 말하는 순간 이미 주어진 '자연'으로서가 아니라 어느덧 의식에 의해서 제작된 '문화'로 변형된다. 어떤 대상과 그것 사이의 인식과의 위와 같은 난처한 관계는 탐욕스러운 미다스 왕의 손과 그 손이 닿는 순간 모든 것이 금으로 변하는 관계와 동일하다. 인간의 관점에서 볼 때 원본, 즉 인간에 의해 제작되지 않은 것은 존재할 수 없다. 이러한 상황에서, 철학이 궁극적으로 의도한 우주가 원래부터 있는 그대로의 '우주·세계'의 건축을 위해 재료로 사용되어야 할 원본이나 근원적으로 순수하게 '자연적'인 재료는 존재하지도 않고, 존재할 수도 없다. 그렇다면 철학의, 더 근본적으로 인간의 궁극적 꿈인 우주·세계의 관념적 건축은 논리적으로 처음부터 실현 불가능한 프로젝트다.

플라톤, 아리스토텔레스, 후설의 존재에 관한 형이상학은 그것들이 원래 의도했던 것과는 전혀 달리, 인식과 존재 간의 철학적 갈등을 해결하거나 단 하나의 전체로서의 존재 개념인 우주·자연·세계의 다양성을 설명해준 것이 아니라 오히려 그것을 더 큰 철학적 혼란 속에 빠뜨리고 있다. 이러한 혼란을 어떻게 진정시킬 수 있는가? 그것은 사물현상의 언어적·개념적 분류, 언어와 그것이 지칭하는 대상과의 관계, 인식과 존재의 관계, 더 일반적으로 말해서 사실적 차원과 관념적 관계를 옳게 파악할 때에만 가능하다. 그것은 새로운 존재론, 새로운 인식론, 새로운 언어와 인식 및 존재와 언어의 관계 등에 관한 새로운 철학적 사유를 요구한다.

그렇다면 인류 어느 공동체에서도 한결같이 실재하는 것으로 믿는 허다한 수의 자연적이고 문화적인 현상, 사물 및 사건들, '산', '바다', '사람', '침팬지', '흰색', '회색', '집', '자동차' 등의 개체적 존재의 보편자 그리고 단수로서의 '우주', '자연' 등의 존재론적 개념들과 그것들 간의 관계에 대한 재해석이 필요하다.

4. 세계관의 종류와 그 구조

1) 다원성과 일원성

세계관은 인간이 갖고 있는 우주 전체에 대한 총괄적 그림이다. 하지만 지각 속에 포착되는 자연적 및 문화적, 물리적 및 지적 세계는 한없이 복잡하고 무질서해서 물리적으로는 무질서하고 지적으로는 헷갈린다. 한 생물체의 생존이 주어진 환경에 대한 적응과 적용에 지나지 않고, 그러한 적응과 적용이 환경에 관한 최소한의 인식과 판단을 전제한다면 박테리아를 비롯한 모든 생명체는 그것의 폭이나 정밀성이나 투명성의 크고 작은 차이에도 불구하고 각자 나름대로의 세계관을 가졌다고 말할 수 있다. 그러나 우리가 그들과 언어로 세계관에 관해서 소통할 수 없는 한, 그들이 정말 세계관을 갖고 있더라도 그러한 것을 언급하는 것은 무의미하다. 세계관은 오직 언어를 갖고 사유하고 반성하고 소통할 수 있는 인간의 경우에만 의미를 가질 수 있는 개념이다. 어떤 경우, 어떤 때, 어떤 시대든 어떤 개인, 어떤 사회든 그들은 우주에 대한 나름대로의 포괄적이고 투명하고 정연한 그림으로서의 세계관을 갖고 있다.

그림은 무엇에 대한 그림이며, 그림을 그린다는 것은 그것이 최소한 두 개의 다른 것으로 구성된 것을 전제한다는 점에서 그림은 그 서로 다른 두 개의 서로 다른 점을 재현하는 작업이다. 만약 우주 안에 서로 구별할 수 있는 것이 전혀 존재하지 않는다면 우주의 그림은 그냥 백지로 남을 것이다. 백지로서의 그림 자체가 우주의 '그림'으로 인식될 수 있으려면 그 우주가 다른 우주와 구별될 수 있을 때에만 가능하다. 그러나 이러한 그림은 논리적으로 불가능하다. 왜냐하면 '우주'라는 개념 속에는 이미 그 밖의 다른 어떤 것의 존재 가능성이 논리적으로 배제되었기 때문이다. '단 하나의 존재 전체'의 개념으로서의 우주는 어떤 차원에서는 단 하나가 아니라 최소한 두 가지 종류 이상의 서로 다른 무엇의 형상으로서만 그림, 즉 세계관이 가능한 존재다.

세계관은 크게 두 가지 관점에서 기술될 수 있다. 첫째 그것의 시대적 및 문화적 여건과 같은 발생학적 관점에서 외재적으로 기술될 수 있다. 둘째 그것 자체의 분석 내용적 관점에서 내부적으로 기술될 수 있다. 첫째의 예로는 고대 및 현대, 동양과 서양, 종교와 과학 등의 이름이 붙은 세계관 등으로 비교적 간단히 언급할 수 있다. 하지만 두 번째 종류의 세계관에 대한 서술의 분류와 그 양식은 좀 복잡해진다.

　두 번째 경우의 세계관은 관례적으로 우주를 구성하는 형이
상학적 관점들에 따라 일원론, 이원론, 다원론으로 분류된다.
힌두교, 불교, 도교 등 동양의 전통적 세계관, 스피노자의 자연
철학, 헤겔의 관념론, 마르크스의 유물론, 니체의 권력의지로
서의 형이상학, 베르그송의 창조적 진화론, 후설의 현상학에
내재된 형이상학, 화이트헤드의 '과정으로서의 존재론' 그리
고 대부분의 과학자들에게 전제된 과학적 세계관들이 일원론
적 형이상학의 예가 된다면, 플라톤, 데카르트, 칸트 등의 철학
에서 볼 수 있는 세계관은 이원론의 예로 제시될 수 있다. 또한
다원론의 예로는 우주를 '창문 없는' 서로 분리된 독립된 무한
수의 '모나드'들의 집합체로 본 라이프니츠의 형이상학을 들
수 있다.

　우주를 구성하는 형이상학적 존재들의 수량의 관점에 따라
서 분류할 때, 우주의 그림 즉 세계관은 일원론의 경우에 한해
서 스피노자, 헤겔, 관념론과 유물론을 예로 들 수 있다. 하지
만 이원론의 경우에는 플라톤, 기독교, 데카르트, 칸트의 세계
관의 경우처럼 관념론과 유물론의 복합적인 것이 된다. 그리고
다원론의 경우에는 형이상학적 존재들의 구체적 내용에 따라
'무엇이라 정확히 언어로 규정할 수 없는', 즉 '이름 없는' 세
계관으로 분류할 수밖에 없다. 이 경우의 예로는 라이프니츠의

철학과 모든 서양의 유일신을 제외한 모든 종류의 애니미즘을 들 수 있다.

이때 서로 내용을 달리하는 다양한 세계관 그림들의 옳고 그름을 따지는 문제가 제기된다. 서로 다르다면 그것이 어떤 것들인지를 막론하고 두 가지 이상이 모두 옳을 수는 없기 때문이다. 그러면 옳고 그름을 어떻게 결정해야 하는가? 세계관들 가운데서 유일하게 옳은 것을 찾아내기 위해서 중요한 것은 먼저 우리가 어떤 대상을 인식할 때 그 대상과 다른 대상과의 차별을 전제해야 하는 것이다. 또한 그러한 차별은 그것의 본질적 규정을 전제하게 되며, 이러한 규정은 그것과 다른 것을 구별시켜주는 잣대 또는 규범의 기능을 하는 형이상학적 경계선의 설정을 전제한다.

플라톤, 아리스토텔레스, 데카르트, 후설, 사르트르의 철학을 비롯한 거의 모든 전통철학과 일반인들의 세계관에는 알게 모르게 위와 같은 사물들 간에 존재하는 형이상학적 경계가 전제되어 있다. 인간이든 동물이든 이들은 자신을 둘러싼 주변의 수많은 존재들에 대한 최소한의 인식을 전제하고 있으며, 그러한 존재들의 인식은 그것들 간의 존재론적 경계에 대한 인식과 동일하다. 우리는 우리를 둘러싼 수많은 것들을 '산'과 '바다'로, '개'와 '늑대'로, 어떤 색을 '희'거나 '검'거나 등의 이름으로 경계를 짓고, 우리 자신을 '육체'와 '정신', '몸'과 '마음'으로 구별함으로써만 각각 그것들을 지각하고 인식할 수 있기 때문이다.

그러나 메를로-퐁티가 보여준 바와 같이 그것들 간의 차이 즉 경계는 '인식론적·의미론적'으로는 분명하지만 '존재론적·형이상학적'으로는 애매모호하고, 인식론적·의미론적으로는 단절적이지만 존재론적·형이상학적으로는 연속적이다. '개구리'와 '두꺼비'라는 두 낱말들의 개념들이나 '푸른색'과 '연두색'이나 '몸'이나 '마음', '의식'이나 그 '대상', '물질'이나 '정신' 사이에는 본질적인 구별이 없다. 그것들 사이에는 개념적으로 서로 다른 분명한 질적 차이가 있고 분류될 수 있지만 실질적으로 그 차이는 본질적인 것이 아니고 양적인 것도 아니다. 메를로-퐁티의 표현을 빌리자면 모든 것들 간의 존재론적 관계는 애매모호하다. 이러한 세계관은 우주 안의 모든 존재들의 관계가 어느 상황에서도 언어로, 개념의 칼날로 정확하게 경계 지을 수 없다는 일원론적 세계관을 대표한다. 그러나 그의 일원적 세계관은 유물론적인 것도 아니며 유심론적인 것도 아닌 '야생적sauvage' 혹은 '날것brut' 등으로밖에는 달리 서술할 수 없는 독특한 것이다.

단 하나의 우주가 개념화·언어화·의미화될 수 없다는 뜻에서 '야만적' 혹은 '야생적'이라고는 하는 메를로-퐁티의 총괄적인 우주 비전은 어쩌면 니체가 그의 『권력에의 의지』에서 다음과 같이 서술할 수밖에 없는 세계관과 유사하다. 그것은 역동적이어서 그 정체를 정확히 잡을 수 없으며 x, y, z 등의 분명한 존재론적 범주 속에 고정시킬 수도 없는 혼란스러운 우주다.

'정신'도 '이성'도, '사유'도 '의식'도, '영혼'도 '의지'도 존재하지 않는다. 이 모든 것들은 쓸모없는 허구들이다. '주체와 객체'란 것이 따로 존재하지 않는다.… 이 세계는 시작도 끝도 없는 무시무시한 에너지일 뿐이다. 그것은 커지거나 작아지지도 않고, 팽창하지도 않지만 오로지 변신하는 굳건하고 쇠같이 강한 힘일 뿐이다.… 이 세계는 권력에의 의지일 뿐—그 외에는 정말 아무것도 없다! 그리고 당신들 자신도 역시 이 같은 권력에의 의지일 뿐—그 밖의 아무것도 아니다!

우주의 총체적인 원초적 모습에 관한 메를로-퐁티와 니체의 위와 같은 반이성적·반플라톤적 비전은 '로르샤흐의 우주적 잉크 얼룩'의 예로 비유할 수도 있다. '로르샤흐의 잉크 얼룩Rorschach Ink Blot'이란 종이 위에 잉크를 엎질러서 만든 얼룩을 지칭한다. 그것은 심리학자 로르샤흐가 인간이 어떤 시각적 대상 앞에서 무엇인가 구체적 대상을 읽어내는 방식을 과학적으로 테스트하기 위해서 고안한 심리학적 실험장치다. 형태가 애매모호하고 혼란스러운 동일한 잉크의 얼룩을 보고 사람들은 서로 다른 사물이나 현상들의 상징 혹은 재현으로 그것을 인식한다.

이러한 실험의 결과가 객관적 사실이었다면 그것은 인간의 지각인식이 그 대상에 의해서 결정되는 것이 아니라 지각 인식자의 심리적 상태 즉 주관적 성격에 의해서 크게 지배됨을 의미한다. 이러한 사실로부터 좀 더 확대해서 유추해낼 수 있는 것은 인간의 세계인식이 세계를 있는 그대로 반영한 것이 아니라 인간의 주관에 의해서 제작된, 재구성한다는 것이다. 이러한 사실은 인간의 의식 및 인식대상과의 관계에 대한 칸트 이전의 플라톤적 전통의 인식론이 자명한 것으로 믿어왔던 신념들을 완전히 전복시킨다. 의식은 수동적으로 그 대상을 반영하는 거울이 아니라 적극적으로 요리해서 배를 채우는 위장胃腸에 비유할 수 있으며, 사물의 발견이 아니라 제작이다. 우리가 지각적으로나 개념적으로 의식대상들 간에 경계를 설정하고, 서로 다른 존재론적 범주로 분류하는 것은 자연적인 것이 아니라 문화적 활동이요, 우리가 분류하는 많은 것들은 자연 그대로가 아니라 인위적 조작의 산물이다. 개구리와 두꺼비 혹은 사람과 침팬지의 구별과 그것들 간의 경계선의 설정, 자연과 문화 혹은 물질과 정신 간의 구별은 절대적이 아니다. 절대적인 존재론적 경계선은 절대적으로 존재하지 않는다. 우주 안에 있는 모든 서로 다른 것들 간에는 절대적인 대립적 경계나 차이가 존재하지 않으며, 그것들 사이에는 순환적이며 상호의존적이고 상호보완적인 관계만이 존재한다.

우리의 몸과 마음이 살아 있는 단 하나의 인간의 서로 융합될 수 없는 두 가지 속성인 것과 마찬가지로, 자연과 문화도 단하나의 우주의 서로 융합할 수 없는 두 가지 존재를 전제한다. 그러나 몸과 마음이라는 두 가지 대립적 속성에 대한 인정과 구체적 인간은 단 하나의 유기적 존재라는 신념이 양립할 수 없듯이, 자연과 문화라는 우주 안의 두 가지 존재에 대한 인정과 단 하나의 우주라는 신념도 양립할 수 없다. 몸과 마음의 존재론적 갈등관계가 영원한 철학적 화두의 하나였다는 것이 우연이 아니라면, 자연과 문화의 존재론적 갈등관계에 대한 철학적 해답을 요청하는 것은 당연하다. 레비스트로스와 촘스키는 인류학적 차원과 언어학적 차원에서 단 하나의 우주 안에 존재하는 자연과 문화라는 개념들 간에 존재하는 철학적 갈등을 풀려고 시도한 바 있다. 레비스트로스는 문화에 대해 인간이라는 동물이 그 밖의 모든 동물을 포함한 존재의 총칭인 자연과의 차별을 확인하려는 의도로 자연의 물리적 인과법칙과 구별되는 규범을 만들어 그 법칙에 스스로를 구속하기 시작함으로써 탄생되었다고 설명한다. 또한 촘스키는 자연과 대립되는 문화의 모형으로 들 수 있는 언어적 규칙의 근원적 원천이 궁극적으로는 인간의 생물학적 진화과정, 즉 자연현상에 의해서 결정된 것으로 설명한다. 그러나 그들이 제안한 자연과 문화 간에 존재하는 철학적 갈등의 해결방식에는 똑같은 순환적 논리의 오류가 있다. 레비스트로스의 경우 문화가 자연과 스스로를 차별하려는 인간의 본능 즉 일종의 자연에서 나왔다면, 그러한 본능이 원천적으로 자연현상이라는 그의 설명은 자연과 문화의 구별에 대한 설명이 아니라 자연에 의한 문화의 흡수를 의미하기 때문이다. 똑같은 문제가 촘스키의 주장에서도 지적될 수 있다.

이러한 사실은 몸과 마음의 관계가 그러하듯이 자연과 문화가 두 개의 서로 대립되는 존재론적 개념이 단 하나의 존재 일반을 지칭하는 개념인 우주를 바라보는 두 개의 서로 단절된 인식론적 관점이며, 그것들은 서로 의존적이며 상호보존적인 개념에 불과하고, 존재론적으로는 서로 순환적이고 연속적인 단 하나의 실체라는 것을 알려준다. 다시 말해서 우주는 '뫼비우스의 띠'처럼 그 어디에도 존재론적으로 명확하거나 절대적인 경계선을 그을 수 없고 순환적이며, 연속적이고 동시에 실체다. 우주는 시간과 공간에 고정된 어떤 형태로도 존재하지 않고 영원히 역동적이고 유동적인 단 하나의 존재다. 그것은 목적에 따라 여러 가지 과자를 만들 수 있는 '존재의 밀가루 반죽 덩어리' 혹은 심리상태에 따라 여러 가지로 보이거나 의미를 읽어낼 수 있는 무한하게 다원적인 '로르샤흐의 우주적 잉크 얼룩'일 뿐이다. 우주는 밖에서 그 속을 들여다볼 때 아무것도 나타나지 않는 거대한 만화경의 내용에 비유할 수 있다. 그래서 힌두교, 불교, 도교의 용어를 빌려서 '마야maya', '공空', '무無', '브라만Brahman' 혹은 '도道', '천명天命'이라는 말로 호칭될 수 있으며, 그것의 가장 일반적인 속성은 동북아 세계관의 핵심으로 가장 통합적인 형이상학적 실체의 속성을 지칭하는 개념인 '기氣'라는 말로도 서술할 수 있다. '기'라는 존재론적 속성은 구체적으로 무엇을 뜻하는지 전혀 감이 잡히지 않는다. 왜냐하면 인간이 감지할 수 있는intelligible 포괄적이면서도 최종적인 존재론적 속성은 '물질' 아니면 '정신'이라는 두 가지밖에는 없는데, 그 어느 쪽에도 속하지 않는 '기'라는 존재론적 속성은 논리적으로 불가능하기 때문이다.

우주는 우리의 시간이고 공간적인 위치, 관심과 의지에 따라 우리가 일상적 차원에서 지각하고 접하는 허다한 수의 종류들과 그것들의 허다한 수의 개체들을 임의적으로 구성하고 제작하며 생산할 수 있는 세계라는 작품의 재료인 동시에 공간이며 시간이다. 우주와 그 속에 담긴 어떤 것도 처음부터 존재하지는 않는다. 그것들은 인간에 의해서 부단히 지각되고, 자유롭게 고안되고 창조되며, 구성되었다가, 부수어지고, 다시금 반복적으로 리모델링되는 크고 작은 건축물들이다.

이와 같은 우주의 건축물은 무한히 다양하다. 왜냐하면 아무도 우주 전체가 들어설 단 하나의 무한히 큰 우주를 단번에 건축할 수 없기 때문이다. 우주에 관한 인간의 지각과 사유는 언제나 부분적이며, 우주 안에서 감지되는 모든 것들은 서로간의 관계 설정에 따라 전혀 다른 것들로, 다시 말해서 '개', '사람의 얼굴' 등 서로 다른 것으로 존재한다.

우리가 우주를 관찰하고 그 그림을 그릴 때 우주는 거대한 코끼리이며, 우리는 코끼리를 둘러싼 일곱 명의 장님들이고, 우리들이 그린 코끼리의 그림은 장님들의 그림처럼 전체가 아니라 부분적 측면들에 지나지 않기 때문에 그것들은 서로 다를 수밖에 없다. 그러나 그 차이는 일곱 명 모두 아니면 적어도 그중 여섯 명의 인식이 틀렸다는 것을 의미하거나, 모든 인식이 나름대로 다 정답이라는 것은 아니다. 인식대상은 변하지 않는 '절대적 하나'인데 인식주체가 가변적이기 때문만도 아니고, 모든 인식이 상대적이기 때문만도 아니다. 그것은 단 하나의 우주구조 자체가 일종의 '로르샤흐의 우주적 잉크 얼룩'이며, 보슈의 그림 〈지상의 즐거운 정원 파티〉와 같은 혼돈이기 때문이다. 에셔의 많은 판화들, 예를 들어 〈여덟 개의 머리〉라는 작품의 경우처럼 지각대상 자체가 동시에 '신사의 목덜미의 선'이고 '숙녀의 머리 스타일의 곡선'일 수도 있으며, 〈낮과 밤〉

같은 작품의 경우처럼 '낮인 동시에 밤'의 경치일 수도 있다. 다시 말해 그것은 '동쪽과 서쪽으로 날라가는 기러기'들의 대열이기도 한 일종의 원초적 '모순' 자체다.

그러나 그것이 우주이든 아니면 그 안의 개별적 존재이든 존재에는 '모순'이라는 개념이 적용될 수 없다. 존재는 모순도 아니며 모순되지 않는 것도 아니다. 지각적 대상 자체는 감각적 소재-질료일 뿐이며, 에셔의 판화 〈여덟 개의 머리〉는 우리의 지각을 자극하는 감각적 대상일 뿐이다. 그것들이 '신사와 숙녀의 얼굴'로 보이고, 〈낮과 밤〉 혹은 '서로 반대 방향으로 날아가는 검은 갈매기와 흰 갈매기'로 보이는 것은 그 그림을 보는 우리들의 지각이 관념적으로 구성해낸 제품에 불과하다는 점을 시사한다. 우주에는 신사도 숙녀도 존재하지 않고, 낮도 밤도 존재하지 않으며, 서로 반대 방향으로 날아가는 흰 갈매기나 검은 갈매기도 없다. 우주에는 하나의 '무엇'과 다른 하나의 '무엇'으로 서로 달리 개념화할 수 있는 것이 아무것도 없다. 우주 아니 모든 존재는 이름도 형태도 서로간의 경계도 없이 그냥 두리뭉실한 역동적 반죽처럼 애매모호한 감각자료로서만 존재한다. 우리가 말하고, 존재의 객관성을 믿는 우주 안의 무한한 수의 개별적 존재들은 우리가 발견한 것도, 개관적 존재도 아닌, 오로지 우리에 의해서 관념적으로, 언어적으로 만들어진 개념적 제작품들에 지나지 않는다.

2) 하나의 자연·우주와 만 개의 세계: 月印千江

단 하나의 존재 전체로 볼 때 우주는 에셔의 판화 〈여덟 개의 머리〉나 〈낮과 밤〉 등에서처럼 정확히 무엇을 재현한 것인지를 규정할 수 없거나, 보슈의 그림 〈지상의 즐거운 정원 파티〉와 같이 모든 것이 혼돈이거나, 아니면 그 정체를 가늠할 수 없는 방대한 '로르샤흐의 우주적 잉크 얼룩'처럼 도대체 무엇을 나타내는지 알 수 없다. 위와 같은 그림이나 잉크 얼룩은 무엇인가를 나타내는 것이 확실하지만 정확히 무엇인지 규정할 수 없으며 보기에 따라 a로 보이고 b로도 보이며 c로도 보인다. 위의 그림들이 무엇을 재현하려고 한 것인지를 알 수 없는 이유는 사물들 간의 경계가 없기 때문이다.

우주, 더 정확히 말해서 천문학적 우주와는 다른 형이상학적 우주는 논리적으로 단 하나뿐이다. 이런 우주관의 틀에서 볼 때 존재하는 모든 것들 중에 다른 것들과 완전히 떼어내서 완전히 구별될 수 있는 것은 단 하나도 없다. 그것은 한 덩어리다. 우주 안에 존재하는 여러 것들 사이에 경계가 없다는 말은 우주가 근본적 차원에서 두 개 이상으로 쪼갤 수 없는, 힌두교나 도교가 말하는 '단 하나의 실재'임을 함축한다. 물질과 정신, 몸과 마음, 침팬지와 인간, 흰색과 회색, 자연과 문화 등은 정확한 존재론적 경계선이 없이 서로 들러붙은 한 덩어리의 밀

보슈, 〈지상의 즐거운 정원 파티〉

에셔, 〈여덟 개의 머리〉

에셔, 〈낮과 밤〉

가루 반죽이라는 것이다. 이러한 사실은 똑같은 대상을 놓고 물질과 정신으로 양분하는 대신에 그 둘이 융합한 x라는 새로운 범주의 존재와, 침팬지와 인간을 양분하는 대신에 그것들을 융합한 y라는 또 다른 새 범주의 존재로 달리 분류할 수 있다. 동일한 로르샤흐의 잉크 얼룩, 동일한 에셔의 판화들 앞에서 관심, 필요, 상황, 때, 그리고 성격의 차이에 따라 사람마다 전혀 다른 것을 읽거나 보거나 느끼게 된다. 그렇다면 우주 어디에도 영원불변하고 객관적인 존재, 사물, 현상은 없다. 그것은 아인슈타인의 거시물리학이 거시적인 천체물리학의 차원에서 그리고 보어의 양자역학이 극미한 차원에서 입증했듯이 인식 주체만이 아니라 인식대상 모두가 항상 역동적으로 가변적이며 유동적이기 때문이다. 우주의 근본적 속성은 파르메니데스나 플라톤이 생각했던 것처럼 영원히 고정된 것이 아니라 헤라클레이토스나 니체가 본 대로 언제나 역동적이다.

이러한 우주관에서 볼 때 모든 존재는 종교적·철학적·과학적 등의 여러 관점에서 거의 무한히 다양한 것으로 인식되고 구성되며, 다양한 방법으로 요리되어 사용될 수 있다. 그것은 우주가 메를로-퐁티의 존재론에서처럼 모든 것들 간의 키아즘 chiasm, 즉 상호 얽힘의 관계 속에서 무한히 재창조될 가능성과 영원성을 함축하고 있음을 말해준다. 하지만 위와 같은 주장은 사실인가? 대체 사실이란 무엇을 뜻하는가?

6장

진리의 보편성과
존재의 객관성

The Onto-Semantical Matrix

1. 진리의 문제와 선택의 문제

원초적인 자연적 우주를 로르샤흐의 존재론적 얼룩이나 밀가루 반죽이라 생각하고, 인간이 감각하며, 보고, 상상하고, x, y, z 등으로 분류·재구성되는 우주를 세계관이라고 규정한다면, 우주는 무한수에 가까운 서로 다른 세계관으로 나타날 수 있다. 왜냐하면 우주라는 로르샤흐의 존재론적 얼룩이나 밀가루 반죽은 x, y, z라는 범주변수만이 아니라 a, b, c 혹은 d, e, f 등 수백 수천의 다른 범주들이나 서로 다른 모양으로 분석되거나 재구성될 수 있으며, 그러한 범주변수들의 조합은 무한수에 가깝기 때문이다. 이러한 무한수의 세계관들은 각기 그러한 세계관이 고안된 특정한 시대적·분야적·문화적·사회적 상황과 관점을 고려할 때 모두 성립할 수 있음을 알 수 있다.

그러나 어떤 특정한 상황이나 역사적 지점에서 세계관 W1, W2, W3…Wn 가운데 하나를 선택해야만 할 때가 있다. 나는 힌두교, 불교, 기독교, 이슬람교라는 세계관들을 동시에 믿을 수 없고, 동시에 유신론자와 무신론자가 될 수 없다. 자연철학에서 내가 어떤 특정한 물리현상을 어떤 차원에서 설명할 때 뉴턴과 아인슈타인을 혹은 거시물리학과 양자역학을 동시에 옳다고 주장할 수는 없다. 양자역학이 설명하는 어떤 무한히 작은 차원에서의 물리현상이 나타나기 이전까지 모든 물리현상들은 뉴턴이나 아이슈타인의 이론으로 설명될 수 있다고 믿어져왔다. 하지만 양자역학에 나타난 현상으로 인해 그러한 과거의 신념은 포기되어야 했다. 왜냐하면 영자역학이 발견한 현상은 뉴턴은 물론 아이슈타인의 이론으로 설명할 수 없고 오로지 보어나 하이젠베르크의 이론에 의해서만 설명이 가능하기 때문이다. 이러한 사실은 종교적 및 형이상학적 세계관 가운데서, 그리고 물리학적 이론들 가운데서 하나의 세계관과 하나의 물리학 이론을 선택할 수밖에 없는 상황 속에 우리가 던져지게 됨을 의미한다. 우주 전체에 관한 인식 즉 세계관의 거창한 선택뿐만 아니라 눈앞에 나타난 현상을 x, y, z 혹은 a, b, c 혹은 d, e, f라는 범주들로, 가령 살모사로 분류하느냐 아니면 썩은 새끼 토막으로 보느냐, 호랑이의 범주에 귀속시키느냐 아니면 단풍 나뭇잎의 범주에 넣느냐에 따라 우리의 생사가 달려 있기 때문이다.

그런데 우리들의 생사가 달려 있는 우주에 관한 총체적 인식과 우주를 구성하는 개별적인 존재론적 범주들은 발견의 대상으로 이미 우리들에게 주어져 있는 것이 아니라 무한히 가능한 수 가운데서 우리들이 골라서 구성해야만 하는 선택의 대상이다. 왜냐하면 아주 적절한 세계관과 그러한 세계관 구성의 기초가 되는 존재론적 범주의 적절한 선택은 서로 상반되는 세계관들이나 존재론적 범주의 설정과 동시에 적용될 수 없기 때문이다.

모든 선택은 대상의 가치선택이며, 세계관이나 존재론적 범주 분류의 선택은 필연적으로 명제적 가치선택이다. 왜냐하면 세계관이나 존재론적 범주 분류는 우주 자체나 우주 안의 사물 자체가 아니라 그에 대한 우리들의 관념적 인식들 즉 명제들이기 때문이다. 다시 말해 종교적·철학적·과학적 등의 세계관이나 x, y, z 혹은 a, b, c 혹은 d, e, f 등의 범주에 의한 우주의 다양한 분류는 우주 혹은 사물들 자체가 아니라 그것들에 대한 인간의 개념적 신념의 명제들에 지나지 않는다. 명제적 선택은 모든 선택이 그러하듯이 필연적으로 나름대로의 적절한 판단의 잣대, 즉 기준을 전제로 한다. 도덕적 명제의 잣대로는 선/악의 개념이 있고, 미적 명제의 잣대로는 미/추의 개념이 있듯이, 인식적 명제의 가치판단에는 진/위의 개념이 있다.

'선', '미', '진'의 가치는 인간의 핵심적 가치를 구성하는 세 가지 축이다. 그 가운데서도 '진'의 가치는 가장 중요하다. 왜냐하면 '선'이라는 도덕적 가치나 '미'라는 미학적 가치의 선택도 인식적 판단을 전제하기 때문이다. 그것은 바로 앞서 언급했던 대로 세계의 올바른 인식, 즉 '진리'라는 가치는 인간적 삶의 번영만이 아니라 더 근원적으로 생물학적 생존에도 필수조건이기 때문이다. 철학이나 종교에서는 물론 모든 분야의 학문과 어느 인간 사회 어느 언어권에서든 인간의 일상생활과 언어행위에서 '진리'라는 개념의 중요성은 보편적으로 유통되어왔다. 이러한 사실은 동양에 비해 서양의 문화권에서 더욱 각별하다.

소크라테스, 플라톤, 아리스토텔레스에서 데카르트, 칸트, 니체, 하이데거, 카르납, 데리다에 이르기까지 '진리'의 문제는 서양철학의 핵심적 문제였으며 철학적 문제 자체였다. 예수가 자신을 가리켜 "나는 진리다"라고 말한 것으로 알 수 있듯이 종교문제에서도 그러했다. 이와 달리 동양의 전통적 철학담론에서는 '진리'라는 개념을 둘러싼 논쟁이 없었을 뿐만 아니라 서양의 '진리'라는 개념에 해당하는 개념조차 존재하지 않았다는 것을 새삼스럽게 의식할 때 우리는 놀라지 않을 수 없고, 따라서 그 이유를 설명할 필요가 있다. 힌두교에서의 '브라만', '리타' 혹은 『우파니샤드』, 불교에서의 '공空', '무無' 혹은 '사성제' 그리고 동아시아에서의 '도道', '인의예지仁義禮智', '시是', '이理', '기氣', 『주역』, 『도덕경』, 『논어』 등의 모든 논거들이 서양의 '진리'라는 말과 동의어라고 주장할 수 있을지 모르나 전자의 개념과 후자의 개념은 논리적으로 전혀 다른 차원에 속한다. 전자 즉 서양에서는 '진리'라는 개념이 한 명제에 대한 진/위 판단이며 보편적 잣대로서의 메타上位的 개념인 데 반해서, 후자 즉 동양적 '진리' 개념들은 사물들의 존재를 지칭하는 서술적 개념이다. 동양에는 모든 인지적 판단에 보편적 잣대의 기능을 하는 '진리'라는 개념이 존재하지 않았다.

그 이유는 서양의 의식이 이성적인 데 반해서 동양적 의식은 감성적이며, 서양인의 관심이 자신 밖의 외적 자연에 대한 이성적 인식과 정복에 있었던 데 반해서 동양인의 관심은 자신 내부의 명상과 성찰, 평화에 있기 때문이다. 이런 점에서 서양인과 동양인 각자에는 독특한 형이상학적 세계관에 있지 않을까 하는 생각이 든다. 어쨌든 서양철학에서는 '진리'라는 개념을 지칭하는 용어를 의식적으로 만들었던 데 반해 동양사상사에서는 그 낱말에 해당하는 용어 없이 암묵적으로만 그 개념이 유통되고 있었던 것 같다. 이러한 사실은 인간이 언어를 사용하여 소통하는 동물로 진화하면서 '진리', 즉 어떤 인식이나 사유의 옳고/그름을 규정하는 규범으로서의 '진리' 개념 없이는 언어의 소통이 불가능했다는 것을 알려준다.

'진리'가 이처럼 인간에게 절대적으로 중요하며, 언어를 사용하는 한 모든 인간은 '진리'라는 개념을 나름대로 이해하고 보편적으로 사용함에도 불구하고 '진리'라는 말의 정확한 의미는 애매모호하며, 아득한 옛날부터 종교계에서, 철학에서 그리고 과학계에서도 끊임없는 논쟁의 대상이 되어왔다. 그렇다면 도대체 '진리'란 구체적으로 무엇인가? 아니 도대체 '진리'라는 말은 정확히 어떤 의미로 사용되며, 어떻게 사용되어야 하는가? 대체 '진리'라는 낱말은 무엇을 지칭하는가?

이 물음에 대해서 힌두교와 불교는 각각 '윤회'와 '공空'이라 생각했고, 플라톤은 비가시적이고 영원불변한 이데아Idea의 위계적 세계에서 최고의 것인 '선善이데아the Good-Idea'로 믿었다. 그리고 아리스토텔레스는 '실체substance'라 말했고, 노자와 장자는 각각 '도道'와 '천명'이라 말했으며 예수는 '자기자신-예수'라고 선언했다. 니체는 진리란 어떤 대상이 아니라 '권력Power'이라 비판했고, 하이데거는 '알레테이아aletheia로서의 존재 일반das Sein'이라 설파했고, 콰인은 '명제적 문장의 변수의 값value of the variable'이라 주장했다. 또한 논리실증주의자들은 '실증된 명제'라 했고, 포퍼는 '반증되지 않은 명제'라 생각했고, 푸코는 특정한 사회에서 특정한 기간 동안 특정한 맥락에서 '진리로 유통되는 말'이라 규정했다. 이러한 사실은 누구나 잘 알고 있는 것처럼 보이는 '진리'라는 낱말의 의미가 얼마만큼 헷갈리는가를 보여준다. '진리'라는 낱말이 어떤 종류인가의 존재이든지, 어떤 시간 속에 일어나는 사건이나 행동이든지 아니면 인간의 머릿속에 형성된 의식상태든지 삶의 차원에서 그것이 차지하는 보편적 중요성에도 불구하고 결국 무엇인지를 전혀 파악할 수 없을 만큼 한없이 혼동됨을 말해준다.

이런 맥락에서 "철학자들의 진리에 관한 이야기를 듣고서 그들을 한패의 야바위꾼으로 보지 않을 이가 있겠는가?"라는 루소의 물음에 공감이 간다. 그런 만큼 다시 한 번 '진리'에 대한 개념 정리가 필요하다.

2. 진리의 개념 규정

1) 전통적 규정

교과서적인 철학개론에서 진리는 어떤 대상의 속성을 서술하는 언설言說이라고 지칭된다. 가령 살모사를 보고 '살모사는 독사다'라는 명제에 대한 진/위를 인식적 가치기준에 비추어본 긍정적 가치판단이라는 것이다. 이런 점에서 진리는 흔히 정의 definition라는 이름으로 거의 도식적으로 다음과 같은 네 가지, 즉 상응론correspondence theory, 정합론coherence theory, 실용주의론pragmatic theory, 의미론semantic theory으로 분류된다. 상응론에 의하면 진리는 '진술과 사실의 일치'이며, 정합론에 의하면 '한 진술의 다른 참된 진술과의 정합성'이고, 실용주의론에 의하면 '가장 쓸모 있게 사용될 수 있는 명제'이고, 의미론에 의하면 '언어적 의미상 이미 모두가 언어적 약속에 따라 사용하는 식으로 사용된 명제'를 지칭한다. "살모사는 독사다"라는 명제를 예로 들어 진리의 네 가지 정의를 이해해보자.

첫째, 상응론을 보자. 어떤 살모사를 보고 "살모사는 독사다"라는 명제가 진리라는 것은 살모사가 독사라는 사실과 "살모사는 독사다"라는 명제가 일치한다는 말이다. 이러한 정의는 가장 보편적으로 인정된 것으로 언뜻 생각하기에는 옳게 보인다. 그러나 좀 더 생각해보면 어떻게 언어 이전의 사실과 그 사실에 관한 명제가 어떤 의미에서 일치한다/안 한다고 판단할 수 있는지를 설명하는 문제가 남아 있다. 객관적 존재/현상과 언어/의미가 비교되고 그것의 일치/불일치를 말할 수 있는 문제를 먼저 풀어야 되는 것이다.

둘째, 정합론을 검토해보자. 이 진리론은 바로 위에서 지적한 상응론적 진리론의 문제에 대한 해결의 양상을 띤다. "살모사는 독사다"라는 명제가 진리라는 말은 그 명제가 살모사가 독사라는 현상적 사실과 상응한다는 것이 아니라 그 뱀에 대한 나의 판단이 그것을 독사로 믿는 모든 이들의 판단과 논리적으로 어긋나지 않음을 뜻할 뿐이라는 것이다. 그렇다면 정합론의 문제는 "지구가 태양을 돈다"라는 명제가 코페르니쿠스 이후에는 진리이지만 그 이전에는 착각이었다고 말해야 할 것이다. 그렇다면 진리는 시간과 장소에 따라 정반대일 수 있다는 논리를 주장하는 것이기 때문에 또한 문제가 있다. 왜냐하면 진리는 주관적이 아니라 객관적이며, 객관적인 것은 영원한 것이어야만 한다는 생각이 우리들의 의식 속에 깊이 들어 있기 때문이다.

셋째, 실용론은 어떤가? 이 이론에 의하면 "살모사는 독사다"라는 명제가 진리라는 것은 "살모사는 독사가 아니다"라는 명제가 거짓이라는 것을 전제하는 것이 우리의 삶에 유익하다는 신념을 의미하다. 이 경우에 진리란 만약 "살모사는 독사가 아니다"라는 명제를 참으로 전제할 경우 우리는 살모사에 물려 죽을 가능성이 크지만, 독사라고 전제하는 경우에는 그러한 위험으로부터 벗어날 수 있다는 점에 놓여 있다. 하지만 이 진리의 정의도 어느 차원까지는 맞지만 보편적으로 적용될 수는 없다.

넷째, 마지막으로 의미론적 정의를 검토해보자. "살모사는 독사다"라는 명제가 진리라는 것은 실제로 '살모사는 독사임을 함의'하고, "살모사가 독사라는 사실이 '살모사는 독사다'라는 명제를 함축할 경우"를 지칭한다.

2) 진리의 니체적 규정

위와 같은 진리론들은 '진리'라는 말이 사용되는 다양한 경우들과 언어적 의미들을 드러내 보이지만, 적어도 두 가지 점에서 만족스럽지 못하다.

첫째 '진리'라는 말은 그것이 사용되는 각기 특정한 경우의 의미일 뿐 모든 경우를 아우르지 못한다. 힌두교에 의하면 브라만이요, 불교에 의하면 부처의 사성제四聖諦이며, 노자에 의하면 '도道', 공자에 의하면 삼강오륜三綱五倫이고, 플라톤에 의하면 이데아, 하이데거에 의하면 '존재/로고스/알레테이아 aletheia, 顯現'이고, 예수가 "나는 진리요, 길이요, 생명이로다"라고 말할 때는 '예수 자신'이다. 이와 같은 '진리'의 정의는 만족스럽지 않다. '브라만', '사성제', '도', '삼강오륜', '이데아', '예수'를 각각 우주의 근본적 구조, 인간적 고통의 진단과 그 치료 방법, 우주의 작동 원리, 인간이 지켜야 할 규범, 존재의 궁극적 속성, 인간을 구원하기 위해 탄생한 하느님의 아들이라고 부르면 그만이지, 그런 것들에게 '진리'라는 말을 덧붙여 부르는 이유는 어디에 있는가? 그냥 그러한 것들과 '진리'로서의 그러한 것들 간의 차이는 무엇인가? 이러한 의문이 정당한데도 '진리다' 혹은 '진리가 아니다'라는 말이 성립할 수 있다면, 이때 '진리'라는 말의 의미와 그 기능은 무엇인가? 진리의 전통적 정의들은 위와 같은 종교적·철학적 신념들이나 이론들 각자가 '진리'라고 부르는 이유를 설명하지 못한다.

흔히 진리는 사실·존재와 동일시되어 "진리를 발견한다"라는 말로 사용된다. 힌두교에서 말하는 『우파니샤드』·'브라만', 불교에서 말하는 '사성제'·'공', 도교에서 말하는『도덕경』·'도', 유교에서 말하는 『논어』·'성'·'삼강오륜'·'인의예지', 플라톤이 말하는 '이데아', 아리스토텔레스가 말하는

'실체', 기독교에서 말하는 『성경』·'예수'가 진리로 통하는 것도 존재와 진리의 위와 같은 동일시가 얼마나 깊숙이 우리들의 언어적 습관 속에 자리잡았는가를 보여주는 예다. 그러나 주의 깊게 따져보면 두 개념의 위와 같은 동일시는 논리적으로 이치에 맞지 않음을 쉽게 알 수 있다.

진리는 존재론적 개념이나 그것의 일부로서의 구체적 사물 혹은 사건을 지칭하는 말이 아니다. 존재하는 것을 사실이라고 규정하고, 어떤 사실에 관한 명제가 가능하다면, 진리는 사실도 아니고 사태에 관한 명제도 아니다. 그것은 어떤 사실이나 존재에 관한 명제의 정보적 가치판단이 긍정적임을 나타내는 논리적 기호·징표다. 존재 혹은 사실로서의 우주나 자연 혹은 개나 돼지는 그 자체로서 참도 아니며 거짓도 아니다. '우주는 무한하다'라는 명제나 '자연은 푸르다'라는 명제 혹은 '개는 주인에 충실하다'라는 명제나 '돼지는 미련하다'라는 명제에 대해서만 진/위의 가치판단이 내려질 수 있다.

둘째, 위의 진리에 대한 정의는 정의가 아니라 사실 '어떤 명제'의 진/위를 판단하는 기준에 불과하다. 서양철학의 전통적인 진리의 정의는 엄격히 따져 보면 진리라는 개념 규정이 아니라 어떤 명제를 진리로 판단하는 규범·잣대에 지나지 않는다. 가령 우리가 "진리를 찾고 발견한다", "진리는 모든 것의 근원이다" 등의 말을 할 때 사용된 '진리'라는 말의 의미나 기능은 진리에 대한 정의를 충분히 전달하지 못한다. '진리'는 지적 발견의 대상이 아니라 행동 선택의 결단을 드러내는 일종의 '구호'이며, 이런 점에서 요즘 많은 단체들이나 모임에서 외치는 구호와 근본적으로 다르지 않다. 다시 말하자면 진리는 궁극적으로 주어진 자연적·문화적·역사적 특정한 조건 속에서 우연히 태어나 생물학적·지적·정서적·미학적 및 종교적 욕망을 추구할 수밖에 없는 인간의 실존적 존재조건의 표현이다. 인간은 언제나 그리고 어디서고 반드시 다양한 가능성 중에서 위험과 오류를 무릅쓰고 그중 하나만의 실존적 선택을 해야 할 필요성에 놓인다. 이러한 상황에서 그는 가능하면 많은 정보, 객관적 사실에 대한 여러 가지 판단과 인식이 필요하다. 그러나 인간의 어떤 인식도 절대적인 것은 없다. 그렇다고 그는 삶을 중단할 수도 없고 살아 있는 한 언제나 제한된 상태에서 어떤 입장을 선택해야만 하고, 그 인식적 입장에 따라 자신의 가치를 선택해야 한다. 여기서 선택은 용기를 필요로 한다. 바로 이러한 인간의 실존적 조건에서 인간은 스스로에게 용기를 주기 위해 개별적으로 또는 집단적으로 진리, 즉 '행동하자!' 혹은 '파이팅!'이라는 구호가 필요했다. 니체가 "모든 진리는 거짓이다!"라고 했을 때 그는 알게 모르게 바로 위와 같은 구호로서의 진리관을 말하려고 했다.

그러나 '진리'라는 낱말이 지칭하는 것은 어떤 존재 즉 기독교에서 말하는 하느님·예수, 힌두교의 『우파니샤드』·해탈 moksa·브라만, 불교의 사성제·윤회·깨달음·공, 도교의 『도덕경』·도, 유교의 『논어』·플라톤의 이데아, 아리스토텔레스의 실체, 뉴턴의 만유인력 등의 존재 자체가 아니라 그러한 다양한 존재를 주장하는 다양한 명제들이다. 명제는 언제나 그리고 필연적으로 명제 이전의 어떤 존재·대상에 대한 일종의 관념적이자 언어적인 신념의 재현이며 표현이다. 여기서 진리는 이같은 표상으로서의 명제와 명제화되기 이전의 그 대상과 일종의 정합적 관계를 뜻한다.

이런 점에서 볼 때 앞에서 본 네 가지 전통적 진리의 정의 중에서 진리의 개념에 내재된 명제와 그 대상 간의 관계를 가장 정확히 포착한 것은 아무래도 상응론이라 할 수 있다.

그러나 진리 상응론의 핵심적 문제는 명제와 그 대상의 '상응'에서 그 개념의 확실한 의미 규정과 그런 의미 규정이 가능하다고 전제할 때 그 가능성의 근거를 찾아야 하는 데 있다. 이 문제는 곧 진리의 객관성과 주관성, 보편성과 상대성의 문제로 연결된다. 한 명제의 진리가 객관적 사실의 재현이 아니라 주관적 감정 표현의 구호에 지나지 않거나, 모든 이들이 보편적으로 공감할 수 있는 것이 아니라 각 개인과 각 경우에 따라 무한히 가변적이라면, 그러한 명제는 믿을 수 없다. 보편적이고 객관적인 믿음을 가질 수 없다면 그것은 진리일 수 없다. 여기서 진리는 믿을 수 있고 신뢰할 수 있는 믿음에 지나지 않기 때문이다. 그러나 바로 이 맥락에서 어떤 믿음의 '신뢰의 근거를 제시'하는 문제가 진리의 문제와 뗄 수 없이 제기된다.

3. 진리의 객관성

'진리'가 한 명제와 그 대상의 객관성의 문제라면, 대체 진리의 객관성은 무엇을 뜻하는가? 누군가가 ⓐ "이 동물은 개구리가 아니라 두꺼비다" 혹은 ⓑ "지금은 12시다" 혹은 ⓒ "이 꽃은 노랗다" 혹은 ⓓ "저 여자는 착하다" 등의 명제들을 내놓고 그것들이 '진리'라고 주장할 때의 경우를 예로 들어 생각해보자.

이런 명제들의 '진/위' 판단의 객관성은 첫째 위와 같은 명제들의 각각의 정확한 의미의 규정, 둘째 명제들 각각의 구체적 대상의 분류, 셋째 그것들 간의 상응성·일치성의 잣대라는 세 가지 조건들이 전제되어야 한다. 명제의 '나눔·분류문화'에서의 위와 같은 전제조건들을 바로 위에서 예로 들은 ⓐ, ⓑ, ⓒ, ⓓ 네 가지 명제들에 하나하나 따로 적용해서 차례로 설명해보자.

그것은 ⓐ의 경우 (i) 두꺼비의 정확한 개념 즉 존재론적 범주의 규정, (ii) 개구리와 구별되는 두꺼비와 차별화할 수 있는 개구리의 존재론적 구체적 구별능력, (iii) 조건(i)과 조건(ii)의 상응성·일치성의 잣대 규정을 의미하며, ⓑ의 경우 (i) '지금'과 '시간'이라는 개념 규정, (ii) 이 두 개념들의 구체적 설정·의미, (iii) 조건 (i)과 (ii)의 상응·일치성의 잣대 규정을 의미한다. ⓒ나 ⓓ의 진리를 결정하는 조건들도 마찬가지 방식으로 분석할 수 있다.

그러나 문제는 위와 같은 분석의 결과 그러한 조건들이 완전히 만족스럽게 채워질 수 있는 경우는 가능성조차도 없다는 데 있다. 그 이유는 다음과 같은 사실들에 있다.

첫째, 앞의 「5장 존재의 범주: 사물들 간의 경계」에서 보았듯이 개별적인 존재론적 범주들 간의 경계뿐만 아니라 하나의 특정한 범주에 속한 단독자들 간의 경계는 궁극적으로 혼연하고 불투명하다. 따라서 각기 그런 범주나 개별자들을 지칭하는 기호·언어의 의미는 불가피하게 애매모호하고 막연하다. 이런 상황에도 불구하고 인간은 문화적 발전과 생물학적 생존을 위해서 사물들 간의 경계를 설정하고, 그러한 것들에 관한 명제들의 진/위를 구별할 수밖에 없다. 그렇기 때문에 「2장 존재와 세계」에서 언급한 바와 같이 인간세계는 물론 자연·우주 전체가 궁극적으로는 인간이 인위적이고 주관적으로 구성한 문화적 제품이라 할 수 있다.

이러한 사실은 어떤 인식대상 가령 지각대상으로서의 어떤 색깔을 놓고 "그것은 노랗다"라는 명제를 누군가가 진술했을 때, 그 진술의 진/위를 결정하려면 그러한 진술의 근거로서 언어로 서술되기 이전의 색깔이 무엇인가를 확인해야 하는데, 문제는 언어 이전의 관찰과 인식이 불가능하다는 것이다. 그렇다면 "그것은 노랗다"라는 명제와 상응시키고 대조하여 그 진/위를 판단할 수 있는 개념되기 이전의 존재는 우리의 주관에 의해서 이미 언어화된, 즉 이미 개념화된 존재에 불과하다. 다시 말해서 우리가 한 명제와 그것의 근거로 대치시키고 비교할 언어 이전에 존재하는 색깔은 어떤 경우에도 있을 수 없다. 아무리 파고들어가도 우리가 접할 수 있는 것은 언제나 이미 언어화된, 즉 관념화된 색이지 이전의 순수한 색은 절대로 존재하지 않는다. 이런 점에서 인식의 궁극적이며 절대적으로 객관적인 영원불변한 토대는 경험적으로도 존재하지 않고 논리적으로도 존재할 수 없다. 플라톤, 아리스토텔레스, 데카르트, 칸트, 후설, 카르납을 관통한 서양철학사가 인식론적 토대 즉 어떤 명제의 진/위를 결정할 수 있는 근본적 근거를 마련하고자 해왔음에도 불구하고, 절대적으로 객관적인 인식과 진리는 존재하지 않는다.

위에서 본 바와 같은 세계관과 우주론은 명제의 진리판단이나 의미론적 구별에서 해결할 수 없는 난점을 가지고 있는데, 그것은 우주·존재 자체가 궁극적으로는 아무것으로도 분석될 수 없는 단 하나의 밀가루 덩어리이고 그 형태가 로르샤흐의 얼룩이며 힌두교에서 말하는 환영·실재의 그림자maya에 지나지 않기 때문이다.

인간의 주관적 인식으로부터 완전히 독립된 사물·존재라는 개념이 논리적으로 성립할 수 없고, 인식의 한 대상이 그 밖의 다른 모든 것들과 형이상학적 차원에서 구별될 수 없다면, 존재나 그 존재에 관한 인식 그리고 그러한 인식적 명제의 진/위 판단이 갖는 객관성은 논리적으로 불가능하다. 그럼에도 '진리'라는 개념과 그 개념에 내재된 명제적 판단의 객관성, 담론, 언어, 인간의 세계 등과 같은 인간의 삶을 생각할 수 없다면 여기서 우리에게 남은 철학적 문제는 '진리'와 '객관성'의 개념적 의미의 새로운 해석과 이해 및 적용 방식일 것이다.

진리의 잣대이든 객관성의 근거이든 절대적인 것은 없다. 그것은 그런 개념들이 적용되는 상황이 무한에 가깝게 가변적이면서도 각기 일상의 담론에서 상호적 소통을 하는 데 나름대로 충분한 기능을 의미 있게 수행한다. 그럼에도 객관성을 떠난 인식·신념·진리라는 개념들은 한결같이 모순적이다. 그것은 진리·명제의 객관성이 결정적이 아니라 잠정적이고, 우주적이 아니라 지역적 차원이며 전체적이 아니라 부분적임에도 불구하고 단순하고 파편적인 삶의 복잡한 맥락에서 나름대로 의미를 가지면서 실제로 그렇게 유통되어왔고 앞으로도 그럴 것이기 때문이다.

4. 진리의 상대성

객관성이란 인식대상의 존재나 그 대상에 관한 명제의 진/
위가 인식주체로부터 독립된 것임을 뜻한다. 우리들은 늘 존재
의 객관성, 명제에 대한 진/위 판단의 '객관성'이란 개념을 모
순되지 않은 것으로 여긴다. 그러나 인식 이전 대상의 존재를
'무엇'이라 말할 수 없으며, 인식대상에 관한 명제의 진/위가
그러한 판단을 내리는 주체를 전제하지 않고는 논리적으로 불
가능한 이상, 그리고 지적 진/위 판단의 주체가 언제나 인간이
고, 인간이 주관적 동물인 이상, 어떤 대상의 인식, 그 대상인
식에 대한 명제, 그 명제의 진/위 판단은 한결같이 주관적이다.
명제에 대한 진/위 판단은 물론, 모든 지각과 인식, 그리고 어
떤 대상 가령 '산'이나 '개' 등의 존재 자체가 근본적 차원에서
주관적일 수밖에 없으며 모든 존재에 관한 모든 명제, 명제의
진/위 판단이 주관적 요소에서 완전히 자유롭지 못하다면, 모
든 존재, 대상의 인식, 대상에 관한 명제, 명제에 대한 진/위 판
단은 원천적으로 객관적일 수 없다는 것이다.

인식과 인식된 대상은 주관성에서 자유롭지 못하며 인간의 주관성은 장소와 시간, 상황과 맥락, 전통과 이념에 따라 항상 유동적이고 가변적이며 또한 진/위 판단도, 푸코의 주장대로 판단자의 성격, 성장 과정, 사회적 위상 및 이념적 입장 등과 그 당시의 역사적·문화적·자연적·이념적 및 정치경제적 맥락과 실천적 필요성의 차이에 따라 가변적이고 상대적일 수밖에 없다. 동일한 하나의 신념과 주장이, 파스칼의 표현을 빌리자면, "피레네 산맥의 이쪽에서는 진리일 수 있지만 그 반대쪽에서는 오류"일 수 있다는 것이다. 실제로 그런 경우가 허다하다. 종교적·철학적·과학적인 차원에서만이 아니라 가정과 시장에서 하나의 생각과 주장을 놓고 서로 다른 주장을 하고 싸우고 다투는 장면을 우리는 늘 만난다.

동일한 음식이 한 사람에게는 꿀맛이지만 다른 이에게는 쓴맛일 경우, 그런 두 개의 모순된 명제가 두 사람에게는 각각 나름대로 '진리'다. 또한 동일한 여인이 한 사람에게는 천사이지만 다른 이에게는 악마일 수 있지만, 이 모순된 두 개의 명제는 동시에 각각 '진리'다. 동일한 감각적 대상인 눈雪은 알래스카에 거주하는 이누이트인들에게는 12개의 서로 다른 물질들의 집합을 지칭하듯이, 동일한 자연현상에 대한 모순된 두 개의 기술은 나름대로의 인식적 틀에서 볼 때 똑같이 참이다.

일반사람들의 일상적 생활의 맥락에서 시간의 단위는 시時

아니면 분分으로 측정되어도 충분하지만, 나노 공학자의 차원에서는 초秒의 단위보다도 몇 천 배 짧은 시간적 단위를 적용해야 한다. 만약 천문학의 이론에서 정확성이라는 이름 아래 시간을 광속도가 아니라 초나 분 또는 시나 일日의 단위를 사용한다면 그것은 웃음거리가 될 것이다. 또한 양자역학에서 시간의 단위를 전자시계로만 측정 가능한 극미적 시간단위가 아니라 일이나 시는 물론 분이나 초의 단위를 적용하려는 이가 있다면 그것은 언어사용의 룰에 대한 무지의 증거다. 만일 어떤 이가 백두산의 높이를 2천 몇 백 몇 십 미터 몇 십 센티미터 몇 밀리미터라고 대답한다면 그러한 대답이 가장 정확한 대답, 즉 '진리'라고 하더라도 그러한 대답은 그의 지적 우월성보다는 그의 우둔함을 드러내는 것이라 할 수 있다. 동일한 사실의 서술, 즉 동일한 명제가 그것이 사용되는 복잡한 맥락의 차이에 따라 진리일 수도 있고 거짓일 수도 있다.

한마디로 '진리'는 그 개념이 사용된 맥락에 따라 상대적이다. 맥락을 떠나서는 객관성이나 보편적 진리도 없다. 이런 결론은 객관성이나 보편성의 개념이 전혀 쓸모없다거나 내용이 없다는 말이 아니다. 그렇지만 이런 결론이 부정하는 것은 맥락을 떠난, 절대적 객관성이나 완전한 보편성, 영원히 고정된 단 하나의 '진리'는 존재하지도 않고 존재할 수도 없다는 것일 뿐이지 '객관적 사실' 혹은 '보편적 진리', 더 일반화해서 '진리'라는 말을 사용해서는 안 된다는 것은 아니다. 이런 사실이 드러내는 것은 어떤 언어를 사용하던, 나름대로의 '객관성', '보편성', '진리'라는 개념은 암묵적으로 그러나 반드시 존재한다는 사실이다.

위와 같은 주장은 수백 수천 개의 서로 다른 인간의 언어가 적어도 '어느 정도까지는' 서로 번역되어 소통되어왔으며 현재도 그렇다는 사실로 입증된다. 그것은 촘스키가 주장한 대로 인류에게는 공유가능한 '보편적 문법'을 갖기 때문이며, 인간의 이 같은 '보편적 문법'은 그가 후천적으로 배운 결과가 아니라 그의 유전자 속에 이미 선천적으로 갖고 태어난 지적 능력으로만 설명된다.

그리고 '객관성', '보편성' 그리고 압축적으로 말해서 '진리'라는 개념들이 암묵적으로나마 내포되어 사유의 기능으로 작동하지 않는 언어는 언어일 수 없다. '진리'의 개념과 그것과 떨어져 생각할 수 없는 '객관성' 및 '보편성'이라는 개념들은 '언어'와 사유의 근본적 조건이다. 인간이 언어적 동물로 규정되기도 하고 이성적 동물로 규정되기도 하는 이유는 바로 여기에 있는 것으로 '언어'라는 낱말은 서양의 전통 철학사상사에서 '이성', '로고스'라는 낱말들로 표현되어왔다. 따라서 위와 같은 언어적 개념들의 활용능력은 생물학적 동물로서의 인간이 인간적 동물로 진화됐다는 가장 원초적이고 확실한 증거라고 할 수 있다.

그럼에도 불구하고 앞에서 검토한 대로 한편으로는 '진리' 개념의 논리적 내용인 인식대상의 객관성과 '명제 판단'의 보편성은 논리적으로 불가능하다. 그러나 그러한 언어적 개념의 사용이 불가피하며, 다른 한편으로는 그러한 개념들의 의미가 암묵적으로나마 이미 전제되지 않는 담론이 존재할 수 없다면 그와 같은 개념들의 실질적 의미를 어떻게 이해하고 사용해야 하는가? 이 물음에 대한 답은 그 개념들의 현장 적용의 국지성 局地性, locality과 그 낱말들의 개념적 규정과 이해의 일시성 temporarity에서 찾을 수 있다. 하지만 위와 같은 주장을 뒷받침하고 설명할 수 있는 근거가 있는가?

5. 우주적·총체적 진리의 불가능성과 국지적·부분적 진리의 가능성

앎은 그 목적의 관점에서 볼 때 존재론적·이론적 앎과 실천적·공학적 앎으로 양분할 수 있다. 그중 후자는 전자를 전제로 한다는 점에서 전자의 앎이 후자에 비해 상대적으로 일차적이며 우선적이다. 그러므로 여기서는 전자의 양식을 중심으로 앎을 검토하기로 한다.

전자의 앎이 어떤 새로운 대상의 발견과 재현을 지칭하고 뜻한다면, 그것은 그 대상의 범위와 크기에 따라 전체적이고 거시적인 우주적·완전한·절대적인 것과 부분적인 미시적·주변적·미완적·상대적인 것으로 양분된다. 앎의 궁극적 꿈이 전자에 속한다는 것은 자명하다. 인간의 지적 꿈은 근본적으로 파우스트적이며, 그의 지적 모험심은 근본적으로 이카루스적이기 때문이다. 새로운 사실을 발견하는 인간의 지적 욕망은 파우스트의 경우처럼 무한적이며 그것은 많은 이들을 철학자로 만들고, 적지 않은 철학자들은 모든 우주와 인간의 비밀을 통합하여 단 하나의 원리원칙으로 밝혀내고자 하는 욕망에 불타서 이카루스처럼 앎의 높은 하늘로의 비상을 시도해왔다.

그러한 증거로 아득한 고대로부터 현대까지 기록된 수많은 종교적 철학적 텍스트를 들 수 있다. 힌두교의 『베다』, 중국의 『주역』, 이오니아 반도의 탈레스, 헤라클레이토스, 파르메니데스 등의 고대 철학자들의 단편적 텍스트들, 아테네의 플라톤의 『대화록』 및 아리스토텔레스의 저서들, 바빌로니아에 유배됐던 유대인들이 남긴 『구약성서』, 불교의 『화엄경』, 노자의 『도덕경』, 공자의 『논어』, 주자의 『주자대전』 등의 텍스트를 예로 들 수 있다. 또한 그러한 종류의 대표적인 근대 철학자들의 예로서는 한국의 원효, 퇴계, 서양의 스피노자, 칸트, 헤겔, 베르그송, 화이트헤드 등을 들 수 있다.

한편 총체적·거시적·우주적·완전한 절대적 지식의 추구는 순수이론물리학의 영역에서도 우주의 모든 현상을 거시적 차원에서 총괄적으로 설명하려는 시도로 나타난다. 뉴턴과 아인슈타인의 거시물리학이나 보어, 슈뢰딩거, 하이젠베르크의 양자역학자들, 휠러나 허블, 가모우, 호킹 등의 이론들을 총체적이자 거시적 앎을 추구한 예들로 볼 수 있다. 위에서 예로 든 모든 사상가들 가운데 우주의 시작에서부터 종말까지의 과정 전체의 서술을 계적으로 추구하려 했던 가장 대표적인 이는 헤겔이었고, 그러한 이론서 가운데의 가장 대표적인 텍스트는

『정신현상학』이 아닌가 싶다.

이 책이 그리고 있는 우주역사의 시작과 종말 과정의 그림은 누구라도 놀라지 않을 수 없을 만큼 지적으로 황홀하지만 그와 동시에 그만큼 황당하다. 이 책은 '우주의 그림', 우주의 재현, 우주의 객관적인 정보, 우주에 관한 사실·지식이 아니라 일종의 거대한 소설·픽션이라는 느낌을 주기 때문이다. 이러한 느낌은 모든 종교적이고 형이상학적인 세계관에서만이 아니라 뉴턴, 아인슈타인, 하이젠베르크, 휠러 등의 모든 거시적 과학이론에서도 다소 정도의 차이는 있지만 동일하다.

위와 같은 종교적·철학적·과학적 세계관들이 제시하는 우주의 그림·설명·이론은 진/위 판단의 대상은 물론 진리조건으로서 객관성과 보편성의 유/무를 검토할 수 있는 조건을 갖추고 있지 못하기 때문이다. 왜냐하면 오로지 명제만이 진/위 판단의 대상이 될 수 있는데, 그것들에 전제된 '우주'라는 '존재 전체'는 언뜻 보기와는 달리 인식대상이 될 수 없기 때문이다. 다시 설명하자면, 모든 인식대상은 존재 전체로서의 우주의 부분들일 뿐이며 모든 존재의 통합적 총칭으로서의 '우주'는 오로지 수많은 인식의 배경으로만 존재한다.

가령 내가 컴퓨터를 인식할 때 그 컴퓨터의 '키보드'는 '컴퓨터'의 존재를 배경으로 할 때만 가능하며, '컴퓨터'의 존재인식은 그것이 놓여 있는 내 책상을 비롯해서 그 주변의 잡다한 것들과 차별화를 통해 그것들과의 경계 매김을 했을 때다. 이 때 배경은 지각·인지에 대한 패러다임의 기능을 한다. 이러한 사실은 자연적이거나 문화적인 모든 대상의 인지의 경우에도 마찬가지다. 만약 내 시야에 존재하는 어떤 대상이 그 주변의 수많은 대상들과 차별화되지 않고 아무것들과도 경계선을 긋고 차별할 수 없다면 나는 그 지각대상을 무엇으로 이름 붙일 수 없으며 그러한 감각적 경험을 지각적 경험, 즉 앎이라고 말할 수 없다. 모든 지각과 모든 대상의 인식은 차별의 산물이며, 모든 차별의 인식은 필연적으로 지각적 인지의 패러다임, 즉 맥락으로서의 주변상황의 총체를 배경으로만 가능하다. 이러한 사실이 함의하는 것은 지각과 인식을 가능하게 하는 지각적·인지적 패러다임으로서의 배경이라는 것이 우리에게는 인식되지도 않고 인식대상으로 존재하지도 않는다는 것이다. 우리가 인지하고 표상하고, 그것에 대한 명제를 만들고, 그 명제의 진/위를 판단해서 지적 앎과 모름을 따질 수 있는 대상은 필연적으로 존재의 총칭으로서의 '우주'가 아니라 오로지 우주의 일부일 뿐이다. 인간이 알 수 있다고 믿어온 우주는 오로지 그것의 일 부분, 한 측면에 불과하다. 장님들이 코끼리 주변에 모여 그것을 만지며 그 동물의 다리를 '기둥'으로, 배를 '벽'으로, 코를 '트럼펫'으로 잘못 서술했던 것은 인식대상으로서의 코끼리의 부분과 그러한 인식조건으로서의 배경, 즉 콘텍스트로서의 코끼리 전체 사이에 존재하는 논리적 관계를 착각함으로써 코끼리 전체를 인식했다고 여겼기 때문이다.

인식의 위와 같은 논리적 조건에서 볼 때, 장님들이 인식하고 서술할 수 있는 대상은 '코끼리 자체'일 수 없고 그것의 일부분 또는 한 측면일 수밖에 없다. 이러한 사실은 우주라는 대상이 그 자체보다 더 큰 대상을 전제하지 않는 한 인식의 단일한 대상이 될 수 없음을 시사한다. 왜냐하면 '우주'라는 개념은 분석적으로 존재하는 모든 대상들을 포괄하는 대상이기 때문이다. 만약 종교적·철학적·과학적 세계관이 스스로 우주 전체를 인식대상으로 삼고 그에 대해 객관적으로 서술한다고 자처한다면 그러한 주장은 부분을 전체로 오인하는 데서 생기는 잘못된 주장이다.

그렇다면 전통적으로 존재하는 수많은 종교적·철학적·과학적 세계관은 우주·존재 전체의 그림이 아니라 그것 안의 어떤 부분이나 측면들을 가장 의미 있게 서술하고 설명하려는 일종의 형이상학적이고 상상적인 가설적 가정에 불과하다. 이러한 사실은 우주의 부분만이 인식대상, 명제의 근거, 진/위 판단의 대상이 될 수 있음을 뜻한다. 이와 동시에 역으로 그것은 내용이 서로 다른 거의 무한수의 인식의 '객관성'과 신념의 '보편성', 무한수의 '진리 선택'의 가능성, 더 나아가서 현재적 존재를 입증한다. 왜냐하면 인식의 틀·관점·근거가 되는 인식적 패러다임으로서의 배경·콘텍스트의 내용과 수는 거의 무한에 가깝기 때문이다. 이런 점에서 세계는 무한히 다양하고, 우주는 무한한 창조적 가능성을 위해 언제나 열려 있다.

그렇더라도 진/위 판단의 규범 선택의 더 복잡한 문제가 아직 남아 있다. 왜냐하면 특정한 맥락, 특정한 패러다임을 결정했더라도, 그 틀 안의 동일한 신념·명제의 진/위는 어떤 판단의 잣대·이유·근거에 의존하느냐에 따라 서로 다른 수 없이 많은 판단과 결정을 내릴 수 있기 때문이다. 가령 상응론, 정합론, 실용론 등의 전통적 진리의 잣대 가운데에서 어떤 것을 적용하느냐에 따라 동일한 명제가 '진리'로 판단될 수도 있고, '오류'로도 판단될 수 있다.

그러나 철학자들이 흔히 전제하는 바와는 달리, 진/위 결정의 잣대로서 위의 세 가지 진리론은 뒤범벅이 되어서 동시에 절충적으로 적용되기도 하며 모순적인 다른 잣대들과 합쳐지기도 한다. 전통적인 세 가지 진리론들은 '진리의 정의'로 알려져 있지만 사실은 '진리의 잣대규범'에 불과하다. 이것들은 인류가 장구한 역사 속에서 삶의 경험을 통해 암암리에 만들어 익혀온 진리 선택의 규범에 지나지 않는다.

니체의 주장과는 달리 진리, 객관성, 보편성은 완전한 허구가 아니라 엄연히 존재한다. 그러나 그것들은 지금까지 일반인들은 물론 전통적 철학자들이 생각했던 바와는 달리, 보편적·

영원한·절대적인 것이 아니라 필연적으로 국지적·일시적·상
대적이다. '절대적으로 객관적이고 보편적인 진리'라는 개념
은 논리적으로 모순이다.

7장

•

우주의 본질과
인간의 질서

The Onto-Semantical Matrix

✝

　모든 존재는 나름대로의 본질과 구조를 갖고 있다. 이 두 가지 측면이 부재한 존재는 논리적으로 불가능하다. 총체적 존재로서의 우주도 마찬가지다. 우주의 본질적이고 형이상학적인 속성은 무엇이며 그것은 어떤 구조를 갖고 있는가?

1. 우주의 형이상학적 일원성과 이원성

　존재하는 모든 것을 총칭하는 말은 '우주'다. 최근의 천문학설에 의하면 우주는 하나가 아니라 여러 개라 하니, 단 하나의 우주는 '존재 전체'일 수 없다. 그러나 여러 개의 우주들을 총칭하는 낱말은 아직 없으므로 여기서 나는 부득이 '우주'라는 단수의 낱말을 존재 전체로서의 '우주들'을 총칭하는 낱말로 사용하기로 한다.

　우주는 대체 언제 어디서 어떻게 생겨났을까? 힌두교는 처음부터 그냥 그렇게 있었던 '브라만'이라고 하며, 동양철학은 혼돈에서 나타났다고 하고, 서양의 전통적 종교는 전지전능한 하느님의 뜻에 의해서 무無로부터 창조한 것이라고 한다. 1940년에 나온 천체물리학자 가모우의 대폭발이론Big Bang theory 이후 오늘날의 과학계는 물론 대부분의 학계와 지식인들은 이 과학적 학설을 추종한다. 수많은 새로운 과학적 효과를 발휘하는 놀라운 기술적 성공이 이 학설의 합리적 신빙성을 강화했기 때문이다. 이 과학적 학설에 의하면 우주는 약 180억 년 전 아주 작은 물질적 미립자의 폭발로 생긴 것이라 한다. 우주의 이 같은 탄생의 광경과 결과는 뜨거운 용암들을 분출하는 화산이나 원자폭탄이 폭발하는 상황을 상상해보면 다소 짐작할 수 있다. 애초에 우주는 인간이 x, y, z 등의 존재론적인 여러 가지 특정한 범주 속에 개념적으로 분류하고 구별하여 인식하기 이전까지 '로르샤흐의 잉크 얼룩' 같은 단 한 덩어리로서의 물질적 존재였다.

문제는 만일 대폭발의 과학적 학설이 옳다면, 그렇게 폭발한 원래의 미립자가 물질이었던 만큼, 첫째로 그것으로부터 파생한 위와 같은 우주 안의 모든 것들의 본질도 다름 아닌 하나의 동일한 물질이어야 한다는 것이다. 그러나 우주에는 물질과는 분명히 다른 식물, 동물, 인간, 몸, 의식, 마음, 영혼, 이, 기, 인간의 자유의지 등으로 불리는 다양한 현상들이 존재한다.

둘째로 자연의 모든 현상들은 어떠한 질서도 갖추지 못한 악몽 같은 로르샤흐의 잉크 얼룩처럼 카오스 상태로 있어야 함에도 불구하고 나름대로의 서로 다른 특정한 구조를 갖고 있어 보인다는 데 있다. 여기서 첫 번째의 문제는 모든 존재가 궁극적으로는 단 하나의 형이상학적 실체로 환원 가능하느냐의 문제라고 할 수 있다. 두 번째는 거시적으로는 우주 전체 차원에서 관찰되는 질서와 혼동의 모순된 관계를 설명하는 문제다.

첫 번째 문제는 양자역학이 주장하는 것처럼 지각적 차원에서는 분명히 구별되는 모든 현상들이 본질적으로는 아주 극미한 알갱이 혹은 초끈superstring의 뭉치로 환원된다고 볼 때 풀릴 수 있다. 현대물리학이 발달하기 이전에는 신이라는 인격적 존재나, 언어가 미칠 수 없는 신비로운 브라만, 아트만 혹은 도道라는 비물질적이고 신비로운 원리로 이를 설명했으며 우주의 삼라만상을 그러한 것의 다양한 형태 혹은 표현으로 보았다. 이런 점에서 전통 형이상학은 근본적으로 유심론적이고 반유물론적이며 의인적이다. 삼라만상의 현상과 본질에 관한 전통적 형이상학과 반대로 현대물리학은 무기물과 유기물, 물질과 생명, 식물과 동물, 원숭이와 인간, 몸과 마음, 생명과 정신, 마음과 영혼들의 차이를 피상적 환상이며 착각의 산물이라고 치부하며 위와 같은 모든 것들은 알갱이나 혹은 초끈의 무한히 다양한 뭉치나 배열의 다양성에 지나지 않다고 본다. 우주의 모든 현상들이 알갱이나 초끈들의 뭉치라면 그것들의 궁극적 본질은 무엇인가? 그러한 속성을 서술할 수 있는 개념은 결국 물질이다. 현대 자연과학이 전제하는 형이상학은 유물론이다.

전통적인 유심론적 형이상학이 현대물리학과 과학기술의 정밀한 논리, 초월적 힘, 경이로운 업적 앞에서 그 모든 것을 인정할 수밖에 없다면 유물론적 형이상학을 인정해야 할 것이다. 또한 유물론적 형이상학을 인정하자면 전통적인 유심론적 형이상학을 포기해야 한다. 하지만 현대물리학이 전제하는 바와 같이 과연 생명을 물질의 한 변형으로, 마음을 뇌세포로, 뇌세포를 물질적 알갱이나 초끈 뭉치로 환원시킬 수 있는가?

우선 그러한 개념이 논리적으로 성립될 수 있는가? 인간이면 누구나 그리고 언제나 경험하게 되는 윤리의식, 미학적 가치를 설명할 수 있는가? 마음·정신을 전제하지 않고 "모든 것은 물질이다"라는 유물론적 형이상학이 논리적으로 가능한가? 정신은 환상, 도깨비, 허깨비라는 주장이 그 자체 속에 스스로를 부정하는 것은 아닌가? 양자역학이 극미적 미립자의 세계를 누군가가 관찰하기 전에는 그것의 존재 여부를 알 수 없다고 증명했다면 그러한 사실은 과학적이고 유물론적인 형이상학을 과학적으로 부정함을 입증하는 것이 아닌가? 대폭발이라는 우주의 기원론을 인정할 때 유물론은 피할 수 없는 형이상학적 결론 같지만, 여기서 유물론은 유심론이 성립할 수 없는 것과 똑같은 이유에서 성립할 수 없다. 때문에 우리는 전통적·종교적·인격적 세계관을 수용할 수 없는 것과 유사한 이유로 양자역학이라는 첨단물리학에 깔려 있는 유물론적 세계관도 수용하기 어려운 처지에 놓이게 된다.

두 번째 문제인 자연구조에 관해 생각해보자. 천체라는 거시적 차원에서나 양자역학에서 다루는 미시적 전자, 중성자, 립톤이나 쿼크의 차원에서나 자연은 질서와 무질서, 기계적 법칙과 카오스적 무질서, 필연성과 우연성, 결정론과 자유의지라는 서로 모순되는 양면을 드러낸다. 이러한 사실은 아득한 옛날의 고대인들이나 첨단과학을 자랑하는 현대인이나 다 같이 느껴왔던 것이고, 학문과는 상관없는 일반인의 일상적 경험의 차원에서나 첨단과학을 연구하는 전문가의 차원에서도 마찬가지다. 자연은 한편으로는 영원불변한 구조와 질서를 갖고 존재하는 것처럼 여겨지는가 하면 다른 한편으로는 모든 개별적 존재가 자신의 일정한 형태, 독특한 구조를 갖지 않은 채 아무런 법칙도 없이 우연적으로 무질서하게 '자유롭게' 작동하는 것처럼 여겨지기도 한다.

단 하나의 존재론적 전체로서의 우주의 본질과 구조를 둘러싼 문제의 핵심은 그 두 가지 문제에 대한 두 가지 관점들이 다 같이 맞으면서도 동시에 서로 모순된다는 데 있다.

한편으로 우주의 본질은 단 하나의 물질이라는 형이상학적 본질과 단 하나의 인과법칙이라는 보편적인 형이상학적 구조로 환원된다. 다른 한편으로 우주는 아무런 본질이나 아무런 보편적 구조도 없는 비록 있더라도 그 본질은 물질이 아니라 정신이거나, 단 하나가 아니라 물질과 정신이라는 두 가지로 나누어진다. 즉 우주의 궁극적 본질은 이와 같은 서로 상반된 두 가지 관점 모두가 우리가 관찰하고 경험하는 존재들이나 사건들을 나름대로 똑같이 잘 설명해준다는 점에서 논리적인 갈등을 안고 있다. 이러한 갈등이 풀리지 않는 한 우리는 우주의 모든 현상을 설명하고 이해했다고 말할 수 없다.

또한 이러한 모순에 대한 인정은 인간이 절대적인 지적 한계를 갖고 있으며 우주와 그 속의 모든 것들에 내재된 신비성을 인정한다는 것을 함축한다. 그러나 과연 그러한 한계가 절대적인가? 궁극적으로 우주의 본질과 구조, 출현과 그 의미가 신비에 갇혀 있을 수밖에 없더라도, 그 비밀에 한걸음 가깝게 다가갈 방법은 없을까? 이런 물음의 맥락에서 앞서서 이미 검토했던 '존재-의미 매트릭스'를 다시 한 번 생각해보자.

2. 반죽으로서의 우주와
인식으로서의 우주관

어떤 대상을 전제하지 않고서는 '인식'이라는 말이 성립할 수 없는 것처럼 인식 이전의 어떤 대상에 대해서는 그 '존재'를 말할 수 없다. '인식'이 어떤 주체의 인식이며, 논리적으로 그 주체의 '의식'작용을 지칭하는 이상, 모든 대상의 인식은 의식 주체를 전제로 한다. 인식은 어떤 대상의 기계적 반영이나 복사가 아니라 해석이며, 해석은 반드시 어떤 관점에 따라 재구성한 관념적 제품이다. 인식대상이 우주 자체인 경우도 마찬가지다. 우주를 구성하는 반죽과 같은 존재들을 거시적인 천문학적 차원에서 별·태양·달·지구 등 수많은 천체들로 분류하고, 그것들을 다시 물질·생명체·식물·동물·인간 등으로 구별하며, 그 모든 현상을 미시적 차원에서 원자·전자·중성자·뮤온·립톤·쿼크 등으로 인식하는 것도 인간주체에 의해서 관념적으로 구성된 제품이라는 데는 변함이 없다.

만일 관념적으로 분류하고 특정한 어떤 속성과 구조를 가진 대상으로 구성하여 인식하는 인간이 우주 안에 나타나지 않았다면 위와 같은 범주들에 속하는 존재들은 물론 그 모든 것을 총칭하는 우주도 존재하지 않았을 것이다. 의식이 인간의 특정한 존재론적 속성이며, 그러한 우주의 크기에 비해서 쿼크만도 못한 인간의 의식이 우주 안의 모든 것을 자신의 머릿속에 넣고 검토하게 되는 신비로운 놀라움을 느끼는 것은 파스칼뿐만이 아닐 것이다. 머릿속에 우주를 굴리며 생각하고 관찰하고 따지게 되었다는 점에서 인간이 우주보다 크다고 주장한 파스칼의 말은 옳다. 이러한 사실은 인간이 지니는 역설적이지만 신비롭고 특수한 존재론적 위상의 징표다.

하나의 생물체로서 인간은 육체적 동물이지만, 유일한 정신적 동물로서 물리적 우주를 초월한다. 인간은 인과적 관계에 의해서 기계적으로 결정되지 않는다. 자유로운 동물이며, 생물학적 존재에 속박되지 않는 자율적 존재다. 그것은 인간이 물리적으로는 우주의 일부로서 우주 안에 있지만 그와 동시에 의식을 갖고 사유하는 존재로서는 우주와 분리되어 우주를 인식하는 존재임을 말해준다. 다시 말해 인간은 대우주나 대자연과 이중적으로 얽힌 관계를 갖고 있는 '존재-의미 매트릭스'로 우주의 일부이지만 그와 동시에 어떤 대상을 x, y, z로 의미 범주화하는 주체다.

어떤 이유에 의해서인지는 알 수 없지만 우주의 탄생과 진화과정에서 존재-의미 매트릭스로서의 인간이 출현함으로써 우주를 비롯한 모든 것은 비로소 스스로의 모습을 드러낼 수 있게 되었다. 존재-의미론적 매트릭스가 출현하기 이전까지 우주는 절대적 어둠과 침묵, 절대적 무의미 속에 갇혀 '아무것도 아닌 것'으로, 무엇이라 말할 수도 없는 그냥 무한히 크고 막연한 'X'로만 존재했을 것이다. 공간적·물리적·시간적 차원에서 볼 때 인간은 우주에 비하면 '무'에 가까운 존재이지만, 인식적·관념적·'의미'의 차원에서 볼 때는 우주의 모체이자 산파라고 할 수 있다. 물리적으로는 모든 우주와 자연현상들이 무한히 복잡한 인과법칙의 결과이지만, 그러한 인과법칙도 궁극적으로는 인간적인 관념의 제품이며, '인간'은 이러한 법칙의 자율적 제정자다. 이런 점에서 자연의 법칙과 인간 자유의지는 모순된 것이 아니라 상호보완적으로 얽혀 있다.

인식주체를 전제하지 않은 물질적 우주나 결정론적 자연을 상상할 수 없는 것처럼 인간이 아닌 인식주체를 생각할 수 없다. 인식이 일종의 비물질적이고 자율적인 행위라면 자율성을 지닌 진화된 동물로서의 인간이 출현하기 이전에 물질적 우주나 결정론적 자연이 존재한다는 말은 공허한 낱말이 된다. 의식의 존재, 자율적 동물로서의 인류의 출현은 물질적 우주와 결정론적 자연에 필수조건이다. 대폭발이론이 옳다면 우주의 본질은 궁극적으로 물질이며 인간의 의식·사유 그리고 자유의지도 물질적 현상의 한 측면으로 보아야 할 것이다. 그렇다면 이러한 모순을 어떻게 설명할 수 있을까?

우주가 무에서 혹은 초월적이고 신비스러운 하늘에서 떨어진 것이 아니라 현대천문학이 설명하듯 약 180억 년 전에 하나의 미립자의 대폭발로 시작해서 현재까지도 팽창 중인 물체라면 오늘날 존재하는 모든 것은 한결같이 물질에 지나지 않을 것이다. 그리고 돌, 물, 공기, 세포, 인간, 영혼, 정신, 마음, 의식, 자유의지 그리고 이데아를 포함한 모든 종류의 현상들은 단 한 가지 종류로서의 물질이 다양한 차원 및 양태를 드러낸 것에 불과한 것이 되어버리며, 그 자체가 다른 것으로 절대 환원될 수 없는 형이상학적 실재일 수 없게 된다.

그것들은 어떤 인격체의 계획과 의지에 의해서가 아니라 무한한 수의 물리적 알갱이나 초끈들의 우연한 조합의 덩어리 같은 무한히 다양한 모습으로 읽어낼 수 있는 우주적 '로르샤흐의 잉크 얼룩'에 지나지 않게 된다. 다시 말하면 물과 불, 물질과 정신, 개구리와 인간, 인과적 법칙과 자유의지, 자연의 법칙과 문화적 규범은 동일한 단 하나의 우주를 여러 측면에서 다양하게 구성하고 서로 다른 각도에서 관찰한 모습들에 불과한 것으로 볼 수 있다. 단 하나의 물리적 우주와 그것을 구성하는 수많은 현상들의 관계를 이같이 물리적 알갱이나 초끈 뭉치로 설명할 수 있고, 인류에서만 찾아볼 수 있는 의식·자유의지를 그것에서 파생된 것으로 이해해야 한다는 사실은 극히 역설적이고 신비스럽다. 왜냐하면 우주는 자신의 진화과정에서 자신과 자신 안에 있는 모든 것을 인식하기 위해 인류라는 두뇌를 가진 동물을 탄생시켜야 했기 때문이다. 이러한 우주의 진화는 어쩌면 우주의 대폭발과 더불어 이미 우주 속에 내재되어 있는 것인지도 모른다.

이런 시각에서 볼 때 우주의 역사를 정신이 스스로를 의식할 수 있을 만큼 성숙하기 위한 과정으로 보았던 헤겔의 형이상학적 역사관은 의인적 역사관이라는 문제점에도 불구하고 놀라운 통찰력을 갖고 있었던 것으로 평가된다. 자연현상을 지배하는 기계적 인과법칙과 인간의 가장 내밀한 차원에 들어 있는 자유의지는 동일한 논리 선상에서는 양립할 수 없지만, 그와 동시에 아무도 부정할 수 없는 객관적 사실이다. 자연과학은 모든 것을 엄밀한 기계적 법칙에 의해서 작동되는 것으로 설명한다. 반면 인간의 일상적 삶의 차원이 가장 내밀한 경험의 차원에서는 인간의 자유의지는 기계적 자연법칙을 깨뜨릴 수 있다. 문제는 이렇게 모순되는 두 가지 사실을 모두 전제하지 않고는 아무 것도 설명할 수 없고 아무 말도 할 수 없다는 것이다.

우주를 지배하는 원리로서의 결정론과 자유의지 간의 관계에 관한 위와 같은 문제가 복잡하고 풀기 어려운 것은, 한편으로는 양자역학이나 천문학이 우주의 근본적 속성을 물질로 보고 그것들이 결정론적 인과법칙에 의해서 작동된다고 주장하는 데 반해 다른 한편으로는 고대 힌두철학이나 중국철학이나 모든 것은 처음부터 운명적으로 결정되었다는 주장을 하기 때문이다. 이 두 가지 모순되어 보이는 사실들을 풀어낼 수 있는 방법은 없는가? 어쩌면 위와 같은 두 가지 사실들 간의 모순은 객관적 사실이 아니라 일종의 마야幻影, maya, 즉 인식적 환각인지도 모르지 않은가?

3. 결정론적 자연과 자율적 인간

자연을 기계처럼 지배하는 결정론적 법칙은 인간에 의해 서술된 하나의 양식이지 사물현상들이 복종해야 할 객관적 규범은 아니다. 그렇다면 인간에게 발견되는 자유의지 역시 객관적으로 존재하는 실재가 아니라 자신의 행동을 설명하는 하나의 양식으로 볼 수 없을까? 결정론적 자연법칙이 자연의 객관적본질이 아니라 인간이 자연현상을 서술하는 하나의 양식이라면, 자유의지 역시 우주·자연, 인간의 객관적 일부가 아니라인간이 자신의 행동을 서술하는 또 하나의 양식이라고 볼 수있다. 우주와 인간, 인간의 몸과 마음, 물질과 생명체 그리고모든 존재들은 절대적으로 구별되지 않으며 아직 인절미나 가래떡으로 차별화해서 만들어지기 이전의 단 하나의 거대한 밀가루 반죽이라고 할 수 있다. 우주 안에 있는 모든 것들은 비유하자면 바다의 다양한 파도와 그것들이 서로 이루고 있는 물결의 굴곡과 파장에 지나지 않다고 볼 수 있다.

물질과 정신, 자연의 결정론적 법칙과 인간의 자유의지는 우주 안의 두 가지 형이상학적 실재가 아니라 형이상학적으로 분리할 수 없는 우주라는 단 하나의 반죽 덩어리가 지니는 두 측면 또는 두 굴곡으로 파악할 수 있다. 우주는 처음부터 어떤 것으로 존재하며 어떤 식으로 작동하도록 규정된 것이 아니라 궁극적으로는 아무도 완전히 예측할 수 없는 것으로 생겨나서 아무도 예측할 수 없는 방식으로 작동한다. 우주의 결정론적 구조와 인간의 자율적 행위도 궁극적으로는 그냥 그렇게 우연 적으로 생긴 현상에 불과하다. 존재로서의 우주는 합리적인 것 도 비합리적인 것도 아니며, 모순도 잘못도 없다. 우주의 결정 론적 구조와 인간의 자유의지와의 갈등은 인간이 논리를 따라 인위적으로 만들어낸 것에 불과하며 존재 자체, 즉 우주 자체 는 그것의 속성을 무엇으로 서술하든지 상관없이 그냥 그렇게 존재할 뿐이다.

이런 점에서 위와 같은 갈등은 인간의 사유가 만들어낸 개 념적 산물에 지나지 않는다. 우주의 물질적 속성과 비물질적 속성 그리고 인간의 자유의지를 모두 인간의 산물이라고 인정 한다면 이러한 갈등은 모두 해소될 수 있다. 모든 것은 그냥 그 런 것으로 존재하며, 그냥 그러한 모습을 띠고 있고, 아무 목적 이나 의미도 없이 그냥 그렇게 돌아간다. 무질서, 무의미라는 개념도 여기에서는 성립되지 않는다. 인류가 45만 년 전 호모 사피엔스로 진화해서 10만 년 전부터 언어를 창안하고 논리적 사유를 시작하고 호모파베르로 발전함에 따라 자연과는 별개의 질서를 세상에 추가함으로써 비로소 문화·문명으로 범주화할 수 있는 새로운 것들이 우주 안에 창발적으로 생기게 되었다. 이때부터 우주 안의 모든 현상, 사물 및 사건은 자연적인 것과 문화적인 두 가지 범주로 양분할 수 있게 되었다.

4. 자연적인 것과 문화적인 것

　자연적인 것과 문화적인 것의 경계에는 인간이 존재한다. 천체들, 산과 바다, 물과 땅, 초목과 동물 그리고 동물로서의 인간은 자연의 일부지만, 천체는 1969년 여름 인간이 달에 착륙한 순간부터, 산과 바다는 인간이 천문대를 짓거나 항해를 시작하면서부터, 물과 땅은 수력발전이나 경작을 위한 도구가 되면서부터 자연적 존재에서 문화적 존재로 전환되었다. 인간이 생활의 편의를 위해서 주거를 위한 가옥이나 생산을 위한 공장이나, 건강을 위한 의료기구나 운동기구를 만들기 시작하면서부터, 문자를 발명하여 무엇인가를 기록하고, 글을 쓰거나 그림을 그리거나 노래를 하면서부터, 자연적인 것은 문화적으로 변용되었다. 오늘날 인간이 사는 곳 가운데 직접 혹은 간접적으로 인간의 손이 닿지 않거나 인간에 의해서 크고 작게 변용되지 않은 원래 그대로의 자연은 어디에도 존재하지 않는다. 인류의 역사는 곧 자연의 문화화 과정이라고 말할 수 있다.

　자연적인 것과 문화적인 것의 차이는 가시적 차원에서만이 아니라 비가시적, 즉 제도적 차원에서도 분명하다. 자연에서 물리적 세계를 지배하는 인과법칙이 존재한다면 인간 사회는 그의 자율성을 규제하는 수많은 종류의 규범code이 존재한다. 전자가 인간의 의지와는 상관없이 자연 속에서 발견되는 영원 불변하고 필연적인 법칙이라면 후자는 인간의 필요에 따라서 잠정적인 사회적 약속으로 생긴 우연적 법칙이다. 수많은 놀이 의 규칙, 법적 또는 도덕적 규범 등은 발견의 대상이 아니라 동 의와 수용 아니면 거부와 반대의 대상이 될 뿐이다.

그러나 자연적인 것과 문화적인 것의 위와 같은 구별은 절 대적이 아니라 상대적이다. 또한 자연의 법칙과 문화적 규범 간의 경계를 지울 수 있는 근거도 절대적이 아니다. 사회적 규 범이 생기게 된 근원적 원인을 추적해보면 그것은 무한히 세밀 하고도 복잡한 인과관계가 얽힌 결과로 볼 수 있으며, 다른 한 편으로는 과학이 발견했다는 자연의 물리적 법칙은 인간이 자 연과 가장 효과적인 방법으로 대처하기 위해 고안해낸 방편에 지나지 않을 수도 있다. 우주 안에 존재하는 모든 현상들 간의 관계처럼 자연과 문화 간의 관계도 '의미적', 즉 인식적 차원 에서는 분명히 다르지만 '존재론적' 차원에서는 연속적이다. 우주는 인식의 차원에서 무한히 서로 다른 것으로 차별화되어 분류될 수밖에 없지만 존재의 차원에는 궁극적으로 아무것으 로도 구별할 수 없는 한 가지다. 우주는 전체의 관점에서 볼 때

단 하나의 '바다'이지만, 그것을 구성하는 부분들의 관점에서 볼 때는 서로 따로이 존재하는 무수한 파도, 무수한 물방울, 무수한 쿼크들의 집합물이다. 형이상학적 일원론과 이원론, 다원론, 유물론과 유심론, 실재론·리얼리즘과 관념론 그리고 존재와 인식은 서로 갈등하는 다른 객관적 실재·실체를 지칭하는 개념들이 아니라 동일한 실재·실체의 서로 다른 측면, 관점, 양태modality를 지칭하는 낱말들에 불과하다.

5. 우주의 풍경

우주는 그 크기에서 너무나 방대하고, 그 내용은 너무나 다양하고 복잡하며, 그것을 명석하게 인식하고 이론적으로 설명하기에는 너무나 다원적이며 가변적이다. 이런 점에서 노자, 힌두교, 선불교, 수많은 시인들 그리고 비트겐슈타인이나 역사상의 모든 신비주의자들은 다 같이 우주 전체를 어떠한 단 하나의 개별적 존재로 관념화하거나 언어로 서술할 수 없었다. 그러나 앞서 누차 강조했듯이 인간은 생존과 번영을 위해서라도 사물현상을 부분적으로나 전체적으로 다른 것들과 구별해서 인식하고 설명하지 않을 수 없는 동물로 진화했다.

존재 전체를 총칭하는 우주는 그것을 인식하고 서술하는 차원에서 자연적인 것과 문화적인 것의 두 가지 큰 범주로 구별된다. '자연적인 것'과 '문화적인 것', 요약해서 표현하자면 자연과 문화의 구별은 인간이 개입하기 이전의 우주현상과 그러한 개입 이후의 우주현상으로 규정할 수 있다. 자연은 무한히 단순하면서도 무한히 복잡하고, 무한히 치밀하면서도 무한히 낯설다.

자연은 알면 알수록, 생각하면 생각할수록 너무나 방대하고 너무나 경이로우며, 너무나 아름답고 너무나 추하며, 너무나 신비롭다. 자연으로서의 우주, 즉 인간의 손이 닿기 이전의 우주 전체는 어떠한 상상력으로도 미치지 못할 만큼 두 가지 관점에서 무한하다. 첫째, 인간이 아는 방대한 태양계는 수많은 은하계들에 비해 작은 하나의 우주에 불과하며, 존재 전체로서의 우주는 이미 천문학에서 우리가 아는 여러 개의 우주로 구성되었다고 밝힌 바 있다. 그렇다면 자연은 그 물리적 폭, 즉 물질적 차원에서의 크기가 그저 무한하다고밖에 달리 표현할 수 없다. 둘째, 우리의 우주를 구성하는 모든 존재는 궁극적으로 한없이 작은 쿼크와 같은 미세한 물질적 알갱이나 초끈, 아니 그러한 물체보다 더 미세한, 거의 '무/공'과 구별할 수 없는 미립자라는 양자역학의 주장이 옳다면, 우주를 구성하는 원초적 실재는 무한히 작고 다양하다.

자연은 인간이 보기에 따라 무질서하고 추하고 헷갈리고 가혹하고 무의미하지만 그와 동시에 수학적으로 정확하게 기술해서 파악할 수 있을 만큼 놀랍게 정밀한 질서를 갖추고 있다. 자연은 계절에 따라 그 모습이 변하는 산천초목처럼 아름다운 풍경을 지니고 있다. 그곳에는 박테리아에서 시작해 수없이 다양한 종류의 식물, 곤충, 영장류 그리고 인류가 먹고 먹히는 상생과 살육의 긴장된 관계, 투쟁과 공포, 삶과 죽음, 천당과 지옥, 아름다움과 거침, 잔인함과 신비로움이 교차하며 문명과 폐허가 교차되는 드라마가 항상 벌어진다.

첨단과학이 극대적인 동시에 극미적 차원에서 추상적 숫자나 기하학적 도식으로 선명하게 그려 보여줄수록, 철학이 빈틈없는 논리적 체계로 설명해줄수록 자연은 그만큼 더욱 신비롭고 환상적인 동시에 아름답고 황홀하다. 수많은 종교가 그려 보이는 초월적 우주의 이야기에 귀를 기울여보고 다양한 장르의 예술이 시각적으로 또는 청각적으로 보여주는 창조적 가능성을 의식하면 할수록 자연의 일부로서의 인간의 생명력과 창조력의 위대함에 우리는 스스로 놀라지 않을 수 없다.

자연은 인간에 의해서 짓밟혀서 병들고 황폐해지고 죽어가지만 아직도 자연에는 박테리아에서 인류에 이르기까지 수백, 수천, 수만, 수억의 생명체들이 살아가고, 앞으로도 계속 살아가게 될 것이다. 자연의 황폐화 과정에서 인간의 종말이 불가피해 보이기도 하지만, 아마도 인간은 다른 모든 하등생명체와 더불어 멸종하지 않고 앞으로 보다 바람직한 방향으로 문명을 발전시키고 문화의 꽃을 피우게 될 것이다. 인간은 한편으로는 자신이 생각하는 것보다 어리석지만, 다른 한편으로는 현명하기 때문이다.

위와 같은 우주의 자연사는 두 가지 의미에서 문화사다. 첫째, 우주의 자연사는 공간적으로 무한히 방대한 우주의 한 점에 불과한 지구 위에서 물리적으로는 먼지보다도 작고 무의미한 인간이 출현함으로써 시작되었기 때문이다. 우주의 자연사는 그것의 존재 자체를 의식하고 그것에 관해 어떤 관념적인 이야기 즉, '문화화'의 작업을 하기 이전에는 '우주'나 '우주의 자연사'가 될 수 없다. 둘째, 약 10만 년 전 인간이 생물학적으로 출현한 시간적 역사는 우주가 시작된 시간에 비해 한 '찰나'만큼도 안 되지만, 그 짧은 기간 동안 진행된 인간의 문화가 지니는 폭과 깊이와 크기는 우리의 상상을 훨씬 초월한다.

인간에 의해서 자연의 영역은 날로 축소되고 있으며, 상대적으로 자연은 더욱 문화화되었고, 이러한 과정은 더욱 가속적으로 심화되고 있다. 오늘날 산업사회에서는 '자연'은 거의 찾아볼 수 없을 만큼 보이지 않는 구석으로 밀려가고 있다. 오늘날의 인간은 생물적 인간이기 이전에 문화적 동물로 살아간다. 자연의 문화화가 가속적으로 진행됨에 따라 인간의 세계는 하루가 다르게 문화의 세계로 변용되었으며 자연은 인간과 하루가 다르게 멀어지고 있다. 위와 같은 사실은 자연의 역사가 곧 문명사이며, 한 걸음 더 나아가서 우주의 역사는 곧 문화사라고 보기에 이르렀다. 이런 과정에서 오늘의 인간은 자연이나 우주와 직접적인 접촉이나 관계, 소통과 화해를 떠나 문명의 수많은 기계들과 도구들에 둘러싸여 그것에 의해 조정되고, 다양한 사회적 제도들과 정치적 혹은 이념적으로 속박되고 있다. 인간이 꾸며낸 위와 같은 자연의 문화사는 수많은 종교적 교리, 철학적 체계, 과학적 이론, 예술작품, 정치적 이념들에 의해서 표상되거나 정당화되고 전수되며, 공학적 제품과 기술적 활용, 경제적 유혹과 정치적 지배구조에 의해서 지배와 복종, 통제와 자율성, 관리와 혼란, 조종과 추종, 계승과 단절은 끊임없이 반복적으로 체험된다.

이러한 자연의 문화사 속에서 인간 자신이 보고, 듣고, 느끼면서 체험하고, 생각하고, 추측하고 상상했던 이야기는 우선은 신화적 종교의 형태로, 다음 단계에서는 사념적 철학의 언어로, 감성적으로는 예술이라는 매체로, 그리고 보다 실증적으로는 과학이라는 인식방식에 의해서 구체적으로 표현되었다. 인간은 줄곧 우주, 자연, 인간 자신에 대한 그림과 진리들을 찾아내어 지적 만족을 찾고자 해왔으며 그러한 그림의 의미를 설명함으로써 정서적 안정을 체험하고자 다양하게 시도해왔다.

'우주' 즉 '대자연'은 수적으로나 질적으로나, 현상적으로나 형이상학적으로나 그 한계와 속성을 규정할 수 없는 단 하나의 '로르샤흐 잉크 얼룩' 모양의 밀가루반죽이다. 따라서 그것은 처음부터 무엇이라는 개념으로 인식하고, 어떤 언어로도 서술 불가능한 단 하나의 망망대해 같은 밀가루반죽이다. 그런데도 그것에 대해서 무엇인가를 생각하고 말해야 한다면, 그것은 어떤 방식으로든지 나름대로의 분석과 개념화가 불가피하다. 우주의 풍경에 대해 위에서 언급한 것들에서 편의상 다음과 같은 몇 가지 명제들을 도출하여 그것의 그림을 정리할 수 있다고 생각된다.

첫째, 우주 즉 존재 일반으로서의 자연은 좁은 뜻의 자연과 인간을 총칭하는 넓은 뜻의 자연이 있다. 넓은 의미로는 두 종류의 존재를 포함하며, 전자의 자연은 인간 이외의 모든 현상을 지칭해서 무한히 많은 모든 종류의 물질, 현상, 식물, 동물을 총칭하고, 후자의 자연은 인간을 포함한 모든 것을 총칭한다.

둘째, 물질은 고체·액체·기체 등의 서로 다른 종류로, 생물은 박테리아에서 시작하여 어류·조류·들짐승 등의 무한수에 가까운 종種과 유類 그리고 개체로 분류된다. 그리고 각 종이나 유의 내부에서는 헤아릴 수 없이 많은 개별적이고 집단 갈등적 및 협력적 생존경쟁이 일어나며, 각 개체적 생물체 내부에서 상상할 수 없는 생물학적 활동과 사건이 생물학적 차원에서 벌어진다.

셋째, 이러한 활동과 사건들은 사유의 능력을 갖춘 인간에 이르면 생물학적 차원만이 아니라 문화적 차원에서 한없이 더 복잡하고, 기적에 가까운 환상적 사건이 정신적 차원에서 일어났다. 그리고 집단적 차원에서는 문화적 차원의 관념적 구성물들과 기술적 제품들이 수없이 싹트고 화려한 꽃을 피운다. 가시적 문명이 구축됨으로써 우주의 풍경은 자연상태로서의 그 이전보다 훨씬 팽창되고, 복잡하면서도 활발한 역동적 세계로 변해간다. 이러한 자연의 문화화와 우주의 문명화 추세는 18세기 이후 근대적 의미의 과학이라는 보다 정교하고 체계적인 인식양식으로 정착되었고, 19세기 이후에는 급속하게 발전하였다. 그럼으로써 21세기 오늘날의 우주는 그 이전보다 커지고, 더 활력을 띠게 되었으며, 앞으로의 세계, 자연 그리고 우주는 더욱더 그러한 방향으로 진행될 것이다. 이러한 우주역사가 어떤 절대적 인격자의 의도에 의해서 이루어지고 있는지, 아니면 순전히 우연의 사건인지는 알 수 없다. 그러나 우주가 대폭발로 시작된 이래로 자연은 끊임없는 문명화의 과정에 있으며, 우주의 풍경은 고정된 것이 아니라 가속적인 변화의 과정에 있다.

수많은 종교적 믿음의 체계, 끊임없는 예술적 창작활동, 기발하고 신선한 문학적 이야기의 생산, 수많은 철학적 사유와 주장들로 채워진 인류문화사, 불의 발명, 촌락과 도시의 구축, 농업, 산업기술의 가속적 발달, 우주의 정복, 모든 인간이 지구 어디서나 언제고 서로 의사소통을 할 수 있도록 만들어준 휴대전화나 인터넷의 발명 등이 인류의 출현과 더불어 자연적 우주가 문화적 우주로 진화되었음을 말해준다. 그리고 생각하면 할 수록 문화와 문명의 세계가 얼마나 지적·감성적 및 기술적 차원에서 경이롭고 감동적이며 신비스러운가를 보여주며, 우주의 풍경이 과거에 비해서 더 풍요하고, 투명하며, 아름답고, 화려한가를 입증한다. 정치적 투쟁이 모든 사회에서 끊임없이 치열하게 벌어졌으며, 정치적 패배와 혁명으로 정권이 교체되어 과거의 지배자와 피지배자의 관계가 뒤바뀐다. 국가와 국가, 민족과 민족, 문화와 문화 사이의 피비린내 나는 전쟁과 폭력, 약탈과 파괴, 지배와 종속, 패망과 승리가 끊임없이 엇갈려 이루어지고 있다.

존재론적 차원에서 볼 때 우주 안에 있는 모든 것, 우주 안에서 일어나는 모든 것들, 우주 안에서 생기는 모든 사건들, 우주 안에서 사라지는 모든 것들은 서로 뗄 수 없이 얽히고설킨 연속된 단 하나의 동일한 존재의 반죽이다. 그것들은 인식론적 차원에서 볼 때는 하나하나가 서로 구별되고 단절된 무한수의 절대적 단독자the absolute singular로 존재한다. 달리 말해서 존재론적 차원에서 볼 때 우주는 단독자이지만 인식론적 차원에서 볼 때 그것은 무한히 다양한 개수의 개별적 존재, 즉 단독자들의 복합적 집합체the complex of the singular다. 존재론적 차원에서 볼 때 우주는 어떤 개념으로도 묶어 서술할 수 없는 무한히 단조롭고 단순하고 영원히 동일한 '하나'지만, 인식론적 차원에서 볼 때 그것은 무한히 다양하게 구별되고 다양하게 서술될 수 있는 서로 다른 무한수다. 이런 점에서 우주는 단 하나의 절대적인 단수적 동일자the absolutely identical self로 존재하지만, 그와 동시에 무한한 다수의 타자infinitely multiple others로 존재한다. 우주의 풍경은 단순하면서도 복잡하고, 소박하면서도 화사하고, 단조로운 동시에 복잡하다. 그리고 위와 같이 서술한 우주 풍경의 양면성은 모든 담론, 모든 인식, 모든 지각, 모든 사유, 모든 존재가 그러한 것처럼 우주 자체도 '존재-의미 매트릭스'에 속해 있음을 말해준다. 우주의 한복판에서 자연의 일부로 존재하면서도 그것을 초월하여 우주까지를 대상화하여 인식하고 의미화하는 능력을 갖춘 동물로 진화한 인간의 탄생이라는 인간과 우주와의 원초적 관계의 논리적 결과라는 점에서 볼 때, 존재-의미 매트릭스는 가장 원초적인 인식론적 양태의 모태다. 우리가 보는 우주의 풍경은 인간이 존재-의미 매트릭스로 버무린, 더 정확히 말해서 존재-의미 매트릭스와 우주의 합작으로 버무려 세계관으로 정립한 관념적 제품에 지나지 않는다.

6. 인간의 지적 · 정서적 본성

　　인류의 역사는 존재−의미 매트릭스의 틀에 의해서 나름대로 비빈 '우주' 혹은 '세계'의 '관념적 둥지'이며 세계관 구성의 역사적 과정에 지나지 않다. 이러한 사실은 인류가 둥지를 틂으로써 우주 · 자연 안에서 자신의 존재를 올바르게 인식하고, 자신의 삶을 비롯한 모든 것에 대한 이야기를 꾸미고, 그것에 의미를 부여하고자 했기 때문이다. 이런 과정에서 둥지 틀기는 몇 가지 양식으로 형성되어왔다. 시대와 장소, 사회계급적 및 세대 간의 차이를 초월해서 인류 사회에 보편적으로 존재해왔던 '종교' · '철학' · '과학' 및 '예술'을 인간의 고유한 현상으로 규정할 수 있다면 그것들은 우연의 산물이 아니라 인류가 사유를 시작하고 언어를 발명하면서부터 이미 생물학적으로 인간의 유전자 속에 각인된 보편적이고 지적이며 정서적인 본성의 필연적인 표현이자 결과다.

　　종교의 뿌리가 인간의 죽음에 대한 공포와 영생에 대한 소망의 무의식적 욕망에서 비롯된다고 하더라도, 그러한 무의식적 감정보다 더 깊은 밑바닥에는 주어진 환경에서부터 시작하여 자신의 원천과 우주적 위상과 초월적 의미를 현세에서만이 아니라 영원의 차원에서 찾고자 하는 인간의 지적 요청이 들어 있다고 볼 수 있다. 이런 의미에서 신이 죽고, 철학의 이성적인 언어나 과학의 실증적 언어나 예술의 감성적 언어가 종교의 비합리적이고 초월적인 언어를 날로 침식해가는 과정에 있는 오늘날의 문화적 풍토에서도 종교는 여전히 많은 수의 종교인들의 마음을 꽉 잡고 있다. 종교적 믿음은 수많은 대중은 물론 최고 지성인들의 세계관으로서 그들의 가슴 한구석에 살아남아 있으며, 앞으로도 누군가의 또는 모든 인간의 가슴 한구석에 촛불을 켜고 존속할 것이다.

철학은 종교적 세계관의 비합리성을 거부하고 이성을 동원하여 인간과 우주의 모든 것을 논리정연하게 설명하려 하며 인간의 삶은 물론 모든 현상에 대해서도 본질적 의미를 부여할 수 있다고 주장한다. 그러나 철학적 사유가 탄생한 지 25세기, 아니 30세기 이상의 시간이 지난 오늘날에도 모든 인간들은 차치하고 소수의 철학자들 사이에서조차 그들 모두가 공감할 수 있는 단 하나의 세계관은 아직도 존재하지 않는다.

과학적 세계관은 어떠한가? 지난 한 세기 동안 물리학을 비롯한 여러 분야의 이론과학은 예전 같으면 상상조차 할 수 없이 정교하고 놀라운 과학적 진리를 발견했으며 공학적 차원에서는 수만 가지 기술과 기계를 발명했고, 기적 같은 새로운 물건들을 만들어 놓았다. 보기에 따라 앞으로 과학기술은 인간이 당면할 모든 문제들을 해결할 수 있는 유일한 방법으로도 간주할 수도 있다. 그러나 종교적 및 철학적 세계관이 세계 자체의 재현이 아니라 어떤 특정한 관점에서 본 관념적 해석 즉 추상화에 불과한 것처럼, 과학적 세계관도 세계 자체의 재현이 아니라 세계의 추상화를 통한 또 다른 하나의 관념적 해석에 불과하다. 종교적 신념이나 철학적 세계인식은 특정한 시간과 공간적 상황에서 각각 나름대로 인간의 정서나 지적 요구를 이해하는 데 상대적으로 더 편리하고 유용하다. 이 점에서 과학적 인식이 오늘날 종교나 철학에 비해서 더 큰 권위를 발휘하는 이유는 세계의 과학적 재현과 설명양식이 사실에 가장 충실한 '객관성'을 담보하기 때문이 아니라 그것이 자연을 제어하고 활용하는 우리의 물질적 필요·욕망·소망을 충족시켜주는 데 가장 효율적인 방법이기 때문이다. 바로 이와 같은 맥락에서 종교·철학·과학과 더불어 세계인식의 또 하나의 대표적 양식으로서 예술의 존재를 이해할 수 있다.

세계인식 양식으로서의 예술의 특징은 그것이 지성에 앞서 감성에 의존하고 그것의 매체가 계시적 직관이나 논리적 사념이나 실증적 사실을 전달하는 개념적 언어가 아니라 문자적·개념적 언어가 미칠 수 없는 '몸의 인식', 즉 '몸이 발견한 구체적 진리'를 전달하고자 하는 '사물적 언어'를 갖고 있기 때문이다. 다시 말해 예술은 선·색·물체와 같은 비문자적 언어를 선호하고 그러한 언어를 통해서 개념적·관념적 의미가 아니라 구체적·감각적 의미를 전달할 수 있는 소통의 매체를 지향한다. 세계인식 양식으로서의 위와 같은 경향을 지닌 예술은 종교적·철학적·과학적 인식양식에 의해서 불가피하게 소외된 대상 자체의 '구체적 진리'를 복원하게 하며 존재와 인식 간의 불가피한 거리를 좁히려는 인간의 절실한 지적 소망을 표현한다.

종교, 철학, 과학 및 예술이라는 우주·자연·세계·인간의 총괄적 인식의 복잡성을 인정할 때, 궁극적으로는 어떠한 것으로도 분리할 수 없는 단 하나의 우주의 풍경은 한편으로는 무한히 단순하고 무미건조하지만 다른 한편으로는 무한히 복잡하고도 화려하다.

8장
•

인류의 존재양식으로서의
윤리적 규범

The Onto-Semantical Matrix

1. 도덕적 존재로서의 인간

우주가 존재론적으로 완전히 서로 구별될 수 없는 단 하나의 '로르샤흐 얼룩'과 같은 모양의 밀가루 반죽이며, 우주를 구성하는 모든 사물현상들이 존재론적 즉 실재적으로 절대적이 아니라 인식론적 즉 개념적으로만 가능하다면 우주의 일부인 인간이라는 개체도 이와 마찬가지일 것이다. 종으로서의 인간이나 개인으로서의 인간은 다른 모든 존재들과 마찬가지로 우연히 형성된 하나의 물질적 알갱이나 일종의 초끈의 뭉치에 불과하다.

하지만 인간의 존재양식은 유일하다. 무기물·유기물·식물·동물들의 존재양식은 '그냥 그것대로 존재하고', 그것들의 작동원리는 '인과적 자연법칙'으로 설명될 수 있는 데 반해서 인간의 존재양식은 '자율적 선택에 의한 행동'으로만 설명될 수 있다. 인간 이외의 어떤 것들, 어떤 동물에게도 "어떻게 존재해야 하는가, 어떻게 살아야 할 것인가?"의 문제는 절대로 제기되지 않는다. 그러나 인간에게는 자기 자신을 비롯해서 세상에 관한 많은 것에 대한 지식의 축적이 중요하다. 그러나 지식보다 더 중요한 것은 "어떻게 사는가?"라는 문제다. 그 자신의 존재론적 구조의 결과로 인간에게 삶이란 죽는 날까지 행동의 끝없는 선택의 연속이며, 그가 택하는 행동이 아직 결정되지 않았다면, "인간으로서 나는 어떻게 살 것인가?" 즉 "인간으로서 나의 삶은 무슨 가치를 위해서 바쳐져야 할 것인가?"라는 문제보다 더 절실하고 급한 문제는 없으며, 그러한 문제 풀이가 아무리 고통스럽더라도 그것을 피할 수는 없다. 그것은 그가 물질이나 동물이 아니라 인간으로 태어났기 때문이다. 그 이유나 원인이 어디에 있든 그 인간은 인간 이외의 어떤 물질들이나 생명체들과는 달리 자신의 의도와 자유의지에 따라 또 자신의 선택에 따라 특정한 행동을 결정해야만 하는 유일한 동물로 진화했다는 것만은 분명한 사실이다.

"인간으로서 어떤 특정한 상황에서 어떻게 행동해야 할 것인가? 궁극적으로 무슨 가치를 위해서 살 것인가?"의 문제를 다룬 학문의 영역은, 때로는 어원적으로 '관습'이라는 뜻을 갖는 그리스어 '윤리ethics'라는 말로, 때로는 '풍습'을 뜻하는 '도덕morality'이라는 말로 불린다. 유럽의 언어권에서 '윤리'와 '도덕'이라는 두 낱말은 각기 다른 의미로도 쓰이고 동의어로도 쓰인다. 그 낱말들은 다 같이 기독교에서 말하는 모세의 10계명이나, 이슬람교의 코란, 힌두교에서 말하는 리타rita, 혹은 다르마dharma, 불교의 사성제四聖諦와 팔정도八正道, 유교에서 말하는 삼강오륜三綱五倫 등의 형태로든가, 애덤 스미스의 윤리적 공리주의나 칸트의 윤리적 의무주의를 지칭하는 말로도 쓰인다. 즉 어떤 사회와 문화를 집단적으로 지배해온 행동과 심성의 사회적 규범을 뜻한다.

또한 그것들은 소포클레스의 비극『안티고네』에서 사회적으로 공유된 행동규범을 대표하는 국왕 크레온의 윤리관과 그에 대립하는 안티고네의 실존적, 즉 사적 도덕관의 갈등에서 볼 수 있듯이 서로 양립할 수 없는 경우도 있다. 니체의 생각을 빌려 전자를 '천민노예의 윤리'라고 부를 수 있다면, 후자의 윤리는 '귀족의 도덕'으로 구별할 수 있고, 베르그송를 따라 전자를 '닫힌 윤리'라고 부를 수 있다면 후자는 '열린 도덕'이라고 이름 지을 수 있다. 과거 오랫동안 사회를 지배해온 윤리관이 새로운 시대 혹은 몇몇 개인에 의해서 '비도덕적'이라는 도전에 직면할 수 있기 때문이다. 인류의 윤리관이 서양에서는 계몽사상 이후 그리고 동양에서는 근대화 이후 많이 변했다는 사실은 묵과할 수 없다. 과거의 윤리적 규범이 혁명적 도덕관에 의해서 대치되어가는 경우가 많다는 점을 고려해볼 때 '윤리'와 '도덕'의 두 개념을 구분해 이러한 두 낱말의 개념적 차이를 의식하고 그것들을 사용할 필요가 있다. 필자의 입장에서 볼 때 참다운 인간으로 살아간다는 것이 '실존적 개인'일 수밖에 없다면 사회적 즉 대중적 윤리원칙이 아니라 사적 즉 실존적 도덕에 따라 사는 것이 보다 인간다운 삶이라고 생각한다.

2. 인간의 모순된 조건으로서의 윤리적 억압

　윤리와 도덕의 미묘한 차이를 위와 같이 분석할 때 비로소 각 개인은 "나는 어떻게 살 것인가?"라는 물음에 대한 대답을 찾을 수 있다. 사회적 윤리관을 따를 때 실존적 개인의 창조적 도덕관은 필연적으로 억압을 경험하게 된다. 인간이라면 어떠한 경우에도 자신의 행동과 심성이 선/악이라는 윤리·도덕적 가치평가의 잣대로부터 자유로울 수 없다. '윤리'·'도덕'적 삶이란 사회가 규정해놓고 요청하는 행동과 심성에 어긋나지 않는 삶을 의미하며, 개인의 특수성을 초월해서 모든 이들의 삶을 보편적이고 일괄적으로 규제하는 사회적 의무이기 때문에 억압적일 수밖에 없다. 그러므로 여기서 나는 특수한 경우를 제외하고 도덕과 윤리를 구별하지 않고 그냥 '윤리'라는 말로 포괄해서 함께 사용하기로 한다. 인간에게는 생물학적으로 음식과 섹스가, 지적으로는 진리의 발견이, 미학적으로 아름다움에 대한 감상이, 윤리적으로는 도덕적 옳음과 선함이 모두 중요한 가치다. 그러나 도덕적 옳음을 제외하고, 진리의 발견, 아름다움의 감상은 개인에 따라 중요할 수도 있고 아닐 수도 있다. 그러한 가치들은 삶에서 의무가 아니기 때문이다. 그러나 도덕적 가치, 즉 행동의 옳음과 심성의 선함은 한 개인이 자신의 관심과 기호에 따라 취사선택할 수 있는 문제가 아니라 반드시 불가피한 의무로 가치선택을 결정해야 한다. 지적 추구, 미적 감상이 결코 의무일 수 없는 데 반해서 도적적 가치는 모든 인간에게 비켜갈 수 없으며, 그의 행동과 심성은 옳고/그름, 선/악의 잣대에 의한 가치평가로부터 자유로울 수 없다. 왜냐하면 한 인간의 삶은 궁극적으로 그런 가치에 비추어서만 평가될 수 있기 때문이다. 인간에게 궁극적으로 중요한 것이 '인간답게 사는 것'이라면, 인간다운 삶의 궁극적 척도는 도덕성, 즉 그 사람의 '사람다운 행동과 품성'에서 가장 뚜렷하게 나타난다. 바로 이런 차원에서 도덕성은 한 인간의 삶을 고양시키는 잣대인 동시에 또한 그만큼 인간의 자유를 억압하는 삶의 족쇄이기도 하다.

인간을 인간답게 만드는 원천인 동시에 고통의 뿌리이기도 한 도덕의 원천은 어디에 있는가? 인간은 다른 동물에게서는 찾아볼 수 없는 무엇인가를 갖고 있는데 그것은 나의 의견이나 성향과는 상관없이 사회적 동물이라는 것, 사회적 동물로서 나 이외의 사회구성원들의 이해관계망 속에 얽혀 있는 존재라는 것이다. 나의 모든 행동이나 태도는 사회구성원들의 이해관계에 필연적으로 어떤 식으로든 영향을 미치고 사회적 갈등을 일으킨다. 이런 갈등을 조절하고 해소하기 위해 사회는 모든 구성원이 지켜야 할 행동의 원칙과 규범, 즉 상호간의 사회적 약속을 필요로 한다. 인간이 자신만의 끝없는 이기적 욕망을 추구하고 그러한 인간의 행동을 규제하는 사회적 규범이 존재하지 않는다면 이미 홉스가 지적했듯이 인간 사회는 강자가 약자를 지배하고 약탈하는 동물의 사회로 변하여 안전, 평화, 번영은 고사하고 공포, 폭력, 죽음의 세계로 빠져들 수밖에 없다. 이런 점에서 인간들은 사회구성원의 개인적 행복은 물론 사회적 안정과 번영을 위해서라도 즉흥적이고 본능적인 욕망을 억제하고 나와 구별되는 사회구성원들의 이익과 사회의 안정을 추구하게 되었다. 또한 각 개인이 지켜야 할 행동과 심성의 규범을 법적 제도로서가 아니라 관습이 된 문화로서 공유하게 되었으며 그 규범을 모든 구성원들이 지켜야 할 필요가 있다는 것을 깨닫게 되었다.

자유가 인간 자신이 하는 행동의 내면적 성찰을 통해서 발견하는 일종의 예측 불가능한 현상학적 경험 자체를 지칭하는 것이라면, 자유야말로 인간임을 규정하는 가장 본질적인 속성이다. 이때 자유는 인간이 어떤 것으로도 완전히 제거할 수 없는 '이것 아니면 저것'이라는 양자택일을 선택할 수 있는 잠재적 힘을 지칭한다. 인간으로 존재한다는 것은 어떠한 상황에서든 자신의 행동이 궁극적으로는 오로지 자신에 의해서만 결정됨을 인정함이다. 이런 점에서 볼 때 '자유의지'를 부정하는 어떠한 과학적 및 형이상학적 이론과 주장이 있더라도 그러한 이론과 주장에는 반드시 어떤 문제가 있다. 어떤 의미로든 '자유' 및 '자유의지'를 전제하지 않고는 윤리·도덕은 물론 진리, 문화, 문명, 인류의 역사 그리고 그 밖의 어느 것도 논할 수 없기 때문이다.

자유에 위와 같은 가치가 분명이 있음에도 불구하고 인간이 자유를 규제하고 억압하는 윤리적 규범을 인위적으로 만들게 된, 아니 만들지 않으면 안 된 이유는 어디에 있었던가? 그것은 인간이 사회적 동물이기 때문이다. 인간은 진화하는 과정에서 다른 동물들보다 빠른 속도로 그리고 점차적으로 거대한 사회적 집단을 이루고 살아야 할 필요성을 느꼈다. 인간은 언제나 외로운 개체로 태어나서 외로운 개체로 크고 외로운 개체로서 죽는다. 존재론적으로 인간들 간의 관계는 언제나 갈등적이며 그런 갈등 속에 살다가 죽는다. 그러나 호모사피엔스로 진화한 후 인류는 우주의 생성에 비하면 아주 짧은 기간에 작은 집단에서 시작해 오늘날 큰 도시들을 만들어 거대한 공동체를 이루며 생존하고 활동하게 되었으며 더 나아가 놀랍도록 빠른 속도로 눈부신 문명을 구축하고 살게 되었다. 만일 인류 공동체의 개개인이 윤리적 법칙과 규범을 지키지 않고, 윤리적 가치가 존중되지 않은 채 자신의 이기적 본능에만 따라 살았더라면 그 공동체는 끊임없는 폭력, 분쟁, 전쟁으로 혼란에서 벗어나지 못했을 것이다. 그런 상황에서 문명은 발달하지 못했을 것이며, 오늘날의 문명이 발달되지 않았더라면, 인류는 개인적으로나 집단적으로 경제적으로나 문화적으로 고통스러웠을 것이다.

인류는 문명의 대가로 윤리적 속박을 감수해야 한다는 지혜를 장구한 삶의 경험을 통해서 깨달았던 것이다. 인류는 그것이 동반하는 부정적이고 억압적인 기능에도 불구하고 문명을 일구기 위해서는 인류 사회에 윤리적 규범이 절대적으로 필요하다는 것을 암묵적으로 인식하고 있었다. 뿐만 아니라 그러한 윤리적 규범을 보다 높은 차원에서 뒷받침하고 강화하기 위해 종교적 또는 형이상학적 이념이 동원되었으며, 현대에 와서는 칸트의 의무주의 윤리철학과 벤담의 공리주의 윤리철학 그리고 롤스의 합리적 윤리학 등이 제안되었다. 지금까지의 모든 윤리학은 그것이 어느 편에 속해 있든 윤리적 규범의 철학적 근거를 비판하거나, 윤리적 가치의 존재 자체를 부정하는 것이 아니라 오히려 정당화하는 데 초점이 맞추어져왔다. 지금까지 어느 철학자도 우리가 현재까지 전수받아온 윤리적 규범과 그 가치를 비판하고 윤리적 규범에 도전하여 그것을 뿌리로부터 부정하고 파괴하려는 시도를 해본 적은 없다. 지금까지의 윤리학은 기존의 윤리 체계의 시녀에 불과했다. 바로 여기에 니체가 나타나 기존의 모든 윤리학을, 더 정확히 말해서 지금까지 존재하는 모든 도덕적 신념들을 뒤집어 놓고 그 허구성을 폭로하기 시작했다. 그의 『도덕의 계보학』은 그의 윤리학 비판의 대표작이다.

3. 니체의 도덕의 계보학

모든 인간 사회는 어떤 종류의 도덕적 규범을 갖고 있으며, 그 구성원들에게 그 규범에 복종할 것을 요구한다. 그리고 개개인의 행동은 각각 좋고/나쁨 혹은 선/악이라는 가치의 관점에서 해석되고 평가되며, 찬양 또는 규탄, 보상 또는 처벌을 받는다. 이러한 사실은 적어도 도덕적 관점에서는 인간으로서의 삶이 자유롭지 못한 억압적인 조건에서 살아야 함을 의미한다. 한 가정의 가장, 한 부족의 족장, 한 국가의 원수, 한 제국의 황제도 이러한 억압적 삶의 조건에서 완전히 자유롭지 못하다. 인간은 누구나 자유로운 삶을 원한다. 그럼에도 불구하고 적어도 도덕적으로는 완전히 자유로운 사람이 존재하지도 않고 존재할 수도 없다는 사실을 어떻게 설명할 수 있는가?

대체 인류는 어째서 모든 이들에게 억압적인 도덕적 규범을 만들어 강요해야만 했는가? 이에 대한 대답은 아주 간단하다. 인간은 자신의 생존, 안전, 번식, 번영을 위해 상호간의 협력과 도움의 중요성을 인식해왔으며 상호협력적이고 보완적인 생존양식의 효율성을 인식했을 것이다. 이러한 과정에서 인위적으로 형성된 사회적 삶은 어느덧 인간의 존재양식이 되었다. 인간 집단이 있는 곳에 크고 작은 갈등은 필연적이다. 삶이 욕망의 실현과정이며, 완전히 동일한 사람, 완전히 동일한 욕망을 가진 두 인간이 존재하지 않는다면, 어떠한 인간 사회에서나 갈등과 그에 따른 혼란은 불가피하다. 한 공동체로서의 사회가 유지되려면 질서가 있어야 하고, 질서를 잡으려면 모든 사람들이 공감할 수 있는 행동규범이 필요하다. 한 사회를 지배하는 도덕규범은 바로 위와 같은 사회적 필요에서 생겨났다. 인간이 사회를 떠나서는 인간다운 삶을 살 수 없으며 질서가 전제되지 않은 사회는 존재할 수 없다. 또한 모든 질서는 인간 간의 관계를 규제하고 도덕적 규범이 부재한 인간관계가 있을 수 없다면, 도덕적 규범의 억압은 감수할 수밖에 없다. 그러한 억압이 도덕적 규범의 필수조건이기 때문이다.

모든 도덕적 가르침은 인간으로서의 가치를 구현하는 행동과 심성이 무엇인가에 대한 지침이다. 개인마다 구체적으로 하는 활동과 삶의 양식이 서로 다르더라도, 모든 인간이 궁극적으로 추구하는 가장 중요한 가치는 건강하고 자유롭고 역동적이며 창조적인 삶의 연장이다. 그러나 문제는 모든 인간이 동일한 목적을 추구하지만 개인마다 능력이나 성격이나 또는 동일한 목적을 실현하는 구체적 방법들이 서로 상충하면서 많은 갈등이 생긴다는 것이다. 이런 상황에서 사회적 갈등을 조절하고 규제하며 풀어갈 수 있는 사회적 장치가 없다면 그런 사회는 투쟁, 공포, 죽음만이 지배할 뿐 평온하고 자유로운 인간적 삶은 기대할 수 없다.

이러한 사실은 약자는 물론 강자에게도 똑같이 적용된다. 이타심에서가 아니라 이기심의 관점에서도 사회의 질서와 안정은 누구에게나 가장 필수적인 삶의 조건이다. 이런 상황에서 윤리적 규범이 가장 근본적인 인간 간의 갈등관계를 조절하는 일종의 제도라는 점은 아무도 부정할 수 없으며, 인간들 간의 이해갈등을 푸는 첫 번째 조건은 이기심이 아니라 이타심이어야 한다. 이타심은 자신의 이기적 욕망의 억제를 의미한다. 니체도 이런 점을 부정하지 않았으며, 부정할 수도 없었다. 니체는 기존의 윤리적 규범을 가혹하게 비판하지만 그가 비판하는 것은 도덕적 규범이라는 일종의 사회적 제도 자체가 아니라, 현실의 규범이 건강하고 창조적 삶을 위해서가 아닌 병적이고 반창조적 삶을 위해서 부정적 가치기능을 한다는 사실이다. 그에 의하면 모든 도덕관은 주인의 도덕관과 노예의 도덕관, 귀족의 도덕관과 하인의 도덕관, 강자의 도덕관과 약자의 도덕관, 건강하고 긍정적이고 창조적인 인간의 도덕관과 병들고 부정적이고 삐뚤어진 인간의 도덕관으로 양분될 수 있다. 물론 바람직한 것은 후자에 속하는 인간형이며 윤리관이어야 하지만 인간들의 갈등과정에서 상반된 두 종류의 윤리관들이 전도되어 귀족·강자·주인의 윤리관이 민중·약자·노예의 윤리관으로 잘못 대치되었다는 것이다. 이 역사적 과정을 니체는 대략 다음과 같이 설명하는데, 그의 설명 밑바닥에는 다음과 같은 두 가지 전제가 깔려 있다.

첫째, 세상에는 원래 윤리적으로 옳고 도덕적으로 좋은 것은 존재하지 않는다. 니체의 말을 빌리자면 "도덕적 '현상' 혹은 '사실'은 존재하지 않고 오로지 도덕적 해석, 도덕적 관점, 가치평가만 있을 뿐이다." 이 세상에는 그 자체로서는 아무것도 좋고/나쁜 것, 가치 있고/없는 것이 따로 존재하지 않는다. 모든 존재는 그 자체로 가치중립적이다. 가치는 사물이나 현상이나 사태에 대해서 인간이 유익/무익 혹은 무해의 관점에서 본 평가에 지나지 않는다. 가치는 객관적 사실, 실재, 우주의 일부가 아니다. 그것은 인간이 유용성의 관점에서 본 어떤 대상에 대한 그의 주관적 평가에 불과하다.

둘째, 언제 어디서나 인간은 크게 강자와 약자라는 두 가지 유형으로 양분되며, 그들 사이에는 언제나 심리적 경쟁과 물리적 쟁탈전이 벌어진다. 이런 싸움에서 필연적으로 승자와 패자가 생기고, 패자는 승자에게 원한을 갖는 동시에 그의 힘, 자유, 삶의 방식, 나아가서는 하나의 생물학적 실체로서의 그를 선망한다. 노예·민중·약자는 선망과 동시에 원망의 대상으로서 주인·귀족·강자들의 모든 것을 부러워한다. 하지만 그러한 소망은 쉽게 이룰 수 없다. 이런 자신의 모순 속에서 노예·민중·약자가 생각해낸 무서운 꾀가 있다. 그것은 주인·귀족·강자들의 육체적 모습, 성격, 행동, 지능, 부귀 및 삶의 양식 등은 모두 '좋은' 것이 아니라 '나쁜' 것이고, 노예·민중·약자들의 겸손, 가난, 복종, 무지 등이 아름다움이자 중요한 덕목 즉 '좋은' 것이라고 스스로 생각하고 주장하게 되었으며 마침내는 그러한 주장들이 참이라고 강자들을 설득하는 데 성공했다는 것이다. 이때 '나쁨'과 '좋음'은 도덕적 '선'이나 '악'이라는 가치 '이타적' 혹은 '이기적'이라는 뜻과 전혀 상관없는 즉 탈도덕적인 뜻으로서의 '마음에 든다'라는 말과 '마음에 안 든다' 혹은 '쓸모있다'라는 말과 '쓸모없다'라는 말과 거의 같은 도덕적 의미로 변용한 것이다. 이러한 과정과 결과로 가치가 완전히 전도되어 사회적 주인·귀족·강자가 도덕적으로 '나쁜' 범주에 속하여 비하와 규탄을 받게 되고, 반대로 노예·천민·약자·병자가 도덕적으로 존경 받는 범주와 지위를 차지하게 되었다. 이러한 이념이 특히 기독교의 세계적 포교와 아울러 인류문화 전체를 지배하게 되었고, 마침내 인류는 병약한 삐뚤어진 가치관과 뒤틀린 세계관 속에서 오늘날의 정신적으로 건강하지 못한, 즉 병든 가치관 속에 서식하게 되었다는 것이 니체의 주장이다. 다시 말해서 우리는 건강하고 창조적이고 열정적인 주인·강자의 도덕관을 상실한 채로 병약하고, 무기력한 노예 또는 약자의 가치관과 인생관을 갖고 산다는 것이다. 니체가 궁극적으로 우리들에게 말하고자 하는 것은 그동안 우리가 잘못 믿어왔던 그릇된 종교적·철학적 이념과 그것들이 제시하는 세계관·인생관·도덕관의 실체를 직시해야 한다는 것과 그것들로부터 해방되어 보다 자유롭고, 창조적이며, 건강한 문명을 창조하고 이 세상에서의 삶의 환희를 만끽하면서 신명나게 '초인'으로서의 삶을 살아야 한다는 것이다.

『도덕의 계보학』, 더 나아가서 자신의 모든 철학적 저서 전체를 통해서 니체가 말하고자 했던 것은 우리 모두가 진정한 의미에서 자유로운 삶, 열정적인 삶, 그러한 전형으로서의 '초인'의 삶, 궁극적으로 아무 의미도 없지만 그것을 의미 있고 가치 있게 살 수 있는 인간의 가능성을 가르쳐주는 일이었다. 그러한 삶은 도덕적 규범을 초월한 실존적 삶이다.

니체의 전통적 윤리규범에 대한 비판은 인간의 정신적 해방과 행동의 자유를 옹호했다는 점에서 높이 평가받아야 한다. 하지만 니체의 윤리적 기획은 윤리적 행동을 결정해야 하는 구체적 선택에서 몇 가지 문제가 있다.

첫째, 모든 인간이 니체가 생각한 대로 무한히 이기적이라면 윤리적 규범에 의해서 규제되지 않는 사회는 개인들 간의 끊임없는 힘의 치열한 아수라장 싸움판이 될 것이다. 이런 폭력과 무질서 속에서 인간은 아무런 창조적이고 의미 있는 삶을 계속할 수 없을 것이며, 문명에서 야만으로 후퇴할 것이다. 질서가 없는 사회에 평화와 자유는 있을 수 없으며, 평화와 자유가 없는 곳에서 인간다운 삶은 불가능하기 때문이다. 사회의 질서, 안정, 자유를 위해서라도 어떤 방식으로든 윤리적 규범이 필요하며, 윤리적 규범은 그것이 노예·약자·민중의 관점에서 제정된 것이든 아니면 그 반대로 주인·강자·귀족의 관점에서 제정된 것이든 상관없이 다 같이 억압적이지 않을 수 없다. 인간이 사회를 떠나서 존재할 수 없으며 사회가 필연적으로 억압의 속성을 지니고 있다면, 니체의 초인도 나름대로 사회적 속박장치로서의 윤리적 규범 안에서 존재할 수밖에 없다. 그러므로 니체의 과격하면서도 화려하고, 해방적이면서도 창조적인 윤리비판은 실현 가능성이 없을 뿐만 아니라 자기모순적이다. 어떤 상황에서든지 인간은 기계적으로 작동하지 않고 자신의 자유의지에 따라 이것이냐 저것이냐의 행동을 결정한다. 그렇다면 인간에게 필요한 것은 노예의 윤리도 주인의 윤리도 아닌 '인간'에 가장 적합한 윤리적 규범을 작성하는 데 있다. 여기서 문제는 그런 것이 가능한가를 알아보는 데 있다.

둘째, 한 개인이 노예·약자의 윤리를 버리고 주인·강자의 윤리를 선택했을 경우에도 선택 가능한 행동은 a와 b라는 단두 가지만이 아니라 a, b, c, d, e, f 등 훨씬 다양하다. 그중 어떤 선택을 하느냐에 따라 그것이 미치는 결과는 사뭇 다르다. 그렇다면 여러 가능한 행동 중에서 어떤 것을 선택해야 하는 문제가 생길 수밖에 없는데, 이 경우 그 행동을 선택하는 기준이 문제로 남는다. 이때 "주인·강자의 윤리의 원칙에서 선택하라"는 주장은 아무 도움이 되지 않는다.

윤리의 문제는 가치선택의 문제이며, 가치선택의 문제는 가치규범의 문제가 된다. 구체적 상황에 적용될 수 있는 가치규범이 아닌 윤리학·도덕철학은 별로 의미가 없다. 전통적이고 근대적인 다양한 윤리학은 결국 각기 나름대로의 윤리규범에 지나지 않으며, 윤리규범은 한 개인, 한 시대, 한 사회를 지배하는 가치관이자 세계관이다. 그렇다면 지금까지 어떤 윤리학들이 있었으며, 그것들은 어떤 세계관과 인생관에 뿌리를 두고 있으며, 그러한 것들은 어떤 가치관을 함축하는가?

4. 기존 윤리학의 유형과
   각기 그 유형에 내재된 가치관

아득한 옛날의 작고 단순한 원시사회에서 오늘날의 거대하고 복잡한 포스트모던 기술사회에 이르기까지 도덕적 규범의 전통을 갖지 않은 곳은 존재하지 않는다. 사회를 떠나 인간은 존재할 수 없으며, 인간들 간의 관계에서 행동을 규제하는 도덕적 규범이 없는 사회는 존재할 수 없기 때문이다. 이런 도덕적 규범은 고대나 근대의 법률적 규범처럼 특정한 시기나 방법에 의해서 임의적이고 인위적으로 정해진 것이 아니라 오랜 삶의 경험을 쌓아가는 과정에서 무의식적이고 집단적 차원에서 자연적으로 습관화된 제도다.

이렇게 생긴 한 사회의 도덕적 규범은 사회마다 필연적으로 약간씩 다를 수밖에 없다. 각각의 인간이 자신이 몸을 담고 있는 사회의 영향에서 자유로울 수 없는 것과 마찬가지로 각각의 인간 사회는 특정한 지리적 및 자연적 조건과 특정한 역사적 및 문화적 조건에 구속되어 있기 때문이다. 그러므로 전통적 윤리는 크게 두 가지 점에서 문제가 있다.

첫째, 그러한 윤리적 규범의 정당성이 부재하거나, 특정한 신화나 종교나 고전적 경전에 의해서 뒷받침되는 경우가 있더라도 현대인의 마음을 설득할 힘이 없다.

둘째, 고대 그리스 로마의 도덕관은 같은 시기의 인도나 동아시아의 도덕관과 동일하지 않으며, 기독교에 바탕을 둔 서양의 종교적 윤리관은 힌두교나 불교, 유교나 도교의 전통에서 형성된 아시아의 윤리관과 많이 다르다. 이런 사실은 도덕적 선/악이 시대와 장소, 전통과 문화에 따라 서로 다름을 함축하기에 보편적 행동의 잣대가 될 수 없다. 그러나 문화권의 위와 같은 차이에도 불구하고, 한국인, 프랑스인, 동양인, 서양인 등과 같은 인종적 차이를 초월한 '인류'로서의 보편적이고 궁극적인 필요와 소망, 사유능력, 가치관은 본질적으로 다르지 않다. 이런 점에서 '인류'의 차원에서 우리는 보편적인 윤리적 규범과 가치관을 검토하고 시대와 장소, 문화와 민족을 초월한 차원에서 모든 인류가 공유할 수 있는 합리적 도덕규범을 도출할 수 있어야 한다. 가령 아리스토텔레스나 공자를 넘어 시대나 문화, 장소나 상황과는 상관없이 보편적 이성에 호소할 수 있는 보편적 윤리학의 탄생이 필요하다.

칸트의 의무주의와 벤담과 밀의 공리주의라는 두 가지 상반되는 근대적 윤리학은 이러한 시대적 및 논리적 요청에 부응해서 고안된 합리적 윤리판단의 잣대이자 이론이다. 칸트의 윤리적 의무주의는 행동의 결과에 대한 고려를 배제하고 어느 경우에도 보편적으로 적용될 수 있는 합리성을 도덕적 선/악을 결정하는 규범으로 삼아야 한다고 주장했다. 또한 벤담과 밀은 하나의 행동의 실용적 크기가 윤리적 선/악의 잣대여야 한다고 주장했다.

그러나 이 두 가지 윤리관은 다음과 같은 이유에서 다 같이 만족스럽지 못하다. 첫째, 전통적 윤리관에 젖어 있는 많은 이들은 그 둘 중 어느 것을 통해서도 그것이 정말 '윤리·도덕적' 관점인가라는 물음에 전혀 긍정적으로 대답할 수 없다. 둘째, 그런 윤리적 관점에 공감하더라도 "어떻게 해서 칸트의 윤리적 잣대가 합리적인가?" 아니면 "어떻게 해서 특정한 행동이 더 유익한 것인가를 측정할 수 있는가?"라는 물음에 대해서 시원하게 대답할 수 없다.

여기서 포스트모던적 윤리상대주의가 대안으로 제시될 수 있다. 그러나 포스트모던적 윤리상대주의가 한 사람, 한 사회의 윤리관과 윤리적 선택이 언제나 상대적이라는 사실의 진술에 불과하다면, 그것은 윤리적 규범이 당위적 명제를 찾아내고자 하는 철학적 대답이라 할 수 없는 하나의 사회적 현상의 서술에 지나지 않는다. 또한 윤리적 문제는 윤리적 현상의 사실적 서술에 있는 것이 아니라 한 인간의 '인간다움', 한 사람의

'삶의 의미', '이것이냐/저것이냐'의 선택이 피할 수 없이 요청되는 실존적 결단의 문제이며, 반드시 어떤 결단을 내려야만 하는 심각하고도 절박한 문제다. 이런 맥락에서 볼 때, 남은 유일한 윤리적 대안은 키르케고르나 사르트르가 말하는 '상황적' 혹은 '실존적' 윤리일 것이다.

칸트의 의무론적 윤리와 벤담의 공리주의적 윤리를 합리주의라고 부를 수 있다면, 실존주의적 도덕관은 비합리주의적 윤리라고 말할 수 있다. 도덕적 행위의 선택은 궁극적으로 이성이 아니라 감성적 결단의 소관이라는 점에서 '결단주의 decisionism'적 윤리라고 부를 수 있다. 실존주의 윤리학은 도덕적 결단이 곧 가치선택을 의미하며, 모든 가치선택이 의지하고 참고할 수 있는 궁극적 근거는 어디에서도 찾을 수 없다는 점에서 오로지 윤리적 행위자 자신이 혼자서 결정해야 하고 결정의 책임도 혼자서 단독적으로 져야만 하는 사안이라는 점에서 '실존적'이다. 또한 그런 실존적 결단이 언제나 단독적인 상황에서 이루어질 수밖에 없다는 점에서 상황적이다.

윤리적 결단이 위와 같이 실존적 상황에서 일어난다는 사실은 소포클레스의 비극 『안티고네』에서 안티고네와 그녀의 숙부이자 국왕인 크레온 사이에서 드러나는 궁극적 가치관의 차이에서 알 수 있다.

국왕 크레온은 사회적 질서를 세우기 위해 정치적으로 필요하다는 판단에서 죽은 조카를 형식적으로 처벌한다. 그러나 안티고네는 오빠에 대한 여동생의 의무로서 국왕 크레온의 명령을 끝까지 어기고 오빠를 매장한다. 국왕은 모두가 다 정치적 허례인데 그렇게 어리석게 고집을 부리지 말고 그녀의 삶은 물론 가족 모두의 행복을 위해서라도 자신의 명령을 어기지 말고 잠잠이 따르라고 타이른다. 이때 안티고네는 "당신 같은 족속들은 개가 뼈다귀만 보면 그걸 핥듯이 행복이란 뼈다귀를 핥으라고 한다"라는 말로 숙부이자 왕인 크레온에게 심한 모욕을 준다. 마침내 조카딸이자 곧 며느리 될 안티고네에게는 사형이 집행된다. 자신의 약혼자의 죽음 소식을 들은 왕자 헤몬은 스스로 목숨을 끊는다. 아들의 자살 소식을 들은 왕후도 아들의 뒤를 이어 역시 목숨을 끊는다.

이 비극의 테마는 크레온으로 대표되는 공리주의적 윤리관과 안티고네로 상징되는 실존주의적 도덕관의 갈등이다. 국왕 크레온의 윤리적 입장은 정치적 안정과 사회적 평화와 공리주의적 행복이라는 가치관이다. 반면 안티고네의 실존적 태도에서 볼 수 있는 가치관은 윤리주의적이며 순수주의적이며 사적이다.

둘 중 누가 옳다고 할 수 있는가? 두 가지 가치관, 윤리관, 인간다운 삶의 방식은 합리적인 대답을 찾을 수 없다. 왜냐하면 두 가지 가치관은 각각 칸트의 의무주의적 윤리학, 벤담의 공리주의적 윤리학에 함축된 두 가지 가치관 즉 의무수행에 앞서 '공리적' 가치와 공리적 가치에 앞선 '의무적' 가치를 각각 뒷받침하는 더 근본적인 가치의 표현에 불과하기 때문이다. 그런데 여기서 철학적으로 문제가 되는 것은 의무론적 윤리관이든 아니면 공리적 윤리관이든 한 개인 혹은 한 사회가 의무의 가치 혹은 공익의 가치를 도덕적 가치의 토대로 선택하는 근거를 밝히는 일이다. 그러한 가치가 곧 한 인간, 한 사회가 갖고 있는 '가장 인간다움 삶'의 비전에 지나지 않는다면 객관적이고 보편적인 '인간다운 삶의 양식'이 과연 존재하며, 존재한다면 발견될 수 있는가? 다시 말해서 인간이 근본적 차원에서 당위적으로 추구해야 할 '가치'라는 것이 자연 혹은 우주의 한 부분적 속성으로서 객관적으로 존재하는가?

사르트르의 주장대로 가치는 우주 혹은 자연의 속성으로 존재하는 것이 아니라 인간에 의한 분비물分泌物에 지나지 않는다. 이런 점에서 "그것이 근원적 원천이 없는 모든 것의 원천 foundation"이고, 모든 행동이 곧 선택이며, 모든 선택이 가치의 선택이며, 모든 가치 선택이 주관적일 수밖에 없다면, 윤리적 가치선택도 예외일 수 없다. 한 개인이나 사회의 윤리적 규범이 그 개인과 사회의 가치관의 표현이며, 모든 가치관이 주관적일 수밖에 없다면, 모든 윤리적 규범 즉 가치도 주관적일 수밖에 없다. 그럼에도 불구하고 아무도 어떤 종류의 윤리적 규범에서 완전히 자유로울 수 없다. 왜냐하면 삶은 행동에 의한 무엇인가의 가치선택의 연속 자체이기 때문이다.

그러나 만약 어떤 가치가 궁극적인 근거가 없음에도 불구하고 윤리적 가치선택을 피할 수 없다면, 우리의 윤리적 선택은 완전히 비합리적인 일종의 도박인가? 그 선택에는 궁극적으로 합리적인 요소, 타당성이 없는가? 인간으로서 우리는 모든 행동이 합리적이기를 원한다. 윤리적 선택을 할 때는 더욱 그렇다. 그러나 모든 선택에서 그러하듯이 윤리적 선택의 합리성은 궁극적으로는 넘을 수 없는 한계에 부딪치며, 아무리 숙고를 거듭한 후라도 윤리적 행위는 언제나 도박에 가깝게 비합리적이다.

이러한 사실은 윤리적 행위자가 위에서 본 몇 가지 윤리관 가운데서 어떤 것을 취하더라도 마찬가지며, 어떤 의도를 갖고 한 행위라도 사정은 전혀 달라지지 않는다. 왜 그럴까? 이런 상황에서 우리는 윤리적 존재로 계속 존재하기를 포기하지 않으며 도덕적으로 생각하는 동물로 살아남기를 원한다. 왜 그럴까?

5. 윤리적 선택과 합리성의 한계와 지옥으로서의 도덕적 존재조건

　몇 가지 예를 들어 그 이유를 따져보자. 칸트의 의무주의와 벤담의 공리주의는 자신들의 윤리관의 합리성을 각각 이성의 보편적 가치와 실용성의 보편적 가치의 근거로 원칙의 일관성과 결과의 유익성에 두고 있다. 그 두 가지 근거는 나름대로 설득력이 있다. 그러나 우리들의 보편적 직관으로는 실용적 결과의 가치가 무시된 원칙이나 혹은 원칙의 가치가 무시된 결과만의 가치만으로 어떤 행위를 윤리적으로 인정하기가 쉽지 않다. 윤리는 한편으로는 인간 사회의 복지와 관련된 긍정적 결과를 떠나서는 무의미하고, 다른 한편으로는 보편적 적용의 가치가 간과된 실용적 결과는 인간적이기보다는 동물적이라는 사실을 부정할 수 없다. 이런 점에서 가장 보편적이고 합리적인 호소력을 가졌던 두 개의 근대적 윤리학인 칸트의 의무론적 윤리학과 벤담의 공리주의적 윤리학의 이론적 한계가 드러난다.

　윤리적 규범의 이론적 한계는 위와 같은 비교적 단순한 사실에서만이 아니라 실제로 헤아릴 수 없이 많아서 구체적으로 그것을 규정할 수는 없다. 따라서 무한히 복잡한 변수들을 모두 찾아내어 그것들 간에 인과적으로 얽힌 상호적 관계들을 윤리적 판단의 고려대상에 두어야 한다. 그런데 실제로는 그러한 모든 인과적 관계를 밝혀낼 수 없을 뿐만 아니라 그러한 인과적 관계의 수억 분의 일조차도 분명히 찾아낼 수 없다. 또한 단순한 차원에서는 분명히 '윤리적으로 옳다'고 보인 어떤 행동이 수많은 다른 변수들과의 인과적 관계에서 살펴볼 때는 반대로 '윤리적으로 사악하다'는 판단이 설 수 있기 때문이다.

　여러 가지 윤리학들은 윤리적 고려대상의 외연을 인류에 두느냐 동물 전체에 두느냐에 따라 인간중심적인 것과 생명중심적인 것으로 나눌 수 있다. 아리스토텔레스의 윤리학에서 노예는 윤리적 고려의 대상에서 제외되었지만, 전통적으로 모든 윤리학에서는 한 인간의 태도 혹은 행위가 어떤 한 인간 혹은 인간 집단에 미치는 영향을 고려한다. 이런 점에서 아리스토텔레스 이후의 윤리학은 보다 보편성을 갖게 되었으며 그만큼 발전한 것이라고 믿어져왔다. 아리스토텔레스의 이와 같은 윤리학의 근본적인 잘못은 노예를 인간의 범주에서 제외했던 점에 있고, '인간'이라는 생물학적 범주와 '노예'라는 사회학적인 존재론적 분류의 범주를 혼동하여 같은 것으로 취급한 데서 기인한다. 그러나 전통적으로는 힌두교 및 불교적인 윤리학 및 '동물의 권리'를 주장하는 싱어를 비롯한 소수의 생태학자들의 윤리학을 제외한 거의 모든 윤리학은 인간중심적 윤리학으로서 인간 이외의 다른 동물의 고통과 즐거움, 아픔과 기쁨을 전혀 윤리적 가치평가의 대상으로 삼지 않는다. 나는 인간과 동물과의 과학적 차이가 희미해지는 오늘날 인간중심적 윤리학이 잘못된 것이라고 확신한다. 인간중심적 윤리학의 문제는 도덕적 주체와 도덕적 객체의 동일시에 있다. 도덕적 문제는 도덕적 태도와 행동의 주체로서의 인간의 태도와 행동이 인과적으로 연결된 '타자'로서의 도덕적 객체의 아픔과 기쁨에 미치는 관계를 평가하는 문제다. 인간중심적 윤리학이 전제하는 것과는 달리 도덕적 주체와 도덕적 객체는 동일한 경우도 있지만 그렇지 않은 경우도 있으며 도덕적 주체가 아닌 타자, 가령 '어린아이', '동물'들도 도덕적 객체로서 도덕적 주체의 적극적 배려를 반드시 받아야 한다. 다시 말해서 자율적 사고를 할 수 없는 '어린아이'나 즐거움과 괴로움을 느낄 줄 모르는 동물들도 도덕적 배려의 대상이 되어야 한다. 내가 나의 태도와 행동을 윤리적 관점에서 평가할 때, 내 태도와 행동이 수많은 차원에서 수많은 생명체의 복지에 미치는 인과적 관계를 고려해야 한다는 것이다. 나의 특정한 태도나 행동은 나와 수많은 다른 사람들과, 다른 동물들과 지리적·문화적 및 사회적 차원에서 무한히 복잡하게 연결되어 있다. 나의 태도와 행동을 윤리적 차원에서 결정할 때, 나는 무한히 다양한 윤리적 변수를 고려의 대상에 두고 윤리적 판단을 내려야 한다. 그러한 절차를 밟아 윤리적 판단을 내리는 일은 인간의 보통 능력을 초월하지만, 오로지 인간만이 그러한 것을 할 수 있다.

윤리적 판단의 이 같은 난감한 상황에도 불구하고 인간은 항상 어떤 윤리적 선택으로부터 도피할 수 없을 뿐만 아니라 선택할 수조차도 없는 상황에 직면한다. 나는 자식으로서 아버지의 안락사에 관한 문제를 놓고 그것에 대한 결정을 내려야 하고, 전쟁 중인 일선의 한 소대장으로서 전사할 것이 거의 확실한 척후병으로 대원 a, b, c, d 가운데서 한 명을 선정해서 당장 적진에 보내야만 하는 경우가 있다. 가령 2차 세계대전 중 아이젠하워 장군은 나치와의 전쟁을 승리로 이끌기 위해서 몇 백, 몇 천 명의 부하들이 전사하리라는 것을 알고 있으면서도 노르망디 상륙작전을 결정해야만 했다. 살아남을 가망이 없이 고통으로 신음하는 아버지의 안락사를 택할 것인가 아니면 본인은 물론 가족들의 심한 정신적 및 물질적 고통을 무릅쓰고 '생명의 존엄성'이라는 미명 아래 의식을 되찾을 길이 없는 아버지의 목숨을 인위적으로 유지해야 할 것인가라는 서로 대립되는 두 가지 선택 가능성 중에서 어느 쪽을 택하든, 나는 결정을 해야만 하는 냉정한 현실 속에 처할 수 있다. 이러한 도덕적 딜레마를 놓고 살아야 하는 것이 인간 조건의 가장 인간다운 측면이기도 하다. 바로 이와 같은 점에서 인간의 실존적 삶의 상황은 사르트르의 말을 빌리자면 '지옥'이며, 인간이 놓여 있는 도덕이라는 관념적 지옥은 출구가 없다. 그러한 지옥을 견디며 살아야 하는 것이 바로 인간적인 삶의 조건이다.

6. 윤리적 덕목의 주체로서의 진정성과 책임

인간이 이성적 동물이라는 점에서 윤리적 동물이며, 윤리적 동물로서 사는 것이 곧 탈출구가 없는 '지옥'에서의 삶을 의미한다면, 탈출 다음으로 생각할 수 있는 도덕적 차선次善은 무엇인가? 단 하나의 윤리적 선택이 절대적으로 '옳음'을 확신할 수 없다면, 가장 바람직한 덕목, 윤리적 선택의 평가의 잣대는 무엇일 수 있는가?

여기에는 네 가지 잣대가 있다고 생각된다.

첫 번째 잣대는 도덕적 주체로서의 나의 태도와 행동이 남들의 삶과 맺고 있는 무한히 다양하고 복잡한 인과적 관계의 변수를 인정하고 가능한 모든 변수를 냉철하게 계산하고 참조해야한다는 것이다. 즉 가능한 신중하게 결정해야 한다는 것이다.

두 번째 잣대는 나의 도덕적 선택이 남에게 미치는 결과의 중요성을 의식하고, 도덕적 객체를 배려하는 나의 마음의 절대적 진실을 따르는 일이다.

세 번째 잣대는 도덕적 주체로서의 나의 책임감이다. 타자와의 도덕적 인과관계의 차원에서, 그것의 구체적 결과가 의도한 대로 긍정적인 것이든지 아니면 전혀 반대되는 것이든지 상관없이 나는 내가 택한 태도나 행동의 도덕적 결과에 대해 절대적으로 책임을 져야만 한다. 설사 나의 태도와 행동이 내가 의도했던 것과 전혀 달리 수많은 도덕적 객체들에게는 물론 나 자신에게도 바람직하지 않은 것이었다고 한다면, 나는 남들과 관련하여 내가 택한 태도와 행위에 대해 무한한 책임을 지고, 그 태도와 행위에 대한 남들의 도덕적 평가와 비판을, 묵묵히 그리고 당당히 받아들여야 한다.

네 번째로 가장 일반적인 잣대는 나의 구체적 태도와 행위가 모든 차원에서 모든 것들에 미치게 될 구조적 결과를 고려해서 나의 개인적 삶, 가족, 사회, 환경, 생태계, 자연, 궁극적으로는 우주 전체와 바람직한 '우주적 전일주의cosmic holism'를 맺는 것이다. 나는 도덕적 선택을 일종의 관념적 '가치의 둥지 틀기'로 생각하며, 그러한 건축의 모델을 동물들 특히 조류鳥類들이 트는 '둥지'에서 발견할 수 있다고 생각한다.

만일 한 인간이 도덕적 차원에서 위와 같은 태도를 가지고 살아간다면, '객관적으로' 즉 제3자의 입장에서 보기에 그의 태도와 행동 그리고 삶이 도덕적으로 아무리 부정적인 비판을 받더라도, 그리고 비록 '객관적'으로 입증할 수 없더라도 실존적 주체로서 그 자신은 성자聖者 못지않은 마음의 평화를 경험할 것이다. 도덕적 문제는 공리적·사회적·법적·객관적 문제가 아니라 한 인간이 느끼는 내면적 경험의 정신적 문제다. 궁극적으로 도덕적 문제는 선/악의 문제이며, 선/악을 결정하는 절대적·객관적 잣대는 존재하지 않는다. 그렇다면 선/악은 인간 각자가 나름대로 자신도 모르는 어떤 힘에 끌려 죽는 날까지 항상 새롭게 창조하는 가치일 것이다.

9장

•

가치로서의 윤리

The Onto-Semantical Matrix

1. 가치와 평가

우리는 생명, 건강, 재물, 보석, 꽃 등의 물질적 존재나 지식, 공부, 사랑, 이타적 행위, 미적 경험 등을 귀하게 생각하고 그것들을 가치value라고 부른다. 이런 우리들의 언어적 행동으로 미루어볼 때 우리는 가치를 인간의 객관적 속성, 우주의 객관적 일부로서 인간과 독립해서 존재하고 따라서 객관적 인식의 대상인 것처럼 착각하는 경우가 많다. 그러나 실제로 가치는 어떤 '존재'를 지칭하는 것이 아니라 가치평가evaluation라는 인간의 행동만이 있을 뿐이다. '가치'라고 지칭할 수 있는 어떤 대상은 어느 곳에도 존재하지 않는다. 오로지 어떤 대상 혹은 어떤 상태 혹은 어떤 활동에 대한 인간의 평가적 관계가 있을 뿐이다. '가치'라는 명사는 '평가하다'라는 동사로만 서술될 수 있는 인간과 어떤 대상 혹은 상황과의 뗄 수 없는 관계에 대한 축소된 언어적 서술에 불과하다. 가치, 더 정확히 말해서 평가는 우주 안의 모든 것들과는 전혀 다른 오로지 인간의 존재양식에서 필연적으로 생겨나는 인간의 주관적 의식의 내용과 태도일 뿐이다.

　우주에서 일어나는 모든 개별적 현상은 적어도 어느 차원까
지는 물리화학적 물질이냐 아니면 어떤 의지를 갖고 있다고 전
제되는 생명체냐에 따라서 인과적 또는 기계적이거나 아니면
목적론적 또는 의도적이라는 두 가지 가운데의 한 원리로 설명
된다. 물질을 다루는 물리학이나 화학에서의 설명이 인과적인
데 반해서 인간을 포함한 모든 생물체의 행동은 그것들이 최소
한의 의식을 갖고 있는 한에서 목적론적으로 설명된다. 아직까
지 우리가 아는 한 오로지 인간만이 자유의지 및 자기반성적
능력을 갖고 있다는 점에서 인간 이외의 모든 생물체들의 행동
은 기계적 또는 인과적으로 설명되는 데 반해 인간의 행동은
자율적 또는 목적론적 설명이 가능하다. 오늘 아침에 얼음이
언 현상은 어젯밤에 기온이 영하로 떨어졌기 때문이라는 물리
적이고 인과적인 설명으로 가능하지만, 어떤 인간의 행동은 인
간의 심리학과 그 인간이 지향하는 미래의 목적에 비추어서만
가능하다. 복돌이가 현재 공부를 열심히 하고, 자연과학계열의
책보다는 인문계열의 책을 집중적으로 읽는 이유는 그의 장래
의 꿈이 과학자보다는 인문학 교수가 되기를 선호하기 때문이
라는 사실로 설명된다. 어떤 현상이나 행동의 설명이 하나의
현상 혹은 행동과 그 밖의 현상 혹은 행동 간에 서로 다른 두
가지 현상 혹은 행위의 관계를 이해하는 문제라면, 모든 설명

은 반드시 인과적 설명과 목적론적 설명 두 가지로 분류할 수 있다. 전자의 경우는 물질과 물질 간의 기계적 즉 가치중립적 관계이며, 후자의 경우는 인간과 그 밖의 현상들 간의, 주체적 의식과 객체적 대상 간의 지향적·의식적·해석학적·주관적 관계이다. 따라서 인간의 행동은 '가치평가', 즉 '좋고/나쁜' 또는 '바람직하거나/바람직하지 않은' 관점에서 평가를 해야 하는 행위로부터 완전히 해방될 수 없다. 인간은 어떤 인식적 신념을 '진/위', 어떤 예술적 감각적 대상을 '미/추', 타인의 기쁨이나 슬픔과 관계된 인간의 윤리적 행동을 '선/악'이라는 틀에서 그것들의 가치를 차별화하고 평가한다. 인간을 제외한 모든 현상이나 존재들이 가치중립적인 데 반해서 인간의 의식과 행동은 필연적으로 가치평가적이다. 우리는 언제나 직접 혹은 간접적으로 위와 같이 가치평가를 한다. 이런 점에서 가치는 존재하며, 누구나 무엇이 가치인지를 안다고 말할 수 있다.

하지만 좀 더 따지고 보면 '가치'가 무엇인지, 그것이 존재한다면 대체 어떤 것인지 분명하지 않다. '가치'라는 범주는 존재의 범주에 속하는 것이 아니라 어떤 대상에 대해서 인간이 자신의 입장을 정하고 어떤 행위의 선택과정을 서술하는 데 전제된 '평가'와 관계된다. 그것은 우주의 일부에 속하지 않는다. 가치라는 어떤 가시적 혹은 비가시적 대상이 존재하는 것이 아니라 어떤 대상에 대해서 부정적이거나 혹은 긍정적이거나 같은 인간의 태도 선택이 있을 뿐이다. 가치가 발견이나 소용의 대상이 아님에도 불구하고, 가치라는 개념이 인간의 삶에서 빠질 수 없다면, 그것은 인간의 삶이 가치평가와 선택의 과정이기 때문이다. 인간이 없는 곳에 가치라는 말이 존재할 수 없다면 그것은, 사르트르의 표현을 빌리자면, '가치'란 인간과 따로 떨어져 있는 독립된 존재가 아니라 '인간의 분비물'이기 때문이며, 이런 점에서 인간은 모든 가치평가의 원천이다. 인간에 의한 좋고/나쁨, 진/위, 미/추, 선/악의 가치평가가 내려지기 이전의 우주에는 좋은 것이나 나쁜 것, 참이거나 거짓, 아름답거나 추한 것, 선한 것이나 악한 것이 존재하지 않는다. 존재는 그것이 우주 전체를 지칭하든 아니면 그중 어떤 일부분 혹은 한 측면을 지칭하든 완전히 가치중립적이다. 그럼에도 인간이라는 호모사피엔스가 지구에서 진화되면서부터 '가치평가'라는 인간의 행위가 모든 인간활동의 영역에 빠질 수 없는 개념으로 사용될 수밖에 없게 되었다면, 가치라는 개념의 일반적 내용은 무엇이며, 가치평가의 보편적 기준은 무엇인가? 또한, 가치평가의 영역이 생물학적·인식적·미학적·윤리적 영역으로 분화되어 있다면 그러한 가치들 간의 차이는 무엇을 뜻하는가?

2. 초월적 동물로서의 인간과 이상:
이상으로서의 가치

인간을 제외한 모든 것들, 즉 물질이든 아니면 생물체이든 그것은 곧 우주의 일부이며 우주의 한 측면이다. 그것들은 우주 이상의 존재도 우주 이하의 존재도 아니다. 그것들의 존재방식은 초월적transcendent인 것이 아니라 완전히 내재적immanent 이다. 그것들은 우주 밖으로 튀어나와 도출되는 것이 아니라 우주와 일치해서 그 속에 매몰되고 흡수되어 있다. 그러나 상상력을 동원하여 언어를 발명한 인간의 존재양식만은 예외다. 그는 물리적 또는 생물학적 한계 속에 매몰되지 않고 그 한계를 초월한 존재로 진화했다. 여기서 초월적 존재란 주어진 현재의 상황을 넘어 아직 현실적으로 존재하지 않은 가상적 상황과 존재를 상상할 수 있는 능력, 아직 도달하지 않은 미래를 머릿속에 그려볼 수 있으며 현재 눈앞에 존재하는 것보다 더 나은 존재와 상황을 그려볼 수 있는 능력을 가진 존재를 의미한다. 다시 말해 초월성이란 아직 실재하거나 실현되지 않고 오로지 관념적으로만 존재하는 이상the ideal을 지향하는 존재로서의 인간이라는 동물의 특징을 지칭한다. '가치'란 다름 아닌 바로 위와 같이 인간에게 내재된 이상, 즉 인간이 지향하는 가상적 존재에 지나지 않는다. 가치는 실제로 존재하는 것이 아니라 인간이 바라고 지향하는 꿈과 같은 것, 곧 실제로 있는 '무엇'이 아니라 오로지 '바라는 상태'다. 다시 말해 아무리 노력해도 결코 채워질 수 없는 인간의 끊임없는 '욕망'과 의욕과 추구, 즉 충동에 지나지 않는다. 그것이 어떤 종류에 속하든 이상적 의욕 추구로서의 가치는 인간의 본성에 속한다. 즉 인간은 가치지향적 동물이다.

철학자 사르트르는 인간의 가치지향성을 인간의 존재론적 특수구조에서 발견한다. 사르트르에 의하면 우주 안의 모든 존재는 한편으로는 즉자卽自 즉 무의식적 존재와 다른 한편으로는 대자對自 즉 자의식적 존재로 양분될 수 있으며, 모든 것은 둘 중 하나에만 속할 수 있다. 전자는 그 자체로 자족하는 무의식적 존재를 지칭하며, 후자는 언제나 빈 상태 즉 '없으면서 있고' '유有이면서 무無인' 존재를 지칭한다. 인간은 이 후자에 속한다. 인간 이외의 존재가 그냥 그대로 충족된 상태로 존재한다면, 인간은 무엇인가가 항상 부족하기 때문에 욕망하는 동물로 존재하며, 현재의 상황을 극복하고 그것을 넘어 보다 만족스러운 어떤 이상을 구현하려는 욕망에 차 있다. '가치'란 그러한 인간의 어떤 객관적 속성이 아니라 그러한 인간의 본성과 뗄 수 없는 인간의 지향성이 투영된 이상에 지나지 않는다. 이런 차원에서 볼 때 가치는 언제나 평가적이다. 평가는 우주의 일부가 아님은 물론 인간의 일부도 아니고 오로지 인간의 존재양식이며 끝이 보이지 않는 인간의 초월적 욕망과 인간이 자율적 존재로서의 자신의 특수성과 우월성을 확인하고자 하는 의지지향성이 필연적으로 투영될 수밖에 없는 그림자와 같다.

3. 가치의 다양성과 그것들 간의 차이

느낌, 감정, 사유, 신념, 욕망 그리고 부단한 행동의 총체에 지나지 않는 인간은 자신이 접하는 모든 대상, 행위, 사태, 사건, 신념, 경험 등에 대해서 반드시 어떤 가치평가를 내려야 하며 그에 따라 자신의 목적과 행동을 결정해야 한다. 그것은 인간이 그 밖의 모든 것들과 맺는 관계가 객관적으로 서술될 수 있는 기계적 인과관계가 아니라 주관적일 수밖에 없음을 의미한다. 따라서 그러한 평가는 평가자가 처해 있는 특정한 장소와 시간과 관심사, 필요성, 기획, 의지, 욕망, 목적 등에 의해서 크게 지배된다.

한 인간의 욕망은 개인마다 그의 취향, 성격, 배경 등 수많은 변수에 따라 한없이 다르지만, 시대와 장소, 성별과 연령, 직업과 출신 등 개인 간의 차이를 넘어서 인간으로서 공유하는 불가피한 욕망을 지니기도 한다. 한 종의 동물로서 인간은 음식과 성, 주거지와 다른 동물들의 공격으로부터 안전하고자 하는 생물학적 욕망을 가지고 있으며 다른 동물에게는 볼 수 없는 내면적이고 정신적인 욕망 또한 가지고 있다. 특히 후자의 경우 지적·미학적·종교적·윤리적 가치충족은 가장 대표적이고 보편적인 인간 고유의 욕망이라고 할 수 있다. 이러한 사실은 '진'·'선'·'미'라는 낱말로 표시되는 세 가지 가치가 인간에게 가장 핵심적인 가치였음을 함축한다.

어떤 존재나 사태에 관한 명제 즉 언어적 진술의 형식으로 나타나는 철학적·종교적·과학적 신념에는 진/위라는 가치판단이 들어 있으며, 문학예술과 조형예술 또는 무용이나 음악 같은 공연예술에는 미/추라는 범주에 의해서 그 가치가 평가된다. 또한 나 아닌 다른 이들의 기쁨과 아픔에 관련되는 한 인간의 언행은 선/악 혹은 옳고/그름의 윤리적 규범에 비추어 그 가치가 평가된다. 모든 평가는 각각 그 평가의 잣대로서 독자적 규범을 전제한다. 그러므로 진리 탐구를 목적으로 하는 학문인 철학·종교·과학에는 진/위를 결정하는 규범이 있고, 예술과 예술적 경험의 가치문제를 다루는 미학에는 미/추를 판단하는 규범이 있으며, 행동이나 태도의 선/악을 탐구하는 윤리학에는 선/악의 규범이 있다.

진/위를 구별할 수 있는 규범의 탐구가 인식 즉 지知의 문제이며, 선/악이라는 가치를 구별할 수 있는 규범의 탐구가 윤리 즉 행동의 문제이고, 감각대상에 대한 경험의 규범 탐구가 미학적 문제이지만, 위의 세 경우가 따르는 각 규범의 구체적 내용은 다르다. 진/위를 결정하는 규범은 합리적 인식론이 제공해주고, 미/추를 평가하는 규범은 한 시대, 한 사회를 지배하는 사람들의 태도와 기호에 관한 통계에 의존할 수밖에 없다. 이러한 규범들은 어떤 근거도 가지고 있지 않으며 우주 어디에서도 찾아볼 수 없다. 그러한 규범들은 각각 나름대로 한 시대와 한 사회의 인간 집단의 기호嗜好를 반영하는 것에 지나지 않기 때문에 논리적으로 객관적인 존재도 아니며 발견의 대상도 아니다. 이러한 사실은 미학적 가치는 역사적으로 유동적이며 가변적임을 의미한다.

그러나 윤리적 선/악의 규범은 그 내용에서 진/위라는 지적 규범과 미/추라는 미학적 규범과 사뭇 다르다. 내가 우주와 그 밖의 모든 것에 대한 진리만이 아니라 그러한 것들에 대한 어떤 주장의 가치를 판단할 줄 모른다 하더라도 나는 떳떳한 인간으로서 살아갈 수 있다. 내가 예술작품들에서 미적 가치를 발견하고 감상하며, 미적 가치판단의 잣대를 알고 있다면, 나는 그만큼 수준 높은 교양인이 될 수 있다. 그럼으로써 나의 삶은 좀 더 풍요롭고 그만큼 뜻있는 삶을 산다고 할 수 있겠지만, 그렇다고 내가 꼭 그렇게 살아야만 할 필요가 있는 것은 아니다. 그런 것은 나의 필수적 의무가 아니다. 나는 어떤 명제의 진/위를 결정하는 현상이나 존재에 대한 과학적·철학적·종교적 주장을 평가하지 않아도 살 수 있으며 어떤 현상이나 예술작품의 미적 가치에 대해 관심을 갖지 않더라도 인간으로서 잘 살 수 있다. 이것들의 가치판단의 규범과 그 근거를 알지 못하더라도 그것은 나의 삶에서 결정적인 결함이 아니다. 또한 어디를 둘러보아도 그러한 것이 나의 의무와 당위성이라는 것을 입증하는 근거는 존재하지 않는다.

4. 윤리적 가치

　'가치'라는 낱말이 무엇에 대한 '평가행위'라는 점에서 윤리적 가치 역시 지적·미학적·경제적·도구적 및 그 밖의 모든 경우에 사용되는 '가치평가'라는 낱말과 동일한 차원에 속한다. 그러나 지적 가치판단이나 미학적 가치판단은 절대적 의무가 없는 데 반해 윤리의 문제는 다르다. 즉 나만이 아닌 다른 이들의 존엄성과 희로애락이 걸려 있는 행동을 선/악의 관점에서 평가하고 결정하는 문제는 어떠한 경우에도 회피할 수 없다. 이런 점에서 오직 인간만이 윤리적 동물이며, 윤리는 오직 인류라는 종에만 속한다. 인간으로 존재한다는 것은 곧 윤리적으로 존재한다는 말이며, 윤리적으로 존재한다는 것은 곧 인간으로 존재함을 뜻한다.

　이러한 사실은 어느 시대, 어느 인간 사회에서도 확인된다. 부단한 역사 속에서 인간은 개인적으로나 집단적으로 윤리적 문제로 고민하고 싸우고, 어떤 행동에 대한 찬양과 규탄, 칭송과 질책을 반복해왔으며 개인적으로 흠 없고 뜻있는 삶을 살고

자 노력해왔다. 집단적으로는 이상적 사회를 만들고자 노력해왔으며 지금도 그러한 과정은 계속되고 있다. 또한 동시에 인간은 개인적으로나 집단적으로 '윤리적'이라 가치규범에 묶여 살아오면서 그러한 규범의 속박에서 해방되고자 항상 애써왔고 지금도 여전히 그렇다. 니체가 '선악의 피안'을 외치면서 '윤리'라는 규범에서 해방되어 자유롭게 살자고 외쳤던 까닭도 바로 위와 같은 인간 조건을 의식했기 때문이다.

그러나 천재적이고 혁명적인 철학적 혜안과 통찰력을 지녔음에도 불구하고 니체가 윤리적 속박으로부터의 해방, 윤리적 규범의 초월을 외쳤던 까닭은 아쉽게도 '윤리'의 본질에 대한 그의 왜곡된 인식 때문이다.

니체는 마르크스와 마찬가지로 인간을 사회적 동물로 전제하면서 인간의 사회적 관계를 강자와 약자 간의 지배와 복종의 역학으로 이해했다. 윤리적 선/악이라는 규범을 니체는 육체적으로 병적으로 약자인 하인-노예계급이 종교적 꾀를 써서 강자인 주인-지배계급을 지배하기 위해 교묘하게 고안한 관념적 덫으로 보고 있다. 그에 의하면 세상에는 '선/악'의 가치 구별, 즉 윤리적 가치체계가 객관적으로 존재하는 것이 아니라 존재하는 것은 오로지 '강자/약자'라는 구체적인 인간 집단들이 있을 뿐이다. 선/악, 좋고/나쁨이라는 상반된 두 가치는 그 어느 것도 객관적 존재가 아니라 강자와 약자, 지배자와 피지배자 간의 갈등과 상호간의 지배를 위한 싸움의 결과로 생겨난 관념적 허구에 지나지 않는다. 바람직한 가치는 곧 선이며, 그것은 어떤 특별한 철학적 눈으로 발견하고 소유할 수 있는 신비스러운 형이상학적 실체가 아니라 힘으로 약자를 지배하는 강자의 속성, 소유물 그리고 삶의 방식의 총칭이다. 때문에 반가치 anti-value, 곧 악이란 절대적인 부정이 아니라선의 범주에 속하는 모든 것들과 대치되는 모든 것들의 총칭에 지나지 않는다.

니체는 지금까지 근대인이 윤리의 기원과 기능에 관한 위와 같은 사실을 의식하지 못하고 헛된 가치로서의 윤리적 선/악 개념을 추구하며, 헛된 삶을 살아왔다는 점을 일깨우려 했다. 그리고 근거 없는 윤리적 선/악이라는 규범의 속박으로부터 해방되어 진정한 의미에서 '자유인'이 될 것을, 그리고 야생에 가까운, 자연적이고 '탈문화적'이며 탈사회적인 삶, '초인übermensh'으로서의 삶을 살아갈 것을 권고한다. 물론 니체가 말하는 '초인'은 동물적으로 강한 자, 할리우드 영화에 나오는 신체적으로 강하고 날렵한 배트맨, 자신의 목적 달성을 위해 지독하게 잔인할 수 있었던, 르네상스 시대 피렌체의 군주이자 잔인함으로 유명했던 장군이었던 체사레 보르자 같은 인물을 지칭하는 것이 아니다. '초인'은 정신적으로나 육체적으로 자기를 극복하고 위대한 창조적 위업을 성취함으로써 인류를 위해 크게 공헌한 종교인, 철학자, 문필가, 예술가, 정치가,

실업인, 과학자들 같은 자기실현에 성공한 모든 이들이다. 더 일반적으로 모든 인간적 활동의 영역에서 철저하게 주체적으로, 끝까지 자신의 신조대로 살았고 현재도 살고 있는 허다한 사람들을 지칭한다. 니체가 생각했던 '초인'은 결국 인류의 어떤 사회, 어떤 역사적 시점에서도 발견할 수 있는 윤리적인 가치규범을 초월했던 인간을 지칭한다. 니체는 인간이 그렇지는 못해도 적어도 소수의 사람들은 윤리적 규범을 초월할 수 있었으며 논리적으로는 그러한 윤리적 규범을 의식하지 못했거나 아니면 하지 않는 인간들만이 사는 사회가 가능하다고 확신하고 있었다.

그러나 니체가 윤리적 규범의 존재에 대해서 이렇게 생각했던 것이 사실이라면, 바로 그런 면에서 니체는 윤리의 본질을 잘못 인식했다고 할 수 있다. 윤리적 본질, 즉 "인간이 사람다운 삶을 살아가기 위한 가장 보편적이고 근본적인 원칙은 무엇인가? 어떻게 살 것인가?"라는 물음에 대한 대답으로서의 '초인'이라는 개념은 미흡하거나 빗나간 것이기 때문이다. 나는 그의 『도덕의 계보학』이 윤리의 문제를 놀랍도록 신선하고, 혁명적으로 볼 수 있도록 새로운 장을 열어주었음에도 불구하고 윤리의 기원과 그 기능에 대해서는 근본적으로 잘못된 전제에서 출발했다고 확신한다.

5. 윤리의 진화론적 기원

가치는 발견의 객관적 대상으로 '존재하는 것'이 아니라 어떤 대상에 대한 인간적 기호와 욕망에 따른 평가행위를 지칭한다. 무엇이든 인간의 욕망 대상이 될 수 있으므로 모든 것은 잠재적으로 긍정적 가치를 발휘할 수 있다. 그러나 한 인간의 기호와 욕망은 때와 장소에 따라 가변적이므로 동일한 대상도 관심과 평가의 대상이 될 수도 있고 안 될 수도 있다. 누구나가 학문이나 예술품에 관심을 갖고 그것의 가치와 소유를 높이 평가하면서 사는 삶이 바람직하다는 것을 인정하더라도 누구도 꼭 그렇게 해야만 한다는 법은 없다. 그러므로 그것이 어떤 종류의 것이든 가치의 발견, 평가 및 경험은 한 개인의 기호와 욕망에 달려 있는 것일 뿐이지 결코 의무사항은 아니다. 가치에 관한 한 이와 같은 상황은 비단 지적 가치·미학적 가치뿐만 아니라 모든 종류의 가치들에 일괄적으로 해당된다. 보통의 경우 인간은 무엇인가에 대해서 가치중립적일 수 있고, 가치의 세계 밖에서 가치중립적으로 존재할 수 있다.

그러나 윤리적 가치만은 위와 같은 사실의 예외가 된다. 의식이 정상적으로 작동하는 인간의 행동이나 삶은 필연적으로 윤리적 영역에서 벗어날 수 없으며 언제나 윤리적 관점에서 선/악을 평가하고, 그중 하나를 선택해야만 한다.

이러한 사실은 인간이 '합리적' 혹은 '언어적' 혹은 '사회적' 동물로 정의되기에 앞서 '윤리적' 동물로 정의될 수 있음을 함축한다. 이런 점에서 윤리적 속성은 인간을 그 밖의 모든 것들과 차별화할 수 있는 궁극적 속성이며, 인간을 정의하는 가장 본질적인 필요조건이다. 이런 점에서 볼 때 『도덕의 계보학』에서 보인 니체의 윤리적 가치에 대한 정치적 해석과 진정한 인간으로서의 삶은 '선과 악 피안'을 넘어서 살아야 한다는 그의 주장 그리고 그의 마지막 저서 『짜라투스트라는 이렇게 말했다』에서 말하는 '초인'으로서의 삶은 그가 윤리라는 가치 규범의 원천과 그것의 인간적 삶과의 관계를 얼마나 잘못 이해했는가를 보여준다.

윤리적 가치는 학문으로서의 종교·철학 및 과학의 탐구 대상인 지적 가치나 미학이 대상으로 삼고 있는 미적 가치와 그 차원이 전혀 다르다. 이런 사실은 윤리학의 핵심 문제가 가치 있는 인간으로 살기 위한 필수적인 행동과 삶의 합리적 규범을 임의적이면서도 창조적으로, 자율적이면서도 당위성을 갖춘 가치선택에 있는 데 반해서, 진리 또는 지적 가치를 창출하려는 영역인 종교·철학 및 과학의 공통적인 핵심적 문제는 진리 즉 지적 가치를 정당화해온 역사의 비판적 서술에 그치거나 다른 한편 미적 가치를 탐구하는 미학은 아름다움의 본질의 탐구와 그 본질을 둘러싼 과거에 있었던 다양한 입장들의 시대적·심리학적 사실에 비추어본 통계적이면서도 총체적 서술의 차원을 넘어서지 못했다.

지적 가치로서의 진리를 다양한 방식으로 추구하고 탐구하는 종교·철학 및 과학이나, 감각적 가치로서의 아름다움을 추구하고 탐구하는 미학이나 일종의 정신적 가치로서의 선을 추구하는 윤리학은 각기 진리라는 가치의 기준, 아름다움의 가치기준, 선함이라는 윤리적 가치의 기준을 전제하고 있으며 객관적인 동시에 보편적일 수 있는 기준을 찾는 데 있다. 그리고 그러한 기준 즉 가치평가의 규범에 대한 탐색은 철학적 인식론, 철학적 미학 그리고 철학적 윤리학의 모든 분야에서 이미 역사적으로나 지역적으로 서로 달리 사용해왔던 기준, 즉 규범들을 수집하고 그것들 간의 비교를 통한 공통점을 유추하는 일종의 경험과학적 방법으로 시도되어왔다. 이런 과정에서 '가치'는 아무도 미처 모르는 사이에 일종의 가시적 사물처럼 인식대상이 되어버렸으며, 물리학·화학·생물학과 마찬가지로 어느덧 일종의 경험과학이 되고 있다.

그러나 '가치'가 지각적 대상이 아닌 이상, 가치를 추구하는

학문은 그것이 '진리'라는 지적 가치를 다루는 종교·철학·과
학이든, '아름다움'이라는 감각적 가치를 다루는 미학이든, 선/
악이라는 인간 행동의 당위적 가치를 다루는 윤리학이든 경험
과학의 대상이 될 수 없다. 이러한 사실은 윤리학의 경우 각별
하게 드러나는데, 윤리학이라는 비경험과학은 같은 비경험과
학인 종교·철학 및 미학과도 근본적으로 다르다.

6. 인간의 이중적 존재양태와
윤리적 가치의 본질

 이 세상, 아니 우주 어디에도 그 자체로서 좋은 것/나쁜 것, 참인 것/거짓인 것, 아름다운 것/추한 것, 선한 것/악한 것은 존재하지 않는다. 좋고/나쁨, 참과 거짓, 아름다움/추함, 선함/악함이 모두 '가치'라는 범주에 속한다면, 가치는 우주의 일부가 아니라 그 바깥에서만 유통될 수 있는 개념이다. 가치는 존재하는 것이 아니다. 존재하는 모든 것은 그 자체로서는 가치 중립적이다. 그런데도 좋음/나쁨, 진/위, 미/추, 선/악 등의 '가치'라는 말이 사용되지 않는 인간 사회를 생각할 수 없다면, 그것은 인간이 그냥 생존하는 동물이 아니라 언제나 보다 나은 것을 소망하고 그것을 충족시키려는 동물로서 무엇인가를 언제나 평가해야 하기 때문이다. 이런 점에서 볼 때 "가치는 인간이 분비分泌한 것이다"라는 사르트르의 말은 맞는 말이다. 가치의 원천은 인간의 선택행위이며, 선택은 그 대상에 대한 평가를 전제한다. 또한 대상에 대한 가치평가는 대상에 대한

'가치'라는 인간의 분비물을 칠했을 때만 가능하다. '가치'란 이러한 인간의 평가행위의 한 상황을 다른 행위와 구별하기 위해서 만들어낸 약자略字에 불과하다.

그러나 모든 평가가 그러하듯이 가치평가도 반드시 평가의 잣대로서 규범을 전제한다. 여러 가지 가치는 한결같이 가치평가의 산물이며, 그러한 여러 가지 평가는 논리적으로 각각 나름대로 어떤 진술의 진/위라는 지적 가치, 어떤 지각대상의 느낌의 미/추라는 미학적 가치, 어떤 인간의 행위의 선/악이라는 인간적 심성과 행위의 가치, 더 일반적으로는 무엇인가를 긍정적 혹은 부정적 태도로 분별하는 좋음/나쁨 등의 가치를 차별화하고 선택할 수 있는 잣대로서의 판단의 규범을 전제한다. 이러한 규범이 없는 세계에서는 '가치평가'라는 낱말은 물론 '가치'라는 낱말 자체도 전혀 의미를 갖지 못한다. 이러한 사실은 '규범'이 그 자체로서는 가치가 아니지만 '가치'의 원천임을 입증한다.

그것이 지적인 것이든, 미학적인 것이든, 윤리적인 것이든 가치평가에 논리적으로 전제된 조건인 규범들은 인간이 추구하는 욕망이 다양하다는 증거다. 인간은 지적 동물로서 우주에 관한 객관적 사실을 알려는 욕망을 갖고 있으며, 생물학적 욕망을 초월한 감각적 쾌감을 추구하고, 자기자신이나 타자와의 관계에서 정신적으로 올바른 마음씨를 갖고 올바른 행동을 하고자 한다. 지적 가치와 미학적 가치가 모든 인간이 필수적 의무로서 추구해야만 하는 것은 아니지만, 세계에 관한 올바른 인식으로서의 지적 가치가 중요한 것은 그것이 생물학적 생존과 발전을 위한 필수적 조건이기 때문이다. 가령 미학적 가치가 중요한 것은 미적 경험이 감성적 동물로서의 인간적 삶의 조화와 행복의 조건이기 때문이라는 것을 우리는 경험을 통해서 쉽게 이해할 수 있다. 하지만 앞에서도 말했듯이 그러한 가치들이 설사 모든 인간에게 보편적으로 바람직한 것이라 해도 부과된 의무는 아니다.

그러나 윤리적 가치와 규범은 전혀 사정이 다르다. 지적이거나 미학적인 가치판단의 기준 즉 규범이 절대적이고 보편적인 것이 아니라 역사적이고 사회적으로 형성된 가변적인 것인데 반해서 윤리적 가치판단의 기준은 사회적 및 역사적, 지리적 및 문화적 상대성을 초월해서 모든 시대의 모든 인간에게 보편적이면서 절대적인 정신적 의무로 존재한다.

현대의 분자생명과학책이자 철학책인 『우연과 필연』의 저자 자크 모노는 윤리적 관점과 가치의 보편적 규범은 우리가 임의적으로 개인적 취향에 따라 취사선택할 것이 아니라 인간이라면 누구나 마땅히 지켜야 할 의무라고 설명한다. 지적 혹은 미학적 인간이 이와 같이 윤리적 동물로 진화하게 된 것은 동물과 근본적으로는 동일한 존재임을 알면 알수록 자신의 존재론적 자존심을 자신이 물질계 차원을 넘어 정신적 차원에 속하고자 하기 때문이다. 때문에 윤리는 동물적 세계를 초월해 영적 세계에 속한다는 것을 증명하기 위해 제멋대로 만든 정신적 관념적 장치다.

가치는 평가의 대상인 동시에 평가의 산물이며, 모든 평가는 반드시 어떤 기준으로서의 규범 즉 평가의 잣대를 전제한다. 그러나 가치가 우주의 일부가 아니듯이 그것의 기준도 우주의 일부가 아니다. 기준 혹은 규범은 인간의 선택에 의해서 태어나고 결정된다. 가령 무엇인가에 대한 어떤 명제의 '진리', 즉 지식은 '진리'라는 인위적 규정이 있음으로써 비로소 의미를 갖고 유통될 수 있다.

자크 모노에 의하면 '가치'는 세상 어디에서도 그에 관한 지식, 평가, 진리, 규범, 원칙 등이 존재하지 않는다. 그에 의하면 객관적 세계에 관한 객관적 지식, 즉 '진리'라는 가치는 객관적으로 존재하는 것이 아니라 어떤 명제의 진/위를 가려내는 규범을 인간이 독단적으로 설정함으로써 존재하게 되었다. 모든 이들이 공감할 수 있는 지각적 경험이나 논리적 일관성을 갖춘 보편적이고 객관적인 규범들은 근대적 의미의 과학적 지식이 탄생하기 이전에는 진정한 뜻에서의 진리나 지식일 수 없었다. 객관적 대상과 현상에 대한 지식, 즉 진리가 가능했던 것은 과학이 한 명제의 진/위를 구별하는 엄격한 기준을 설정한 것처럼 '도덕적 선언', 즉 '지식의 윤리'를 구축하면서부터 비로소 가능해졌다.

여기서 우리는 모노가 말하는 다음과 같은 놀라운 사실을 명심해야 한다. 그것은 오늘날 인류가 축적한 무한수의 객관적 지식이 바로 위와 같은 '지식의 윤리'라는 공리, 즉 주관적 선언에 바탕을 두었다는 사실이다. 모노에 의하면 '지식의 윤리'는 객관적 사실이 아니라 일종의 주관적이고 인위적인 선언에 지나지 않는 공리公理라는 것이다. 우주 어디에도 그러한 규범은 존재하지 않지만, 우주의 모든 현상에 관한 모든 객관적 지식은 주관적 선언에 기초한다. 이때 이 선언되는 것은 모든 명제에 관한 진/위를 결정하는 잣대로서 지식의 규범적 기능을 말한다. 진/위, 즉 지식/비지식을 구별하는 선언적 규범이 존재하지 않았다면 진리·허위·지식 등의 낱말들은 아무 의미도 가질 수 없고 유통될 수도 없다. 오늘날의 실증적 과학 지식과 논리적 사유는 모노가 말하는 '지식의 윤리'를 전제하고 있는 것들이며 그러한 윤리의 산물이다.

'지식의 윤리'가 보여주는 것은 앞서 말했듯이 '윤리'가 일종의 공리이며, 공리는 일종의 선언적 결단이라는 사실이다. 그리고 윤리적 결단의 보편성은 인간이 자신의 속성을 초월해 자신의 물질적 및 생물학적 차원을 초월해 정신적 존재임을 선언하는 것이며, 더 나아가 정신적 존재가 되겠다는 꿈과 의지가 있음을 보여준 것이다. 모노에 의하면 '지식의 윤리'는 인간의 생물적 충동, 전념, 요청, 한계에 대한 지식을 보여준다는 점에서 어떤 의미에서는 '윤리의 지식'이라고 할 수 있다. 한마디로 '윤리는 인간이 자기초월을 통해 타자에 대한 배려'를 진화과정에서 획득해왔다는 것을, 즉 본래 인간에게는 초인간적인 고상한 속성이 있음을 입증하는 징표다. 이런 점에서 인간은 자연의 일부이지만 자연을 초월하는 동물이며, 동물의 한 종이지만 다른 모든 동물과 같은 범주에 넣을 수 없는 형이상학적 존재다.

윤리는 "인간의 최고 자질인 용기, 이타심, 관용, 창조적 야심과 관련해 한편으로는 그 사회적·생물학적 기원을 인정하고, 다른 한편으로는 이 윤리가 정의하는 이상을 위해 초월적 가치를 긍정하기도 한다." 인간이 어떤 경우이고 윤리적 규범에서 완전히 자유롭지 못하다는 사실은 윤리적 가치가 인간을 규정하는 가장 보편적이고 본질적인 속성이기 때문이다. 이러한 사실들이 함축하는 것은 인간을 규정하는 가장 근본적인 속성이 윤리적 속성이라는 것이다. 그리고 윤리적 속성의 본질은 이타심으로 표현되는 자기초월적 지향과 능력에서 찾을 수 있다.

동양이나 서양 모두 전통적 윤리의 행동규범들은 우주·대자연의 객관적 질서·법칙으로 인식되어왔으며, 동시에 그러한 질서·법칙에 의해서 정당화되어왔다. 동양에서는 유교의

'천명天命'이나 도교의 '도道'라는 개념 , 힌두교의 리타rita 즉 '우주의 질서'라는 개념, 그리고 불교의 '법·다르마dharma'란 개념들은 각각 그러한 우주의 도덕적 질서를 뜻하는 것이라고 할 수 있다. 그리고 서양에서는 유대·기독교·이슬람에서 말하는 초월적인 유일신이나 아니면 기타 샤머니즘의 수많은 신들이 인간과 독립되어 인간 바깥에 객관적으로 존재하는 우주의 정신적 원리로서 정당화되어왔다. 그러나 모노에 의하면 인간이 준수해야 할 행위의 규범은 오직 인간이 자신의 자유로운 결단에 따라 스스로에게 요구하는 가치여야 한다. 전통적인 윤리규범이 타율적인 데 반해서 모노의 윤리적 규범은 자율적이며 인간중심적인 특징을 지니고 있다. 이런 점에서 두 개의 윤리관은 사뭇 다르다. 모노의 윤리관은 과학적 근거를 지니고 있다는 점에서 그만큼 월등한 것으로 볼 수 있으며 이런 점에서 현대 윤리학을 지배해온 쾌락주의, 공리주의, 의무주의라는 세 가지의 합리주의적 윤리관과 조화를 이룰 수 있다. 또한 근대 윤리학이 일반인들의 상식에 근거한 데 반해서 모노의 윤리는 분자생물학에 근거했다는 점에서 근대 윤리학보다 발전된 것으로 여겨진다.

7. 모노의 윤리관과 그 이론적 한계

하지만 모노의 윤리학은 인간이 보편적으로 윤리적 배려를 떠날 수 없음과 인간이 그렇게 진화된 이유를 설명해주지만 윤리적 결단을 해야 할 구체적인 삶의 현장에서는 선택의 지침을 제시하지 못한다는 결정적인 문제가 있다. 우리는 항상 윤리적 차원에서 크고 작은 결단을 해야 하는 동물로 살아가기 때문이다. 그러나 무엇보다 모노 윤리학의 더 큰 문제는 그의 '규범'에 관한 주장에 들어 있는 모순이다.

모노에 의하면 어떠한 가치도 객관적으로, 다시 말해서 인간의 주관과 독립된 우주의 일부로 존재하지 않는다. 가치는 무엇인가에 대해 인간이 주관적으로 부여한 중요성에 지나지 않는다. 윤리적 규범을 포함한 모든 규범은 가치와 마찬가지로 객관적으로 존재하는 우주의 일부가 아니라 어떤 가치를 산출하고 인식하기 위해서 인간이 임의로 취해야 할 행동의 법과 같은 지침이다. 그리고 그러한 지침은 우주가 결정한 것이 아니라 오로지 인간만이 결정할 수 있다. 우주에는 어떠한 행동의 규범도 처음부터 정해져 있지 않다. 윤리적 규범의 경우도 마찬가지다.

윤리적 규범이 없는 인간의 삶은 상상도 할 수 없지만, 처음부터 구체적으로 어떻게 살아야만 된다고 기록된 규범은 존재하지 않는다. 또한 윤리적 행동이나 태도에 관한 일반적 원칙들이 존재한다 하더라도 구체적으로 아주 특정한 상황에서 내가 어머니의 존엄사를 시행해야 할지 아닌지, 결혼을 해야 할지 말지를 알려주지는 않는다. 한 걸음 더 나아가서 내가 윤리적 잣대에 맞추어 살아야만 되는지 아닌지를 알려주는 행동지침으로서의 윤리적 범주를 나는 어디에서도 발견하지 못한다. 이렇게 할지 저렇게 할지를 결정하는 것은 궁극적으로 나 자신의 실존적 결단에 달려 있다. 내가 왜 저 친구같이 충동에 따라 아무런 윤리적 규범에 의해 규제되지 않고 자유분방하게 살아서는 안 되는지 아무도 모른다. 왜냐하면 모노가 주장하는 대로 모든 규범은 우주의 질서가 아니라 인간의 자의적 결단의 산물이기 때문이다. 모노가 밝혀준 대로 우주의 모든 것에 관한 객관적 지식은 근원적으로는 주관적 결단으로서의 가치와 그것의 임의적 규범에 바탕을 두고 있다. 인간이 유일하게 윤리적 동물로 진화한 이유도 인간이 그렇게 살기로 결단을 내려 윤리적 규범을 스스로가 인위적으로 만들었기 때문이지 처음부터 인간이 윤리적으로 살아야만 한다는 법은 존재하지 않았고, 존재할 수도 없었다.

인간으로 사는 것이 윤리적으로 사는 것이며, 윤리적으로 사는 것이 어떤 규범에 따라 행동하는 것이며, 모든 규범이 그때마다 한 인간의 자의적 결단의 산물이라면, 인간으로 산다는 것, 즉 윤리적으로 산다는 것은 죽는 순간까지 항상 괴로움을 의미한다. 그러나 그러한 괴로움 속에 존재한다는 점에서 인간은 다른 동물과 다르고 다른 동물의 존재의 지평을 초월한다. 인간의 삶은 논리로만 설명될 수 없으며 이성으로만 이해할 수도 없다. 논리와 이성은 인간적 삶의 한 측면에 불과하다. 모노의 윤리학은 구체적 상황에서 윤리적 고민에 빠져 있는 실존적 인간에게 구체적인 지침이 될 수 없다. 윤리적 결단의 불확실성은 모노의 윤리학만이 아니라 모든 윤리학이 벗어날 수 없는 한계다.

이것이 더 선한가 저것이 덜 악한가에 대한 윤리적 판단과 선택을 하는 것이 윤리적 문제의 핵심이라면, 그런 것을 해결해줄 수 있고, 그런 것들에 보편적으로 적용될 수 있는 객관적인 대답은 존재하지 않는다. 왜냐하면 윤리적 물음과 윤리적 행동이 고려해야 하는 변수는 무한히 많고, 모든 윤리적 문제는 절대적으로 완전히 동일하지 않기 때문이다. 윤리적 문제에는 궁극적으로 결정적인 대답이 없으며 절대적으로 동일할 수 없기 때문에 우리는 윤리적 결단의 옳고 그름에 관해, '어떤 삶이 가장 바람직한가'라는 문제에 관해 우주의 역사가 끝나는 날까지 두고두고 사유하고 고민해야 한다.

인간의 삶에서 각자 자신의 삶의 '의미'를 발견하는 것보다 더 중요한 가치가 있을 수 없다면, 그러한 '의미'는 마음의 평화를 찾았을 때에만 가능하다. 마음의 평화라는 것이 우리가 잡다한 동물적 정념에 사로잡힌 노예상태에서 자유롭게 해방되었을 때 가능하다면, 마음의 평화는 우주의 삼라만상과 우리 자신의 정체성과 작동원리에 대해 투명한 세계관 즉 철학적 혜안을 가졌을 때에만 가능하다. 스피노자가 자신의 철학적 체계를 정리한 대표적 저서의 제목으로 사용한 『윤리』라는 낱말은 '존재론'·'인식론' 등과 동일한 지평에서 철학의 한 분야를 뜻하지 않는다. 그것은 '철학체계'라는 말과 거의 동의어로 사용되고 있다. 스피노자가 이처럼 자신의 철학체계를 '윤리'라는 말과 동의어로 사용한 까닭은 그에게 이론과 실천 즉 지식과 삶이 서로 뗄 수 없을 뿐만 아니라 모든 것은 궁극적으로 삶이라는 행동의 문제, 즉 진짜로 '의미'있는 삶을 사는 문제로 귀결된다고 믿었기 때문이다. 스피노자에게 철학은 근원적 의미에서의 '윤리학'이었으며 그는 철학에서 가장 중요한 것이 이치에 맞는 삶, 즉 우주의 원천적 이치에 따라 '마음의 평화와 자유'를 누리고 '행복할 수 있는' 삶을 사는 일이라고 확신했던 것 같다.

10장

•

둥지의 철학과
그 '의미'

The Onto-Semantical Matrix

✝

    둥지철학에 대한 지금까지의 논의의 요점은 대략 다음과 같
은 몇 가지 항목으로 나누어 정리할 수 있다.

1. 관념화된 존재로서의 세계

    살아 있는 인간은 우주 전체 혹은 그 일부에 관한 객관적 사
실을 인지하고 그것들의 작동 원리에 대한 어떤 방식의 신념을
전제하지 않고서는 살아갈 수 없다. 신화·종교·문학·예술·
과학·철학 등은 한결같이 인간의 삶에 전제된 우주의 모든 현
상들에 대한 다양한 인식방식들이다. 그중에서도 특히 철학은
스스로를 가장 근본적이고, 포괄적이며, 합리적인, 따라서 객
관적인 개념적 서술이며 본질적인 작동 원리에 대한 설명임을
자처해왔다.

    인식, 즉 앎은 그것이 참일 때 어떤 대상의 속성이나 작동
원리를 반영한다고 여겨져왔다. '산은 곧 있는 그대로의 산이

며, '사람'은 곧 보이는 그대로의 사람으로 확신되어왔다. 그러나 프로타고라스, 플라톤, 데카르트, 칸트, 그리고 쿤에 의해 사실은 그렇지 않다는 것이 밝혀졌다. 우리가 눈으로 보는 '개'는 개 자체가 아니라 우리들의 주관적 의식이 만들어낸 언어적 개념으로 구성된 '관념'들에 지나지 않는 것임을 알게 된 것이다. '밥'이라는 관념은 우리들 의식의 특정한 양태로서 '관념'일 뿐이지 우리가 먹어서 배를 채울 수 있는 구체적이고 객관적인 존재가 아니다. 이런 점에서 우리가 안다고 믿는 우주의 모든 현상·사건들은 우주의 객관적 현상이나 사건들이 아니라 우리들의 관념적 구조물이다. 이런 점에서 우주 자체와 우리가 그것에 대해서 안다고 믿는 우주는 엄연히 구별된다. 왜냐하면 우리가 지각적 및 논리적 차원에서 인식하는 세계는 인식 이전의 세계 자체가 아니라 인간의 주관에 의해서 개념적으로 구성된 관념에 지나지 않기 때문이다. 개별적이든지 총체적이든지, 부분적이든지 전체적이든지, 어떤 차원에서 어떤 방식으로든 인간의 주관적 의식에 의해 인식되지 않은 무엇이 존재한다는 주장은 논리적으로 성립될 수 없다. 인식대상이 우주 전체의 경우이든 아니면 양자역학에서 말하는 극미한 미립자의 경우이든 사정은 마찬가지다. 우주는 필연적으로 우리들에 의해 관념적으로 인식되고 구성되기 이전의 우주 자체가 아니라 인간에 의해 해석된 우주의 관념체로서의 '세계관'에 지나지 않는다.

　존재와 그것의 인식어認識語, 우주와 세계관 간의 위와 같은 복잡하면서도 단순한 관계는 이미 노자와 장자로 대표되는 도가道家의 언어관이나 불교의 사성제四聖諦나 팔정도八正道에 깔려 있는 공空사상에 전제되어 있지만, 널리 알려진 선사禪師 청원靑原의 다음과 같은 네 단계의 명제들에 의해서 더욱 논리적이고 간략하면서도 선명하게 설명된다.

　① 산시산山是山 수시수水是水, 즉 산은 산이고 물은 물이다.
　② 산불시산山不是山 수불시수水不是水, 즉 산은 산이 아니고
　　 물은 물이 아니다.
　③ 산시수山是水 수시산水是山, 즉 산은 물이요 물은 산이다.
　④ 산시산山是山 수시수水是水, 즉 산은 산이요 물은 물이다.

　명제 ①은 일상생활에서 누구나가 의심하지 않고 전제하는 아주 소박한 언어관을 나타내는 예다. 이때 '산' 혹은 '물'이라는 각각의 명사는 곧 지시대상으로서의 '산' 및 '물'이라는 언어에 독립된 대상의 재현으로 전제된다. 이 경우 '산' 혹은 '물'이라는 언어의 의미를 안다는 것은 곧 자연의 일부로서의 구체적인 산 혹은 수를 아는 것과 동일한 것으로 이해되고 있다. 그리고 이 명제는 어느 차원에서 볼 때 참이다.

그러나 명제 ②는 언어와 그 대상 간의 위와 같은 이해방식이 소박한 것임을 깨닫게 하는 경우다. 명제 ②는 명제 ①의 부정임에도, 즉 모순됨에도 불구하고 다음과 같은 두 가지 이유에서 역시 참이다. 첫째 '산' 혹은 '물'은 어디까지나 낱말에 불과하지 그 자체가 실제로 존재하는 산이나 물이 아님이 자명하기 때문이다. 둘째, 내 눈 앞에 보이는 것이 산 혹은 물이 아닌데도 나는 그것을 '산' 혹은 '물'로 착각할 수 있다. 또한 이러한 착각을 하지 않는 경우에도 나는 눈앞의 지각적 대상을 색깔의 범주나 물질의 범주 속에 묶어서 '파란색' 혹은 '흰색'으로 인식할 수도 있고, 큰 '흙더미' 혹은 큰 '액체', 또는 '분자의 집합' 혹은 '수소의 집합'으로 서술할 수 있기 때문이다.

명제 ③도 언뜻 보아 틀렸을 뿐만 아니라 말도 되지 않을 것처럼 보이지만 보기에 따라 말이 될 뿐만 아니라 역시 참이다. 왜냐하면 '산'이라는 존재는 '물'이라는 존재와 지각적 차원에서 볼 때 전혀 다르지만, 현대물리학 특히 양자역학이 입증하듯이 근본적 차원에서는 동일한 동질의 미립자의 집합체로 분석되기 때문이다.

명제 ④는 피상적으로는 언어의 시각적 혹은 청각적 차원에서 명제 ①과 동일하고 나름대로 다 같이 참이지만, 그것들이 각기 나타내는 인식의 차원과 진리성의 깊이는 사뭇 다르다. 명제 ①이 보여주는 인식의 차원을 1차원적이라고 할 수 있다

면, 명제 ④가 보여주는 인식의 차원은 반성적인 것으로서 4차
원적이다.

어쨌거나 위의 네 가지 명제가 보여주는 것은 우리가 지각
하고 서술하는 우주의 모든 것들이 우리가 그렇게 하기 이전의
우주 자체 혹은 그중 일부가 아니라 우리들의 의식·인식·언
어구조에 의해 개념으로 관념화해서 조직하고 구성한 개념적
구조물에 지나지 않는다는 사실이다. 사물·자연·우주·존재
자체는 언제나 그리고 필연적으로 우리의 의식·언어·개념 밖
에 있으며, 형이상학적 존재의 본질 자체와 인간의 의식 사이
에는 불가피한 거리가 있다. 우리는 절대적 진리를 추구한다.
그러나 영원하고 보편적이며 근원적 인식은 귀납적 판단으로
불가능하며, 따라서 절대적 진리라는 것은 인간이 논리적으로
도달할 수 없는 소망에 불과하다.

2. 구성된 세계관의 바탕으로서 객관적 존재

인간이 보고, 알고, 설명하는 세계는 원래부터 x, y, z 등으로 그냥 그렇게 있는 것이 아니라 인간에 의해서 개념과 언어를 매개로 인식되고 해석되며 구성된 존재다. 이러한 주장은 인간이 x, y, z로 인식하고 구성하기 이전에는 우주 안에 아무것도 존재하지 않았다는 말이 전혀 아니다. 세계를 x, y, z로 인식하고 설명하며 구성한다면 그러한 행위는 논리적으로 무엇이라 표현하기 이전의 혼돈상태에 있는 무엇인가를 그러한 구성의 바탕으로 전제하고 있다는 것을 의미한다.

양자역학은 우주의 궁극적 속성을 물질이나 정신이라는 이름으로도 서술할 수 없는 무한수의 미립자 혹은 초끈으로 설명하며, 그 무한수의 개별적 존재들 간에 존재하는 무한수의 상호적 관계를 흐리멍덩하고 혼란스러운 카오스와 같은 것으로 설명한다. 앞서 나는 그러한 우주를 과자나 떡으로 만들기 이전의 밀가루 반죽에 비유했고, 그러한 우주라는 존재 상태를 로르샤흐 테스트의 잉크 얼룩에 비유해 보았다. 다시 말하면 인간이 우주 전체 혹은 그 일부를 개념적으로 다른 모든 부분과 x, y, z라는 존재론적 범주에 묶어 분류하고 구별하기 이전의 상태는 니체가 말하는 '권력에의 의지'처럼 '영원회귀'의 역동적 소용돌이와 같다고 할 수 있다. 현대 천문학과 상대성 원리, 양자역학에 의하면 대폭발 이후의 우주는 일찍이 힌두교 그리고 불교가 주장하는 쳇바퀴 같은 윤회와 같은 것으로 무한수의 입자들의 소용돌이 속에서 역동적으로 시작도 끝도 없이, 목적도 의미도 없이 돌아간다는 니체의 영원회귀 세계관은 이를 뒷받침한다.

인간은 다른 존재들과는 달리 사유하고 문화와 문명을 일굼으로써 산천초목은 물론 다른 모든 동물을 정복하게 되었으며 오늘날의 경이로운 디지털 세계를 구축해서 우주 자체를 정복하고 조작하기에 이르렀다. 그럼에도 불구하고 인간은 우주의 일부에 지나지 않기 때문에 궁극적으로는 다른 동물, 산천초목, 먼지, 미립자와 근본적으로 다를 바 없는 운명을 타고났으며 우주적 영원회귀의 소용돌이 속에 갇혀 있을 수밖에 없다. 인간은 위대한 철학과 예술을 창조하고, 윤리적 동물로서 성스럽기도 하지만 궁극적으로는 다른 존재와 마찬가지로 끝도 없고 특별한 의미도 없는 삶을 살면서 윤회의 바퀴 속에 끼어 돌아간다.

3. 존재의 엔트로피와 철학의 기능

19세기 맥스웰의 열역학 제2법칙 엔트로피 이론에 의하면 우주 안의 모든 존재는 점차 삭아서 언젠가는 원래의 모습을 잃고 소멸한다고 한다. 한걸음 더 나아가 1940년 가모우가 제안한 대폭발이론에 의하면 우주를 비롯한 모든 존재는 약 150억 년 전에 단 하나의 점에 불과했던 미세한 미립자가 폭발하면서 그것이 팽창하는 과정 속에 들어 있으며, 그렇게 팽창된 우주는 어느 시점에서는 역으로 점차적으로 위축하여 마침내는 다시 원래의 미립자로 환원되어 사라지게 된다. 그렇다면 그것은 우주의 모든 현상들의 인과적 관계, 약육강식의 생물들 및 동물들 간의 싸움, 인간들 간의 개인적 및 집단적 차원에서 전개되는 아우성, 인류에 의한 삼라만상의 정복과 약탈의 과정도 반드시 그 끝이 있음을 함축한다. 모든 인간, 동물, 식물만이 아니라 모든 세포도 언젠가는 죽어 없어질 운명을 안고 있다. 이러한 사실을 인간이라면 누구나 잘 알면서도 모든 인간과 모든 생명체는 일 년이라도 더, 한 달이라도 더, 하루라도 더, 한 시간이라도 더 살려고 안달한다. 그렇지만 생명에 대한 이러한 집착은 생각할수록 어리석다. 아무리 살아도 의미가 없으며 죽어도 그 의미가 없는데 우리는 살고자 허덕이고 기를 쓰고 부산을 떤다.

그렇다면 우리의 삶은 무의미하고, 어리석은 것이 아닌가? 나의 삶만이 아니라 모든 이들의 삶이, 모든 것들, 모든 사건들, 그리고 마침내는 우주 전체가 무의미하지 않겠는가? 인간은 의식적으로 하는 모든 행동에서 어떤 '의미'를 찾는다. 하지만 대체 우리가 찾는 '의미'란 구체적으로 무엇을 뜻하는가? 어떤 조건에서 우리는 우리의 존재, 아니 모든 것에서 '의미'를 찾았다고 할 수 있는가?

'의미'의 궁극적 의미는 어쩌면 죽음, 종말, 소멸로부터의 자유가 아닌가? 시원한 대답이 나오지 않는다. 이래도 말이 안 되고 저래도 말이 안 되며, 이렇게 생각해도 앞뒤가 안 맞고 저렇게 생각해도 마찬가지다.

이처럼 세상의 모든 현상이 설명되지 않을수록 그만큼 더 인간은 우주의 모든 현상을 가장 정밀하면서도 가장 총체적으로 인식하고 설명하려고 한다. 인간의 이러한 지적 본능은 아득한 옛날부터 무수한 신화, 종교적 교리, 예술적 표현, 과학적 이론 그리고 철학적 주장으로 나타났다. 위와 같은 다양한 세계의 이해와 설명방식 가운데 철학적 주장은 가장 합리적이고 가장 총체적이다. 존재의 의미 등에 대한 전체적 혹은 부분적 인식양식들인 신화·종교·예술·과학 및 철학과 같은 여러 가지 인식양식들 간에 존재하는 엄밀하고 절대적인 경계의 설정은 불가능하다. 또한 철학의 유일하고 보편타당한 정의도 불가능하다.

철학은 논리적 분석을 통해 모든 담론에서 사용되는 개념의 분석과 정리를 유도하는 학문으로 규정할 수 있지만, 그와 같은 특성이 철학의 전유물은 아니다. 철학이 다른 학문양식들과 구분되는 확실한 차이는 철학의 궁극적 이상이 물리적 우주 전체의 본질과 작동 원리, 즉 세계에 관한 총체적 그림과 가장 바람직한 인간의 삶의 양식과 의미를 탐구하는 것, 즉 인생관을 구축하고 고안하는 데 있다. 이러한 점에서 나는 가장 일반적이며 최종적인 철학의 목적은 인생관을 포함한 개념으로서의 세계관을 구축하는 것이라고 확신한다. 적어도 내가 철학을 하게 된 동기와 근원적이며 최종적인 목적은 바로 그런 데 있으며, 그와 같은 철학관을 갖고 살아왔다. 이런 점에서 철학적 인식양식을 그 밖의 인식양식과 비교해볼 때, 철학은 원천적으로 개별적인 세계의 재현이 아니라 총체적이고 전일적인 그리고 궁극적인 인식양식을 지향한다. 이런 점에서 철학은 필연적으로 가장 반성적이고 비판적인 메타인식meta-knowledge이다.

3천 년 이상의 긴 세월에 걸쳐서 수많은 위대한 철학자들이 우주에 관한 진리를 밝혀내왔으며 인간으로서 의미 있는 삶의 양식에 대해서 구상하고 주장하고 제안해왔다. 그럼에도 불구하고, 안타깝고 불행하게 아직도 모두가 이해할 수 있는 철학관·세계관·인생관은 존재하지 않으며 앞으로도 쉽게 만들어질 전망은 희박하다. 서로 다르고 모순되는 다양한 철학의 정의들, 세계관들 및 인생관들이 부딪치고, 서로 죽기살기로 따지고 갈등만 하는 것으로 보인다. 이런 맥락에서 나는 이 책을 통해 그러한 문제들을 풀어, 보다 통일되고 밝은 세상을 열어줄 수 있는 새로운 철학관, 새로운 세계관 그리고 새로운 인생관을 제안하고자 했다. 그렇다면 기존의 다양한 세계인식 방법과는 다른 지금까지 존재해왔던 것보다는 더 나은 철학적 인식 방법은 없을까? 한마디로, 완전하지는 않더라도 나름대로 우주 전체의 현상을 사실과 가장 잘 맞게 설명하는 철학은 존재할 수 있는가? 바로 이런 맥락에서 '둥지의 철학'이라는 개념을 생각하게 되었으며 이 책에서 지금까지 그러한 철학적 작업을 여러모로 시도했다.

'둥지의 철학'은 도대체 무슨 철학관이며, 철학의 둥지는 어떤 모습을 갖고 있는가? 또한 둥지의 철학이 세계관인 동시 인생관을 의미한다면, 세상과 삶의 양식에서 즉 실존적이고 사회적인 삶의 차원에서 볼 때 그것은 어떤 양상을 띠게 될 것인가?

4. 둥지로서의 철학적 인식

인식이 어떤 대상에 대한 한 주체자의 의식 속에 비친 어떤 상태라는 점에서 인간의 의식은 무엇인가를 반영하는 '자연의 거울'로 생각할 수 있다. 인식은 거울 속에 비친 어떤 사물로 규정할 수 있으며 거울과 거기에 비친 물체들 간의 관계는 물질의 인과적 법칙으로 설명될 수 있다. 또한 지식은 자연의 거울로서 인간의 의식에 의한 어떤 대상의 발견으로 이해될 수 있다. 그러나 의식은 '자연의 거울'로서 그 대상을 기계적인 인과적 법칙에 따라 수동적으로 반영만 하는 '자연의 거울'이 아니라, 그 대상을 x, y, z라는 존재론적 범주 속에서 구성하는 능동적 제작활동이다. 그리고 의식과 그 대상의 관계는 기계적인 즉 결정론적인 인과적 관계로만 설명될 수 있는 것이 아니라, '로르샤흐 얼룩' 같은 단 하나의 떡반죽 같은 '존재' 덩어리로서의 우주를 x, y, z 등의 존재론적 범주 속에 인지될 intelligible 수 있는 것으로 재구성해서 능동적으로 만들어낸 것에 지나지 않는다. 모든 인식, 모든 앎이 그러하다면 철학적 앎도 마찬가지다.

우주 전체 혹은 그 일부분의 객관적 그림이자 재현양식으로서의 신화·종교·예술·과학 그리고 철학이 우주 삼라만상의 객관적 실체의 그 자체가 아니라, 특정한 역사적·지역적 맥락에서 인간에 의해서 언어적으로 구성된 관념이고, 그러한 관념은 해석을 전제로 하고 있으며 모든 해석은 필연적으로 주관적일 수밖에 없다면, 우리가 믿는 우주 혹은 세계는 객관적 존재 그대로가 아니라 인간의 주관에 의해 구성된 관념적 우주 혹은 세계로서의 '세계관'에 지나지 않는다. 그리고 코끼리를 둘러싸고 있는 장님들이 코끼리를 만져보면서 그것을 '벽', '기둥', '나팔' 등으로 다양하게 인식할 수밖에 없듯이 철학을 비롯한 모든 인식양식들이 주장하는 세계관은 서로 다를 수밖에 없고, 동일한 철학적·신화적·종교적·예술적 세계관으로서의 인식과 재현양식도 한없이 다양할 수밖에 없다. 위와 같은 인식양식들은 과거나 현재나 각기 저마다 우주삼라만상에 대한 인식을 절대적이고 객관적인 즉 참인 것으로 확신하고 그렇게 주장해왔지만, 유일하고 절대적이고 단 하나의 그리고 영원히 변하지 않는 유일한 세계의 재현은 논리적으로 불가능하다.

앎은 반드시 무엇인가에 관한 앎이지만, 인간이 그 무엇이라는 대상을 부분으로 혹은 전체로 접하고 그것을 관념 속에서 의미를 띤 x, y, z로 분류되는 어떤 모습으로 재구성하기 이전에는 인식이란 낱말은 물론 그 낱말이 지칭하는 것으로 전제된 '인식대상'이라는 낱말은 전혀 의미를 갖지 못한다. 인식은 이미 존재하는 어떤 고정된 대상의 발견과 그것의 재현이 아니라 인간이라는 인식주체가 생존을 위해서 잠정적으로나마 구성한 관념적 산물이다. 이런 점에서 인식양식으로서의 신화, 종교, 예술적 구성을 비판함으로써 창안된 가장 세련된 인식양식으로서의 철학과 위의 모든 인식양식들의 주관성을 극복했다고 자처하는 과학도 다른 인식양식들과 근본적으로 다를 바 없다.

인간이 가진 가장 보편적 본능 가운데 하나는 앎에 대한 욕망이다. 이러한 본능을 어떻게 설명해야 하는가? 앎에 대한 강한 본능은 생물학적으로 설명된다. 모든 생명체가 그러하듯이 인간의 생존은 가치 중의 가치이며, 생존과 번영 그리고 행복은 주어진 생존적 여건으로서의 자연과 문화적 현실에 대한 지식을 필수적으로 전제하기 때문이다. 우주에 관한 지식과 그 안에서 살아가는 인간의 삶과의 관계는 떨어질 수 없다. 한 개인이나 인간집단은 자신이 놓여 있는 물리적·문화적 세계를 잘 알아야 비로소 잘살 수 있다. 우리가 안다고 생각하는 세계란 객관적으로 발견된 것이 아니라 우리가 관념적으로 구축한 세계 즉 일종의 집, 더 적절하게 말해서 거처다.

수많은 종류의 신화·종교·예술·과학·철학 등은 별개의 것이 아니라 물리적으로나 문화적으로 각기 서로 다른 시간적·공간적 지점에서 인류가 생존과 번영, 궁극적으로는 '행복'을 위해서 고안해낸 서로 다른 관념적 세계관이다. 이러한 세계관은 모든 동물 특히 조류들의 '둥지'에 비유될 수 있다. 그러나 모든 세계관 즉 거처 혹은 둥지로서의 관념적 건축물이 다 똑같이 좋은 것은 아니며, 특정한 역사적·지리적 및 문화적 시점에서 가장 적절했던 것이 언제든지 일률적으로 적합하거나 이상적인 것은 아니다. 물리적 또는 문화적 여건의 변화에 따라서 그곳에 지어질 거처도 뒤따라 변해야 하며, 집은 인간이나 사회가 거주하는 거처, 즉 둥지에 지나지 않는다. 그러나 모든 둥지가 다 같이 동등한 것은 아니다. 우리의 관념적 둥지로서의 세계관은 그것의 경제적 및 미학적 관점에서 측정될 수도 있지만, 가장 중요한 잣대는 모든 점을 고려할 때 얼마나 포근한 거처가 될 수 있느냐다. 여러 가지 양식들 가운데서 철학이 가장 포괄적이고 견고한 세계관 즉 우주에 관한 포괄적이고 관념적인 건축물이라고 전제한다면 그 건축의 모델은 특히 새들의 건축물인 '둥지'에서 찾을 수 있다고 생각한다. 그와 동시에 '둥지'라는 개념은 수많은 전통적 철학담론의 아포리아aporia 즉 풀리지 않은 문제들을 함께 풀 수 있는 비전이라고 확신하며, 이런 인식론을 나는 '둥지의 철학'이라 부르고자 한다.

5. 둥지의 건축학과 둥지의 철학

1) 둥지의 건축학

지식이 인식주체와 논리적으로 구별되는 어떤 대상에 관한 인식이며, 인식이 그 대상의 수동적 발견이나 반영이 아니라 언어라는 매체로 짜맞춘 관념적 구축물이며, 지식의 긍정적 값으로서의 '진리'는 우주의 일부로서 이미 존재하는 것이 아니라 인식주체의 역동적 활동으로 창조된 산물이라면, 인식대상은 어떤 관점에서 어떻게 구성된 것이냐에 따라 아주 다양한 형태를 갖게 될 것이다. 그렇다면 지금까지 거의 모든 철학, 모든 인식론에 전제된 신념과 달리 영원불변한 단 하나의 객관적 '진리'란 존재할 수 없으며, 모든 진리는 필연적으로 잠정적인 동시에 상대적일 수밖에 없다. 신화적·종교적·예술적 인식 및 세계관만이 아니라 과학적·철학적 세계관의 경우도 사정은 전혀 다르지 않다. 절대적으로 객관적인 인식과 진리, 절대적으로 정확한 세계관과 인생관은 논리적으로 성립할 수 없는 개념들이다. 실제 생활에서 모든 지식, 모든 세계관의 진/위, 적절성/부적절성을 가릴 수 있고 또한 가려야만 한다는 것을 인정하더라도, 그러한 판단의 옳고/그름은 필연적으로 잠정적이며 상대적인 의미만을 가질 뿐이다.

그럼에도 불구하고 우리는 어떤 인식에 대한 진/위, 어떤 세계관·인생관을 혹은 철학에 대한 좋고/나쁨, 적절성/ 부적절성을 판단할 수 있을 뿐만 아니라 결정해야 한다. 인간의 구체적 삶의 객관적 현실은 그렇게 하지 않고는 돌아가지 않기 때문이다. 그렇다면 우리가 세계관이라는 관념적 건축물을 구상하고 설계하며 구축할 때, 항상 그리고 근본적으로 염두에 두어야 할 것은 무엇이며, 어떤 시각에서 그 건축의 가치를 평가해야 하는가? 그것은 스피노자의 '윤리학'이 지향하는 가장 귀중한 인간의 가치로서의 "몸과 마음의 안전과 평화, 정신과 감성의 자유와 행복"이 아닐까? 그렇다면 이러한 가치가 최대한으로 실현될 수 있는 인간적 삶의 거처로서의 건축물의 이상적 모델은 어디서 찾아야 할 것인가? 나는 그것을 동물들 특히 조류들이 자신의 거처로서 구축하는 '둥지', 그들이 깃들이는 '보금자리'에서 찾을 수 있다고 믿는다.

물론 새들이 트는 둥지, 그들이 깃들이는 보금자리는 새들의 종류와 그들이 서식하는 지리적·기후적 조건의 다양성만큼이나 다양하며 건축학적 견고성, 기술적 정교성, 미학적 수

미성 및 실용성 등의 관점에서 볼 때도 무한히 다양하고 서로 차별적으로 평가될 수 있다. 어떤 둥지는 아테네의 아크로폴리스에 세워진 '아테네 신전'이나, 프랑스의 역사에 중심을 잡아주는 파리의 '노트르담 대성당' 같기도 하며, 또 어떤 것들은 인도대륙의 넓은 들에 보석의 교묘한 조합으로 이루어진 '타지마할' 같이 숭고하면서도 아름다우며, 쓰러져가는 한국 농가의 초가집같이 엉성하고 빈약하거나, 대도시 안에 상처처럼 드러나는 달동네의 판잣집같이 왜소하고 누추한 것들이 있다. 이러한 구조적 다양성에도 불구하고 둥지는 한결같이 '따뜻하고', '인정이 배어 있고', 사랑스러움이 있고, 구조적 면이나 사용된 건축 자재의 면에서 한결같이 건축의 백미白眉로 볼 수 있다. 그 많은 둥지 가운데 적지 않은 것들은 보면 볼수록 건축 기술과 그것이 풍기는 정서적 아름다움에 감탄을 금할 수 없다. 그런 둥지의 설계자, 토목사, 엔지니어들은 선천적으로 타고난 위대한 건축가들인 동시에 시인인 동시에 과학자들로서, 그들의 작품을 보면 볼수록 그들의 천부적 능력에 경탄하게 된다.

둥지 속을 들여다보면 그곳은 부드러운 털이 깔린 잠자리이자 휴식처이며, 사랑을 나누는 침대이자 편안한 잠으로 몸을 풀 수 있는 휴식처다. 그곳은 알을 품어 새끼를 깨우고, 수컷과 암컷이 짝지어 그 새끼들을 먹이고, 공부도 시켜, 어른이 되어 독립할 때까지 키우는 가정이다. 모든 둥지는 자연 속에서 하나의 종으로서의 새가 자신의 거처로서 지은 구조물, 나름대로의 '문화'·'문명'의 측면을 갖고 있으면서도 주변의 자연환경과 조화를 유지함으로써 생태학적 가치가 보존된 건축물이다. 모든 둥지, 아니 모든 동물들의 거처는 언제 보아도 시적이며, 아름답고 따뜻해 보인다. 이는 그 건축의 구조가 적어도 생태학적으로 그 주변의 모든 것들과 완벽에 가까운 생태학적 조화를 유지하면서 또한 삶의 숨결을 느낄 수 있게 해주기 때문이다.

위와 같은 둥지의 건축원리와 구조양식은 우주 삼라만상의 총체적인 관념적 세계로서의 철학이라는 건축의 경우에도 똑같이 적용되어야 한다. 바람직한 철학적 세계관은 우주 안에 존재하는 모든 것들, 모든 물질적 및 정신적 사건들, 인간과 그 밖의 모든 동물의 희노애락, 식물들의 유전자의 작동, 쿼크와 같은 미립자들의 작동 등을 망라하면서도 이 모든 것들은 빠짐없이 역동적이면서도 조화롭게 반영하는 가장 포괄적인 세계여야 한다. 또한 그 속에서 이성적으로나 감성적으로, 논리적으로나 정서적으로 누구나 마음의 편함과 따뜻함, 투명함과 행복함을 함께 느낄 수 있게 해주는 것이라야 한다.

전통적 세계관으로서의 신화, 종교, 예술, 철학 가운데 철학은 가장 체계적이고 합리적인 세계관이었으며, 플라톤, 아리스토텔레스, 데카르트, 스피노자, 칸트, 헤겔, 마르크스, 화이트헤드, 베르그송 등으로 대표되는 서양철학과 힌두교, 불교, 유교, 도교로 대표되는 동양철학들 중 서양철학은 동양철학보다 더 합리적이고 더 체계적이었다. 그러나 철학적 세계관보다 과학적 세계관은 더 혁신적이고, 더 체계적이고 논리적 세계관이다. 이런 점에서 과학적 세계관은 철학적 세계관보다 더 올바른 세계관이라고도 할 수 있다. 그러나 과학적 세계관은 우주를 실증적 대상으로만 한정시킨다는 점에서 철학적 세계관보다 덜 포괄적이며, 덜 근원적이기 때문에 철학적 세계관보다 못하다고 단언할 수도 있다. 그렇다면 가장 대표적인 우주의 둥지, 즉 세계관으로서의 철학의 건축양식은 어떠했던가?

노자, 장자, 부처가 꾸민 동양적 우주의 둥지 즉 동양적 세계관과 플라톤, 데카르트, 스피노자, 칸트, 헤겔, 마르크스, 니체, 베르그송, 화이트헤드, 하이데거, 카르납, 비트겐슈타인, 콰인, 데리다 등 서양철학자들의 세계관, 즉 우주의 둥지를 비교해보자. 동양적 우주의 둥지와 서양적 우주의 둥지를 비교해보면 전자가 후자에 비해 상대적으로 더 부드럽고 유연하며 감성적 편안함을 느끼게 하지만 어딘가 그 구조가 엉성하고 흐물흐물하며 나약하게 느껴진다. 반면 서양의 둥지는 상대적으로 견고하고 앞뒤가 잘 맞아들어가지만, 상대적으로 차고 딱딱하며 숨이 막힐 듯하다. 또한 이러한 건축방식은 어딘가에 문제가 있고, 둥지가 갖추어야 할 근본적 의미, 즉 '삶'이 빠져 있거나 위축되어 있다는 느낌을 준다. 삶의 숨결이 시들어가거나 상실되어 있다는 느낌 또한 들기도 한다.

플라톤은 우주의 살과 피가 없는, 투명하지만 차디찬 뼈 같은 이데아만을 실체로 보았으며 데카르트는 인간과 그 이외의 존재, 정신과 물질 사이에 소통 불가능한 거리를 그어 놓았고, 스피노자는 우주의 모든 부분이 어떤 단 하나의 기하학적 공리公理로부터 연역적으로 유추할 수 있는 기하학적 또는 기계적인 구성을 가지고 있다고 전제하였다. 칸트는 우주가 그 시원에서부터 모든 것이 인간의 초월적인 자기실현을 위해서 합리적으로 구성되어 있다고 확신했으며, 헤겔과 마르크스는 각각 정신과 물질이 어떤 궁극적이며 초월적인 목적을 위해서 필연적으로 결정된 발전과 진보의 과정을 기계적으로 밟는 과정에 있다고 확신했다. 니체는 모든 인간의 행위와 존재라는 것이 그 자체로서는 아무 의미도 없는 무한수 미립자들의 집결과 이산의 영원한 반복에 불과하다고 주장했다. 베르그송은 우주를 신비적인 실체인 '생명의 도약élan vital' 자체로 보았고, 콰인은 철학이란 언어의 교통정리라는 결론을 내렸다. 데리다는 철학이 언어의 피안을 넘어 아무리 언어 이전의 실체를 포착하려 해도 그 스스로가 언제나 언어 안에 갇혀 있기 때문에 스스로를 해체하기 이르렀다고 선언했다.

그러나 위와 같은 기존의 서로 상반되는 철학적 세계관들의 어느 하나도 우주의 삼라만상에 관한 객관적 그림과 일치하지 않는다. 그것들 가운데 어느 하나도 사실이 아니며 철학자들이 상상을 동원하여 꾸며낸 황당한 소설들에 불과하다. 우주의 삼라만상에 관해 여러 철학자들이 그럴듯하게 꾸며낸 여러 가지 세계관이 옳다고 하기에는 우리의 몸과 마음이 직접 체험하거나 배움으로써 알고 있는 물리적 및 문화적 세계의 현실은 너무나 복잡하고, 혼돈스럽다. 인간을 포함한 우주가 지적으로 투명하고 논리적으로 일관성 있다는 주장들은 듣기에는 재미있다고 느낄지 몰라도 느끼기에는 너무나 거칠고 고통스럽다. 다시 말해서 실재하는 우주, 그 속의 삼라만상과 그 안에서의 인간의 삶은 투명한 수학적 언어나 수미일관된 논리로 짜여진 것이 아니다.

구체적 우주와 삼라만상 그리고 인간의 삶은 지금까지 수많은 철학자, 종교가, 예술가 그리고 과학자들이 각자가 가장 정확하다고 믿고 그려준 세계관이나 인생관과는 다르다. 지금까지의 어떤 철학, 어떤 세계관도 진짜 세계상과 인간상을 보여주는 데는 실패했다. 기존의 세계관과 인생관에 만족하는 삶은 아무도 없다. 더 확실한 말로 표현하자면 가장 바람직한 세계관, 즉 우리의 몸과 마음이 함께 편안할 수 있는 관념적 거처로서의 둥지를 틀려면, 그것은 지금과는 다른 자료를 써서 다른 식으로 틀어야 하며, 그 둥지의 모델을 조류들, 조류들 가운데서도 뛰어난 건축가로서의 특정한 조류의 둥지를 모델로 해야 한다. 즉 우리는 우주와 우리 자신의 거처로 새 둥지를 모방해야 된다는 것이다. 모든 새 둥지가 어느 정도까지는 비슷한 형태를 하고 있지만, 각별히 어떤 특정한 지역의 특정한 새들의 둥지는 선천적으로 타고난 천재적인 건축물이며, 건축의 정수 가운데의 정수 즉 '백미'라는 것을 입증한다. 이러한 사실은 하버드대학 내에 있는 '자연사박물관'에 세계 전역, 특히 남미 열대림에서 수집해놓은 수백 개의 서로 다르면서도 나름대로 교묘하고 아름다운 '새집-둥지'들이 확인해준다.

철학적·종교적·예술적 및 과학적 세계관은 다양한 형태를 갖고 있지만, 그것이 '세계관'으로서의 구조물이라는 점에서, 더 구체적으로 말하자면 자연물이 아니라 인간이 자신의 생물학적·지적 및 정서적 요구를 최대한으로 충족시키기 위해 자연 속에 억지로 자신의 욕망과 힘, 그리고 기술을 삽입해서 인위적으로 만든 구조물이라는 점에서 근본적으로 폭력적이며, 반자연적·반생태학적·반환경적이다. 자연과 인간의 관계는 원천적으로 갈등이 불가피하다. 그럼에도 인간이 자연 속에서 자연을 양식으로 삼아 자연에 의지해서 살아야 하는 존재로 태어났다면, 인간과 자연 간의 차선의 관계는 상호간의 조화의 정신, 친자연적·친생태적·친환경적 관계를 복원하고 정립하는 것이다. 이런 정신에 입각한 우주관, 자연관, 세계관의 도입과 인간이 자연 속에서 생물학적 안전과 번영, 정신적 편안함과 행복을 누리기 위한 거처로서 문명과 문화의 이름이 붙여질 수 있는 물리적 거처의 구축이 필요하다면, 그러한 거처의 건축은 어디까지나 최대한 친자연적·친생태학적·친환경적 원칙에 부합하는 것이어야 된다. 나는 이러한 세계관과 인간 삶의 물리적 하드웨어로서의 문명의 모델과 정서적 소프트웨어로서의 문화의 모델을 새들의 둥지에서 찾을 수 있다고 믿는다. 이 두 가지 조건을 충족시키는 건축학의 모델로서 새들의 둥지보다 더 뛰어난 것은 찾아볼 수 없다고 확신한다. 새들의 둥지야말로 모든 건축 특히 세계관으로의 철학적 체계와 문명 및 문화라는 정신의 구체적 산물로서의 창조에 가장 잘 부합된다고 할 수 있다. 이런 점에서 새들의 둥지가 백미白眉라는 데는 이견이 있을 수 없다고 믿는다.

둥지는 주어진 것이 아니라 살아 있는 새들이 자연에서 얻은 재료를 써서 주체적으로 창조한 또 하나의 새로운 자연이다. 이렇게 창조되었다는 점에서 자연과 구별되지만 그러면서도 공간적으로나 시간적으로 자연과의 연속선상에서 존재하는 비자연이다. 이런 점에서 둥지는 친자연적·친환경적·친생태학적 건축물이다.

둥지 건축물의 구조는 생물학적 안전함, 정서적 따뜻함, 포근함, 모성적 헌신, 세대간의 유대성, 남녀 양성 간의 사랑, 혈연적 유대감의 구현을 상징한다. 둥지는 미학적으로 아름답고,

감성적으로 따뜻하고, 영혼적으로 포근하며, 궁극적으로는 행복 그 자체다. 둥지는 물질의 구성물이지만 물질의 차원을 넘어 생생하게 살아 있는 건축물이다. 둥지 안에서 먼 바다나 강에서 먹이를 사냥하여 입에 물고 돌아오는 어미를 기다리며 꽃잎 같은 부리를 활짝 지저귀는 새끼들의 모습은 참으로 아름답다.

둥지라는 건축물은 새것도 아니고 재건축도 아니다. 그것은 언제나 리모델링이다. 인생이 그러하듯이, 모든 사유와 모든 생명 그리고 우주 · 자연 · 존재 자체는 언제나 전승된 것의 보존이자 보완이며, 그 위에 덧붙여나가며 끊임없이 수정하는 재개발이자 약간씩의 발전이다.

2) 둥지의 철학과 철학의 둥지

지금까지 검토한 사실들을 기초로 새로운 철학으로서의 세계관을 제시해보기로 한다.

첫째, 둥지의 철학은 하나의 철학적 인식론이다. 대부분의 경우 우리는 인식을 인식주체와 독립된 객관적 대상으로 전제해왔으며 인식을 그러한 대상의 발견으로 생각해왔다. 이와 같은 생각은 모든 이들의 일상활동이나 지금까지의 대부분의 철학에서 자명한 사실로 전제되어왔다. 그러나 둥지의 철학은 인식을 어떤 새로운 대상이나 존재의 발견이 아니라 인식적 주체가 감각적으로 의식에 지각된 무형無形인 동시에 무명無名의 경험을 어떤 존재론적 범주로 묶고 이름을 붙여서 어떤 양식으로 재구성하며 개념을 사용하여 관념적으로 만들어낸 제품으로 파악한다. 이처럼 대상이 인식행위에 의해서 생산되기 이전의 대상을 언급한다는 것은 무의미하다. 그러한 제품이 내 눈앞에 보이는 한 송이의 장미꽃이든 아니면 높은 산이든, 내가 머릿속에 관념적으로 그리는 우주의 존재와 형태이든 사정은 마찬가지다. 내가 어떤 것을 '장미꽃', '높은 산', '둥근 지구' 등으로 의식하고 언급하기 전에 객관적 대상으로서의 그러한 것들의 존재를 말한다는 것은 논리적으로 불가능하고 무의미하다. 이런 점에서 인식은 대상의 새로운 발견이 아니라 대상 자체를 창조적으로 재구성하는 것이다.

둘째, 둥지의 철학은 바로 위와 같은 맥락에서, 오로지 그러한 맥락에서만 인식론이자 존재론이다. 그러나 둥지철학의 존재론은 모든 것의 궁극적 실체성을 부정하고 무상無常을 모든 것의 원초적 본질로 보는 힌두교나 불교나 도교에서 말하는 허무주의적 '공' 혹은 '무'의 철학과는 전혀 다르다. 둥지철학의 관점에서 볼 때, 인식·인지·의식은 언제나 언어적이며, 언어는 직접 눈으로 볼 수 없는 존재의 색소를 드러내 보이는 리트머스 시험지이기 때문에 존재는 직접 눈에 보이지 않는 인식이라는 색소를 드러내는 리트머스 시험지다.

셋째, 둥지의 철학은 인식과 존재라는 두 상반되면서도 각 개념들에 함축된 정신과 물질, 마음과 몸이라는 서로 다른 두 종류의 독립된 실체로 구성된 이원론적 존재론과 형이상학적 세계관을 부정한다. 그리고 우주 전체를 그 두 개념들 가운데 어느 것으로도 환원할 수 없는 단 하나의 정신-물질, 마음-몸 한 덩어리로만 서술할 수밖에 없는 일원론적 형이상학, 즉 앞에서 길게 논한 바 있던, '존재-의미 매트릭스the onto-semantical matrix'로 이해할 수 있다고 주장한다. 이런 측면에서 볼 때, 둥지의 세계관은 한편으로는 스피노자적이며, 다른 한편으로는 정확히 말해서 마음과 몸, 정신과 살, 물질과 정신으로 양분되기 이전의 메를로-퐁티가 말하는 '날 존재l'être brut' 혹은 '야생의 사유la pensée sauvage' 등의 존재론과 일치한다.

넷째, 둥지의 철학은 대립과 투쟁이 아니라 화해와 통합의 정치학이며, 분열적·추상적 그리고 환원적이 아니라 관용적이며 상호보완적이고 통합적인 사회학을 주장한다.

다섯째, 둥지의 철학은 개념적·논리적·과학적·기하학적 사유에 앞서 지각적·감각적·미학적·은유적·시적 언어를 선호한다.

여섯째, 둥지의 철학은 획일적·규범적·이성적 윤리학이 아니라 다원적·감성적·상황적 윤리학을 따르며, 가치의 궁극적 바탕을 인간중심적이 아니라 생태중심적인 일원론적 세계관

안에서만 가능한 '행복'이라는 개념에서 찾는다. 이런 점에서 둥지의 철학은 "과학은 예술의 눈으로, 예술은 삶의 눈으로 보라"는 니체의 주장에 동의한다.

일곱째, 둥지의 철학은 하나의 형이상학적 비전으로서 우주·존재 일반을 고정된 단 하나의 실체가 아니라 무한히 다양한 것들이 역동적으로 복잡하게 얽혀 있는 영원한 소용돌이의 끝나지 않는 유동적 과정이라고 전제한다. 형이상학적인 우주 전체의 세계관을 건축하는 작업으로서의 둥지의 철학은 이런 점에서 신규건축이나 재건축이 아닌 언제나 리모델링 중인 작업이다. 존재와 인식은 모든 것이 시작인 동시에 마지막이며, 한쪽의 시작이 다른 쪽의 끝으로 이어지고, 모든 것이 끝인 동시에 시작임을 주장한다.

여덟째, 그러한 리모델링 작업은 영원한 미완으로 맥스웰의 열역학 법칙처럼 우주의 점차적 소멸과정과 함께 무無·공空으로 환원된다. 또한 천체물리학자 가모우의 천문학에 의하면 모든 존재의 총칭인 우주는 원래 무한히 작은 미립자가 폭발하는 것으로 시작되어 아직도 시간적·공간적으로 무한히 방대한 우주로 확대되는 과정에 있으며 어느 공간의 지점에는 180도 반전하여 거꾸로 축소의 과정을 거쳐 원래의 점과 같은 지점인 '무·공'으로 돌아가게 된다고 한다.

그렇다면 모든 것의 전체를 통칭하는 개념으로서의 우주

그리고 그것의 이상적인 관념적 구조물로서의 '둥지의 철학' 이 포함하는 모든 현상, 사건, 우주의 탄생, 전개과정, 소멸의 궁극적 '의미'는 무엇인가? 아니, 이런 물음에 앞서 이때 '의미'라는 말의 궁극적 '의미'는 무엇을 지칭하는가? 신화, 종교, 예술, 과학 등은 다 같이 바로 위와 같은 아주 소박하면서도 복잡하고, 아주 단순하면서도 무한히 어려운 문제에 대한 서로 다른 대답의 시도다. 그러나 모두가 만족할 수 있는 대답은 아직도 나오지 않고 있다. 아직도 우리는 '모든 것의 궁극적 의미'에 대한 물음과 대답을 절실히 필요로 하지만 그 물음이 대체 어떤 대답을 요구하는 것인지 분명하게 설명해준 학문은 아직 없다. 그래서 어쩌면 그러한 물음은 논리적으로 볼 때 물음으로 성립할 수 없고 대답할 수 없는 의사적擬似的 물음인지도 모른다.

그러나 어쩌면 가장 총괄적이면서도, 지적으로 가장 조화롭고, 몸이 가장 안전하며 편안하고, 마음이 가장 투명하고, 피부가 가장 편안함을 느끼고, 가장 자연스러운 관계 속에서 모든 것들과 하나가 되어 숨쉴 수 있는 둥지 틀기와 그곳에서의 삶의 '의미'보다 더 시원적이고 더 궁극적인 가치 이상의 다른 의미를 어떻게 상상할 수 있겠는가?

둥지의 철학은 우주와 그 안에 속한 모든 존재와 활동의 올바른 그림이자 그 안의 모든 것들이 관념적 거처, 즉 보금자리를 트는 작업이다. 그와 동시에 그러한 작업이 동반하는 '행복'이라는 '실존적 의미체험'은 철학적 둥지 틀기 자체의 '의미'이기도 하다.

아홉째, 둥지의 철학은 그 자체가 미완의 우주이며, 미완의 세계관이자 시작도 끝도 없이 열려 있는 세계다. 둥지철학의 세계에서는 모든 것이 근원적 차원에서 불확실하며, 잠정적이며, 상대적이며, 중심인 동시에 주변이다. 또한 모든 언어적 차별화는 본질적이 아니라 편의상의 잠정적인 경계선에 불과하며, 처음이 곧 마지막이고, 끝이 곧 시작이며, 선형적이 아니라 순환적이며, 죽음이 곧 삶이고, 탄생이 곧 죽음이다.

열째, 둥지의 철학은 그 자체가 곧 새로운 세계인 동시에 모든 것을 보는 새로운 눈이며, 모든 것에 대한 물음의 틀인 동시에 모든 물음에 대한 대답의 새로운 방식이기도 하다.

지적 방랑의 연보

나는 그동안의 시작詩作과 철학적 저서들을 습작으로만 믿고, 날마다 세상을 매료할 만한 철학적 시와 세계를 바꿀 만한 시적 철학체계를 머릿속에서 창작했다가 구겨버리고, 구상했다가 허물곤 하는 망상적 시간에 잠기곤 한다. 이러한 자신을 의식할 때마다 나는 나 자신에게 물어보곤 한다. 나는 도대체 누구인가? 나는 어디서 와서 무엇을 찾아 어디로 가고 있었던가?

나는 아산리에서 6킬로미터 떨어진 창룡리라는 벽촌에서 한 유가儒家의 막내로 태어났다. 가족 모두 마음이 착한 탓이었을까? 나는 막내로 태어나 집안에서는 서열상 밑바닥에 있으면서도 단 한 번 누구에게 맞아봤거나 큰소리로 야단 맞았던 기억이 없다.

나는 일찍 학교에 다니고 싶었으나 나의 마음과 몸이 유약한 탓에 아홉 살이 되어서야 학교에 다니기 시작하였다. 먼 통학

길이 고되기는 했지만 학교가 재미있었다. 언제나 선생님들한 테 칭찬을 받고 우등상을 받았기 때문이다. 머지않아 형들의 뒤를 따라 서울에 있는 높은 학교에 가는 것은 마치 자연의 법 칙같이 당연한 것으로 여겼다.

소학교를 졸업할 무렵 부족함이 없던 나의 세계에 금이 가 기 시작하였다. 그것은 내가 사춘기를 나도 모르게 느끼기 시 작한 때와 일치한다. 나는 인간 간의 갈등, 주위 사람들에게서 볼 수 있는 가난함과 빈약함, 무지와 미련함, 고집과 억지, 때 로는 악의와 잔인성, 인간의 사회적 불평등, 제도적 억압, 운 명과 죽음에 대한 수수께끼, 특히 물질적 생활조건에 대한 불 만을 막연하게나마 의식하기 시작하였다. 이러한 의식은 큰형 이 시골 집에 두고 간 문학책, 서양문예사전, 그리고 일본 작 가와 사상가들의 전기 등에 눈이 떠서 그 뜻을 잘 모르면서도 그것들을 몰래 열중해서 뒤적거려 보기 시작하면서부터 급격 히 예민해지고 부풀었다.

이러한 정신적 방황은 해방 후 집안의 경제적 사정이 퍽 각 박해진 가운데, 게다가 사춘기를 거치면서 더욱 심해졌다. 이 런 과정에서 나는 육체적으로 어느덧 편두통과 신경성 위궤양 에 걸려 그 후 몇 십 년간 고질적인 육체적 고통을 견뎌내야 했 으며, 정신적으로 염세적인 동시에 낭만적 이상주의자, 허무주 의자인 동시에 심미주의자로 변해가고 있었다. 그러나 그럴수록 나는 문학, 시에 끌려 있었고, 문필가, 철학적 사상가가 되고 싶었다. 나는 내가 빠져든 육체적 고통에서 해방되고, 정신적으로 어두운 수렁에서 빠져나가려고 몸부림쳤다. 그 가운데 의식했던 것은 아니지만 키르케고르가 말한 '목숨을 걸고 싸울 수 있는 삶의 가치'를 찾았던 것으로 생각된다.

내가 대학에서 불문학을 선택한 것은 우연이 아니다. 시인, 작가가 되고자 했기 때문이다. 그 후 전공을 철학으로 바꾼 것은 세상을 투명하게 볼 줄 아는 철저한 사상가가 되고자 해서였다. 50이 넘을 때까지 결혼도 못하고 30년 동안 객지로 떠다니면서 어떤 한 철학자나 한 철학적 문제에 집중하지 못하고 거의 모든 철학적 문제에 관심을 흩어놓았다면 그것은 '목숨을 걸고 싸울 수 있는 가치있는 것'을 더듬어왔기 때문이라고 생각한다.

대학 시절 보들레르의 삶과 작품이 나를 시로 유혹했고, 사르트르의 마술적 언어의 논리가 나를 실존적 문제에 눈뜨게 했고, 철학적 세계를 엿보게 했다. 소르본대학에서 5년을 지내면서 피상적이나마 방대한 지적 세계와 접하게 되어 사유와 학문의 세계에 한 발자국씩 끌려들게 되었고, 아무리 서정적 시라도 논리적으로 해석할 수 있고, 그러할 때에 비로소 논리를 초월한 시적 가치를 체험할 수 있음을 깨달았다.

미국 대학에서 2년 반 동안 학생으로 있으면서 나는 처음으

로 '분석철학'을 알게 되었고, 철학적 사고의 미시적 세밀성과
논리적 엄격성을 배우면서 그때까지의 나의 지적 수준이 얼마
나 엉성했던가를 의식하면서, 나 자신의 지적 미래에 대해 깊
은 절망감을 느끼곤 했다. 그러면서도 나는 이 새로운 철학에
크게 반발하였다. 나의 철학적 문제는 어떤 전문화된 특수한
영역에서 제기되는 언어적·개념적·논리적인 것이 아니라 세
계·우주를 총체적으로 설명하고, '인생의 의미'를 찾아내는
절실하고 실존적인 것이었기 때문이다.

그 후 25년간 미국 대학에서 교수 생활을 하면서 수많은 철
학 분야에 대해 다양한 철학적 입장에서 쓴 수많은 책을 닥치
는 대로 읽었고, 예술, 문학, 형이상학, 인식론, 언어 등 다양한
주제에 대해 시시한 것이었지만 적지 않은 수의 논문을 썼다.
이러는 동안 나의 철학적 방법은 현상학도 아니며 분석철학도
아닌 것이 되었으며, 철학적 관심은 어떤 한 분야에 머물지 않
았다. 이러한 나의 지적 호기심과 방황, 회의와 반성 그리고 추
구와 방랑은 지금도 끝나지 않고 계속되고 있다.

나는 지금까지 어떤 한 철학자도 그대로는 추종하지 않았
다. 그러나 수많은 철학자들로부터 무한한 지적 통찰력과 지혜
를 배운다. 위대한 철학자, 작가, 혁명가는 물론 나를 가르쳐주
신 시골 소학교부터의 모든 스승들, 나와 가까웠던 모든 친지
들, 수많은 책들, 세계, 자연 그리고 나의 모든 경험이 나의 철

학적 교사이자 교과서였다.

나는 철학이 이성적 활동의 가장 대표적 표현이라고 믿는다. 그러나 이성은 인간의 모든 활동에서 다소나마 발견할 수 있다. 나는 철학이 아무것도 생산하지 못하고, 세계의 어느 것도 바꾸어놓을 수 없음을 안다. 그러나 철학은 세계를 밝히는 빛이다. 나는 철학의 실용성을 믿지 않는다. 그러나 철학이 세상을 보다 명확히 그리고 새롭게 보는 인간의 정교한 눈이며, 세계가 철학의 제품이라는 점에서 철학은 가장 실용적이라고 생각한다. 나는 철학적 사유도 역시 자연의 일부로서 자연·세계 속에 갇혀 있음을 안다. 그러나 철학적 사유를 하는 한 인간은 필연적으로 자신이 태어나고 생존하는 사회·세계·자연을 초월하고 우주는 그러한 철학적 사유 속에 들어 있음을 안다.

찾아보기